Faubourg • Marigny

Créé et dirigé par Laury-Anne Frut et Romain Naudin

Tour de Babel américaine, nichée au cœur de La Nouvelle-Orléans, Faubourg Marigny est un quartier dans lequel toutes les langues se parlent encore. C'est désormais également une maison d'édition qui s'attache à publier des romans francophones et étrangers de littérature contemporaine.

À travers une dizaine de titres par an, nous vous invitons à découvrir des plumes singulières, des atmosphères inattendues, d'ici ou d'ailleurs, mais qui vous fascineront toujours.

LE COUPLE QUI DÉFIA LES NAZIS

Titre original : *The Girl on the Platform*

First published in Great Britain in 2021 by Storyfire Ltd trading as Bookouture.

Éditions Faubourg Marigny
La Geste – 11 rue Norman-Borlaug
79620 La Crèche
E.mail : contact@gesteditions.com
Tél. : 05 49 05 37 22
Retrouvez-nous sur www.gesteditions.com
ainsi que sur Facebook et Instagram.

ELLIE MIDWOOD

LE COUPLE QUI DÉFIA LES NAZIS

Traduction de l'anglais (Angleterre)
par Typhaine Ducellier

Faubourg • Marigny

Chères lectrices, chers lecteurs,

Chaque année depuis 2021, vous attendez avec une grande impatience le nouveau roman d'Ellie Midwood. Après avoir vibré avec Alma, la grande violoniste, après avoir frémi avec Mala, la seule femme à avoir réussi à s'enfuir d'Auschwitz, après avoir été sur le banc du tribunal aux côtés d'Helena et de son mari, venez faire la connaissance d'un couple extraordinaire.

Un couple qui nous a frappés par sa ferveur, son amour, son courage, sa détermination à lutter contre la dictature. Un couple qui ne recule devant aucun sacrifice. Libertas et Harro, deux Allemands de bonne famille que tout prédestinait à une honorable carrière au sein du système nazi, ont pris d'énormes risques pour rendre sa liberté à l'Allemagne. Au prix de sacrifices incommensurables.

La meilleure façon de leur rendre hommage était de publier leur histoire. Elle est maintenant entre vos mains.

Très belle lecture,
L'équipe éditoriale de Faubourg Marigny

À Vlada et Ana. Nous n'avons pas la même mère, mais vous resterez à jamais mes sœurs. Merci d'être celles que vous êtes si passionnément et si fièrement. Je vous aime.

Chapitre I

Berlin. Printemps 1933

— Votre nouveau bureau.

D'un geste de la main quelque peu théâtral, Erich Tischendorf, le directeur du service de publicité des studios Metro-Goldwyn-Mayer, indiqua à Libertas son poste de travail.

En proie à une horreur grandissante, Libertas observa les montagnes de papiers parmi lesquelles disparaissaient la machine à écrire et non pas un, mais deux téléphones noirs ensevelis sous les magazines et les classeurs.

— Désolé pour le désordre.

Herr Tischendorf – *je vous en prie, appelez-moi Erich* – inclina sur le côté sa tête méticuleusement coiffée.

— Nous venons tout juste de finir de faire le ménage dans la maison et certaines fonctions n'ont pas été occupées depuis plusieurs jours, parfois même depuis des semaines.

Il accompagna ces derniers mots d'un regard dramatique en direction du plafond moulé.

Libertas songea qu'il aurait davantage été à sa place sur le grand écran qu'à un poste de direction dans la filiale berlinoise des studios américains de cinéma. Tout chez lui paraissait avoir été minutieusement répété et encore plus soigneusement exécuté. Avec ses airs de Clark Gable (sans la moustache), il semblait élégant et raffiné, mais aussi totalement dépourvu de personnalité.

Dans une tentative de détendre l'atmosphère, Libertas se permit un sourire hésitant tandis qu'elle hochait sa tête blonde en direction de la pièce encombrée.

— Vous devriez renvoyer les personnes chargées du ménage, si c'est à ça que ressemble mon bureau après leur passage.

Il y eut une pause, lors de laquelle l'expression d'Erich changea à plusieurs reprises. Il battit des paupières comme un hibou perplexe, fronça les sourcils, battit des paupières à nouveau, pour finalement s'illuminer et partir dans un éclat de rire soulagé.

— *Ach*, vous êtes charmante ! Enfin, quelqu'un avec un bon sens de l'humour dans le service. C'est exactement ce dont ce studio a besoin. Du sang neuf pour donner un coup de jeune à ce cimetière d'éléphants. Formidable !

Là-dessus, il attrapa la main de Libertas, la serra chaleureusement et s'en alla sans cesser de glousser silencieusement.

Ce fut au tour de Libertas de le fixer d'un air confus.

La véritable signification de ses paroles – *nous venons tout juste de finir de faire le ménage dans la maison* – lui apparut bien plus tard cette semaine-là ; son premier jour se déroula dans une espèce de rêverie, errant dans les longs couloirs qui sentaient la cire et le parfum onéreux et admirant les photographies des acteurs, réalisateurs et producteurs les plus célèbres de la MGM : Greta Garbo, John Barrymore, Jean Harlow, Clark Gable, Edmund Goulding qui avait tourné *Grand Hotel*, récompensé par un Oscar, et Irving Thalberg, le producteur qui avait donné naissance à toutes ces vedettes.

Lors de ses premières observations, Libertas remarqua que quelques visages manquaient à l'appel. Il ne restait que des plaques dorées indiquant les noms de ceux dont les effigies honoraient le mur de leur présence encore peu de temps auparavant. Un soupçon germa dans un coin de son esprit, mais elle repoussa cette pensée avec sa nonchalance habituelle de jeune femme idéaliste.

Ils vont sûrement les remplacer par des portraits plus récents, décida-t-elle. Elle retint son souffle lorsque son regard se posa sur une autre plaque, sous un autre emplacement vide : Erich Pommer, producteur.

Erich Pommer ! Incapable de contenir son enthousiasme, Libertas suivit du bout des doigts le contour des lettres gravées, admirative. *Le pionnier légendaire, fondateur du tout premier studio de production allemand Decla Film, visage de la production cinématographique de Weimar en tant que producteur principal des studios UFA, l'homme qui avait découvert Fritz Lang en personne !*

Néanmoins, l'exaltation de Libertas fut abruptement interrompue par le « Je vous demande pardon, Fräulein » indifférent d'un ouvrier.

Il posa sa caisse à outils sur le sol couvert de moquette, en sortit un tournevis et se mit à siffloter un chant nationaliste tandis qu'il s'affairait autour des vis.

— Que faites-vous ? s'enquit Libertas dès qu'elle eut repris une contenance.

L'employé la dévisagea comme si elle venait de lui poser une question d'une incroyable stupidité et haussa ses épais sourcils en bataille.

— Je retire la plaque ?

— Ça, je le vois bien.

Les joues empourprées (davantage par l'agacement que par l'embarras), Libertas croisa les bras sur la poitrine.

— Ce que je veux savoir, c'est pourquoi, s'enquit-elle d'une voix où transperçait la bravade. Savez-vous seulement qui est Erich Pommer ? C'est l'un des fondateurs de toute l'industrie cinématographique de…

— Je n'en doute pas une seconde, Fräulein, l'interrompit l'ouvrier, mais son nom est sur la liste, alors je dois retirer la plaque.

— Quelle liste ? insista Libertas, de plus en plus énervée par l'apathie de son interlocuteur.

— Cette liste.

Toujours aussi imperturbable, il sortit une feuille de papier pliée et tachée d'huile de la poche de sa salopette et la lui tendit.

Libertas s'en empara d'un geste brusque et parcourut rapidement le document froissé orné du cachet du ministère de l'Éducation du peuple et de la Propagande du Reich. Il n'expliquait pas grand-chose, se contentant d'énumérer des noms par ordre alphabétique – acteurs, actrices, réalisateurs, scénaristes, producteurs. Pas une seule profession n'était épargnée par une purge en apparence arbitraire qui n'avait aucun sens aux yeux de la jeune femme. Agacée, elle rendit le papier et prit note d'aborder la question avec son supérieur hiérarchique direct, Tischendorf.

Mais trier les classeurs sur son bureau accapara le plus clair des journées suivantes. Quand vint le jeudi, de nouveaux portraits occupaient les emplacements vides et quand arriva le vendredi, jour où Libertas devait retrouver son oncle Wend, le sujet lui était entièrement sorti de l'esprit.

Un calme inhabituel régnait ce soir-là dans la gare d'Anhalt, principale artère ferroviaire qui pompait le sang du cœur du pays (Berlin) pour l'envoyer dans des centaines de directions différentes.

— Une parade SA ou une autre est en cours près de l'avenue Linden, indiqua le vendeur de billets qui avait l'air de s'ennuyer ferme. Flambeaux, bannières et tout le tremblement. Il paraît que le Führer va peut-être faire une apparition.

— Oh, dit Libertas avec un hochement de tête entendu. Voilà qui explique la gare vide et les rues désertes.

— Les gens l'adorent, marmonna le vendeur.

Son ton inexpressif donna à Libertas le sentiment que lui ne l'adorait pas tant que ça. Remarquant un badge du Parti sur le revers de son manteau, il la dévisagea par-dessus la monture de ses lunettes dans une sorte d'interrogation silencieuse. *Et pourquoi n'y êtes-vous pas, Fräulein ?*

— J'ai rendez-vous avec mon oncle, expliqua Libertas avec un geste en direction du quai.

Elle se sentait gênée, sans raison apparente, d'être prise pour une nazie zélée qui brandissait fièrement sa broche sous le nez de quiconque voulait bien la regarder.

La vérité était bien plus prosaïque : Libertas avait rejoint le Parti uniquement sur l'insistance de son oncle (un nazi zélé, pour le coup), persuadée qu'il serait beaucoup plus facile en tant que membre de trouver un emploi à Berlin. Telle était l'étendue des affiliations de Libertas au NSDAP, le Parti national-socialiste des travailleurs allemands. Âgée de seulement dix-neuf ans et dotée d'une âme d'artiste, elle ne s'intéressait pas à la politique et encore moins à la situation actuelle de l'Allemagne. Le Parti dirigeant au pouvoir n'avait jamais affecté sa vie de quelque manière que ce soit – quelques investissements fructueux récemment effectués par sa famille, une longue lignée prussienne aristocratique, offraient à Libertas la possibilité d'un train de vie luxueux sans avoir à travailler un seul jour de toute son existence. Mais entre promenades à cheval et écriture de poèmes passables, elle n'avait pas tardé à s'ennuyer dans la grande demeure familiale isolée et avait décidé que la bohème berlinoise lui seyait bien mieux. Elle rêvait de cinéma, mais fronçait les sourcils à l'idée de jouer elle-même la comédie. Elle ambitionnait quelque chose de bien plus significatif, quelque chose qui immortaliserait son nom pour les années à venir, quelque chose qui…

— À l'approche quai numéro deux…

La voix d'un annonceur s'insinua parmi les images glorieuses que sa vive imagination formait dans son esprit.

Arrachée à ses rêves pleins d'optimisme, Libertas consulta l'horloge ouvragée sur le quai opposé. Du fait de l'amour militaire prusse pour l'ordre instillé en elle par les soldats de la famille, Libertas était arrivée à la gare bien trop en avance. En proie à un ennui grandissant, elle se rendit dans les toilettes réservées aux passagères de première classe et repoudra son visage pâle, nostalgique du superbe hâle qu'elle aurait normalement arboré à cette période de l'année dans son ancien pensionnat en Suisse. Elle habilla sa bouche d'un rouge à lèvres cerise foncé et remit en place ses boucles blondes déjà parfaites. Son dernier admirateur en date avait proclamé qu'elle ressemblait à Greta Garbo. Le précédent l'avait comparée à Marlene Dietrich. Libertas leur avait ri au nez et avait déclaré qu'elle aurait préféré être le romancier Erich Maria Remarque (mais celui du début des années 1920, lorsqu'il était encore journaliste), avant de rire encore plus fort face à leur air éberlué.

Elle nourrissait des aspirations d'homme. Ses soupirants ne voyaient en elle qu'un visage de poupée et un corps à se damner et c'était pour cette raison qu'elle les avait quittés tous les deux sans jamais se retourner.

L'employée préposée aux toilettes ouvrit la porte à Libertas et remercia vivement *gnädige* Frau pour son généreux pourboire. À l'extérieur, le quai était de nouveau vide, la grande nuée de passagers se dissipant déjà à travers les portes derrière lesquelles des taxis les attendaient, vers le passage souterrain qui menait à l'hôtel Excelsior, ou encore vers les indénombrables magasins de luxe où la dernière mode parisienne se vendait à des prix exorbitants. Sur l'un des bancs polis, un homme d'affaires en transit étudiait la rubrique « économie » du journal avec une extrême concentration.

— *Scheiße !*

Le juron cru fit sursauter Libertas, qui tourna la tête vers l'homme presque entièrement dissimulé dans l'ombre d'une haute colonne de calcaire. Vêtu avec un bon goût notoire, mais de toute évidence contrarié, il se débattait avec une boîte d'allumettes qui, à en juger par la pile qu'elles formaient à ses pieds, devaient être humides. Il maudissait la fichue pluie de la veille, le domestique qui avait égaré son briquet préféré, le satané monde entier qui aurait tout aussi bien pu aller en enfer si cela n'avait tenu qu'à lui...

— Tenez.

Allumant son briquet argenté rehaussé des armoiries familiales, Libertas amena la flamme au niveau de la cigarette de l'inconnu.

Le visage obscurci par le rebord de son élégant chapeau en feutre, il aspira profondément et recracha la fumée avec un soupir chargé d'une telle tourmente intérieure que Libertas pensa qu'il avait dû perdre un proche... ou quelques millions de marks dans une transaction malheureuse.

— Sale journée ? hasarda-t-elle avec douceur.

— Sale vie.

Il ôta son chapeau, passa la main dans ses cheveux sombres et offrit à Libertas un sourire familier à force de l'avoir vu dans une ribambelle de journaux et de magazines.

Fritz Lang. *Le* grand réalisateur allemand ; le génie derrière la merveille de la cinématographie *Metropolis* ; le savant fou derrière le film à suspense *M le maudit* qui avait ébranlé le monde entier ; le rêveur qui avait envoyé un film sur la lune ; la star de Berlin sempiternellement entourée de foules enthousiastes de fans ébahis d'admiration… et qui se tenait là, seul dans l'ombre, avec une petite valise posée à ses pieds.

Quelque chose dans cette vision aurait dû éveiller les soupçons de Libertas, mais elle était bien trop excitée pour y prêter attention. Une exclamation de surprise menaçait déjà de franchir ses lèvres et de se transformer en retentissant cri de joie purement adolescente…

— S'il vous plaît, non !

La voix de Lang était mâtinée d'une telle terreur, il y avait une telle urgence dans la façon dont il lui agrippa l'avant-bras pour l'attirer dans l'obscurité, que Libertas tomba dans un silence préoccupé.

Aussitôt, le réalisateur adopta une intonation plus douce et une expression mélancolique.

— Pardonnez-moi, je vous prie, de vous avoir fait une si piètre première impression. Quel manque d'égards ! Je vous assure que ce n'était pas mon intention. Simplement, je… Je voudrais monter dans ce train incognito, si tel est le souhait des forces supérieures.

Ce ne fut qu'à cet instant qu'elle remarqua que le monocle que Fritz Lang portait systématiquement à l'œil gauche était absent. Même sans ce détail, il restait bien trop facilement reconnaissable. C'était sans doute pour cette raison qu'il remit son chapeau sur sa tête et en rabaissa le rebord aussi bas qu'auparavant.

— Je vous promets de ne pas faire d'esclandre et de ne pas dire à votre femme que vous partiez rendre visite à une amie, à condition que vous me signiez un autographe, plaisanta à moitié Libertas pour tenter de détendre l'atmosphère.

Une noirceur dense entourait le réalisateur ; Libertas la voyait qui se reflétait dans ses yeux noisette, fatigués et perdus, dont les cernes profonds semblaient indiquer qu'il n'avait pas dormi la veille, voire depuis plus longtemps.

Lang laissa échapper un petit rire aussi désolé que fantomatique et secoua la tête, reconnaissant pour cette distraction.

— Si seulement mes déboires conjugaux étaient mon plus gros souci, ma chère, mais je crains fort que ce ne soit plus le cas. Ma femme et moi venons de signer les papiers de notre divorce et pour ce qui est de mon amie… Allez savoir si je la reverrai un jour. Mais assez parlé de mes problèmes. Comment vous appelez-vous, ma jolie ?

— Libertas, répondit-elle tandis qu'elle lui tendait son petit carnet relié en cuir et un stylo plume.

— Libertas ! s'exclama Lang en l'observant avec un intérêt renouvelé. Sacré prénom. Un nom de combattante pour la liberté.

— Mon grand-père, Fürst Philipp d'Eulenburg, était artiste. Dans ses *Contes pour la liberté*, l'un des personnages s'appelle Libertas. C'est à elle que je dois mon nom.

— Vraiment ? Et que faites-vous dans la vie, avec un héritage génétique si artistique ? s'enquit Lang d'un ton taquin tout en écrivant dans son carnet.

— Je travaille pour les studios de la MGM ici, à Berlin, annonça fièrement Libertas, qui brûlait d'impatience à l'idée de lire le message que Lang était présentement en train d'inscrire.

— Ça alors ! C'est formidable !

Il laissa le stylo en suspens l'espace d'un instant et examina Libertas, d'un œil de professionnel cette fois.

— Vous n'êtes pas actrice, si ?

— Non. Service des relations presse. Je n'ai pas la moindre idée de ce pour quoi ils m'ont engagée au départ !

De plus en plus à l'aise en compagnie de Lang – Libertas ne pouvait s'empêcher de remarquer combien il était charmant – elle se mit à bavarder.

— Je sors à peine du pensionnat. Aucune expérience professionnelle, aucune compétence pour ce travail, et pourtant, ils m'ont prise sans hésiter.

Le sourire qui flottait sur le visage de Lang disparut, comme s'il portait un masque dont quelqu'un venait de couper les ficelles.

Libertas se mordit la langue, en proie à l'impression qu'elle venait de dire la très mauvaise chose au très mauvais moment et à la très mauvaise personne, sans toutefois parvenir à se l'expliquer.

— Ils vous ont engagée, car il faut bien que quelqu'un fasse ce travail.

Le ton de Lang était glacial, désormais.

— Tant de postes vacants. Il faut bien que des gens les occupent.

Libertas le scruta, sincèrement perdue.

— Que voulez-vous dire ?

Il plissa les yeux en voyant son badge du parti nazi, qu'il n'avait pas remarqué jusqu'alors, puis reporta son attention sur son visage.

— Quel âge avez-vous, Libertas ?

— Dix-neuf ans, répondit-elle, soudain envahie sans raison apparente d'un sentiment de culpabilité.

Après cet aveu, l'expression du réalisateur se détendit. Les coins de sa bouche sévère s'adoucirent pour former un sourire triste.

— Tout s'explique. Encore si jeune… Aimez-vous toute cette histoire de Parti, alors ?

Il indiqua sa broche du bout de son stylo, comme si la simple pensée de la toucher le dégoûtait.

— Ça ? Oh, non !

Libertas secoua la tête et couvrit le badge de son col en renard argenté.

— C'était uniquement pour trouver un travail. Mon oncle m'a parlé du processus de filtrage… quelque chose en lien avec les membres du Parti… il faut faire montre d'un statut politique fiable, ou une foutaise du genre.

Tout à coup, le persuader était de la plus haute importance. Elle s'agrippait aux mots avec l'énergie du désespoir.

Quand Lang rit doucement face à sa fin de phrase, si inadéquate pour la jeune aristocrate bien élevée qui se tenait devant lui, Libertas poussa un inaudible soupir de soulagement.

— J'imagine que vous ignorez tout de la récente Loi pour le rétablissement de la fonction publique professionnelle ?

Libertas le dévisagea, perplexe.

— C'est bien ce que je pensais.

Lang ferma le carnet et le plaça délicatement entre les mains de Libertas. Pendant quelques instants, il les retint dans les siennes tandis qu'il plongeait son regard dans le sien.

— Ils ont renvoyé tous les juifs de votre studio. De tous les studios. De toutes les sphères du service public. Théâtre, cinéma, cabinets d'avocats, banques, fonctions administratives, hôpitaux. Afin que de beaux aryens pure race tels que vous les remplacent. C'est de cette manière que vous avez obtenu votre poste, ma chère.

Le sifflement d'un train entrant en gare transperça la poitrine de Libertas. Ou étaient-ce les mots qu'il venait de prononcer ?

— C'est mon train, annonça Lang en lui lâchant enfin les mains pour s'emparer de sa valise. Paris, aller simple, pas de billet retour… si toutefois ils ne m'arrêtent pas à la frontière. On ne sait jamais de nos jours, pas vrai ?

Il rit avec insouciance, mais Libertas sentit soudain des larmes brûler ses yeux habillés de mascara. L'image de Lang se brouillait devant elle, se dissolvant déjà dans le néant, tout comme le nom d'Erich Pommer et tant d'autres noms célèbres arrachés des murs, effacés des listes, condamnés à l'oubli.

— Je suis désolée, murmura-t-elle sans savoir s'il l'entendait au milieu du vacarme mécanique, des cris des porteurs et des chauffeurs, de toute la cacophonie de la gare. S'il vous plaît, pardonnez-moi… Je suis vraiment désolée.

— Ne le soyez pas. Mais soyez plus courageuse que moi et ne fuyez pas. Battez-vous.

Les yeux fermés, le visage baigné de larmes, Libertas sentit des lèvres effleurer délicatement la peau de sa joue brûlante.

— Petite combattante pour la liberté.

Le train de Lang était parti depuis longtemps quand Libertas trouva enfin la force d'ouvrir son carnet. Elle se remit à pleurer en lisant le message qu'il y avait annoté pour elle :

Faites honneur à votre nom, petite Combattante pour la Liberté ! Un jour peut-être, je ferai un film sur votre courage.

Bonne chance !
Fritz Lang

*

— C'était idiot de sa part de faire ça.

Voilà ce que proclama Fürst Friedrich-Wend d'Eulenburg und Hertefeld – alias oncle Wend uniquement pour Libertas – lors du repas de famille ce dimanche-là. La tête couronnée du patrimoine familial Schloss Liedenberg, vêtu de ses plus beaux habits dominicaux, porta un verre en cristal à ses lèvres et but une gorgée de vin, avant d'ajouter avec un mépris glacé :

— Rejeter la généreuse offre du ministre de cette manière... Goebbels propose à ce bâtard un poste à la direction d'une agence de presse qui doit superviser la production cinématographique du Reich tout entier et propose même de faire de lui un Aryen à titre honorifique. Et que fait Lang ? Il décampe pour Paris le soir même.

Wend secoua sa majestueuse tête d'un air désapprobateur.

— Un juif dans toute sa splendeur. Qui commence par jurer qu'il aime l'Allemagne davantage que sa propre vie, avant de partir en courant avec la queue entre les jambes à la moindre difficulté.

Depuis le début de la discussion, Libertas avait gardé le silence, poussant un morceau de canard d'un bord à l'autre de son assiette ornée d'un monogramme. Mais à ces mots, quelque chose s'embrasa en elle ; une étincelle de ressentiment qu'elle-même ne parvenait pas à s'expliquer.

— Je pense que c'est injuste, *Onkel*, protesta-t-elle.

Elle laissa tomber sa fourchette en argent dans un fracas plus bruyant qu'elle l'avait souhaité.

— Cette loi anti-juive qui vient d'être promulguée ne peut, en toute bonne conscience, être qualifiée de « moindre difficulté ». Tout comme Herr Lang ne peut être qualifié de lâche. Il s'est battu sous le drapeau de son Autriche natale pendant la Grande Guerre et a été décoré à plusieurs reprises pour son courage.

Son oncle haussa les sourcils, légèrement surpris.

— Land s'est battu pendant la guerre ? Hum… Je n'étais pas au courant. Oh !

Soudain, son expression s'illumina tandis qu'il se tournait vers son camarade officier.

— Vous ne devinerez jamais qui le ministre Goebbels vient de nommer au poste de…

Pas au courant, ou alors il n'en avait tout simplement rien à faire, songea sombrement Libertas en son for intérieur. Perdant tout intérêt pour les commérages politiques, elle se remit à jouer avec sa nourriture. Elle adorait son Onkel Wend, mais il en allait toujours ainsi avec lui : il rejetait ou écartait tout ce qui allait à l'encontre de sa version des faits.

— Peut-être auras-tu la chance de voir le dernier film de ton réalisateur préféré que le ministre Goebbels a censuré, lança Wend d'un ton taquin par-dessus le candélabre doré. Il prévoit d'organiser une projection privée pour ses invités après sa fête d'anniversaire. Tu es conviée à m'accompagner. Contente ?

— De voir le film de Herr Lang ? Oui, grommela Libertas entre ses dents.

Wend s'esclaffa.

— Ma Libs ne manque pas de caractère, n'est-ce pas ? s'enquit-il auprès de son audience en uniforme.

Sa question fut accueillie par un marmonnement d'assentiment et des ricanements serviles émanant aussi bien d'officiers que d'industriels.

Wend était l'un des donateurs les plus importants du Parti nazi. Par conséquent, rire à ses plaisanteries faisait partie des obligations du NSDAP et même l'attitude bravache de sa nièce était perçue avec une sorte d'adoration amusée au lieu d'être condamnée. Tous la regardaient comme s'ils la trouvaient absolument charmante, une jeune fille trop jolie pour comprendre ce qu'elle racontait.

— Libs, sois gentille, joue de l'accordéon pour nous.

Une main sur le cœur, Wend se tourna vers ses invités.

— Attendez de l'avoir entendue. C'est une merveilleuse accordéoniste.

Réprimant un soupir résigné, Libertas se leva et alla chercher son instrument tout en se demandant comme il était possible d'être si désenchantée par Berlin en un laps de temps si court. Elle était venue ici dans l'espoir de faire une différence et de se faire un nom. Mais aux yeux des hommes du nouveau Reich, elle n'était qu'une belle décoration lors d'un dîner, dont les déclarations n'avaient pas d'importance et dont la voix n'avait de valeur que lorsqu'elle leur chantait des hymnes patriotiques.

Combattante pour la liberté, mon œil. Une usurpatrice qui avait volé à son insu le poste d'une malheureuse juive sans doute bien plus qualifiée qu'elle. Voilà ce qu'elle était.

Chapitre 2

Berlin, 10 mai 1933

L'agitation qui régnait sous la fenêtre de Libertas ce matin-là était tout sauf habituelle, mais elle était trop préoccupée par son travail pour prêter la moindre attention aux cris des commandants SA et aux râles des moteurs de camions qui semblaient en mouvement perpétuel depuis l'aube.

— Pourrais-je parler à Herr Best, s'il vous plaît ? Libertas Haas-Heye, service publicité de la MGM… Certainement, je patiente.

Le combiné coincé entre son oreille et son épaule, Libertas rédigeait un mémo de sa dernière conversation : *Le magazine* Die Dame *a également accepté de faire la critique du* Tourbillon de la danse *; a sollicité un entretien avec Joan Crawford – voir si c'est possible d'organiser ça ;* Frankfurter Zeitung *veut de nouvelles photos de Gable et d'Astaire prises sur le tournage* *même – appeler le service pub de Hollywood pour leur demander d'en envoyer pour leur numéro de juin. Organiser une réception pour Hardy –*

Une voix familière à l'autre bout du fil interrompit le cours de ses pensées. Aussitôt, un sourire bien rodé apparut sur le visage de Libertas.

— Herr Best !

Jetant un coup d'œil à sa montre-bracelet en or, Libertas remarqua, non sans surprise, qu'à peine une minute s'était écoulée. Tous les célèbres rédacteurs en chef des publications les plus prestigieuses avaient normalement pour habitude de faire attendre pendant vingt minutes et d'obliger à rappeler plusieurs fois par jour, faisant semblant d'être absolument débordés et totalement indisponibles. Mais désormais, ils arrachaient le téléphone des mains de leurs assistantes dès qu'elles annonçaient le nom de Libertas.

— Comment allez-vous aujourd'hui ? Quelle *joie* de vous entendre de nouveau ! Oh, les fleurs ?

Son interlocuteur s'épanchait sur le bouquet que Libertas lui avait envoyé pour la critique dithyrambique que son équipe avait rédigée pour le dernier succès en date de la MGM, *Le Tourbillon de la danse*. Une petite touche personnelle qui avait déclenché mécontentement et grognements chez le comptable du studio, mais qu'Erich Tischendorf avait trouvée très ingénieuse.

— C'était la moindre des choses pour vous exprimer notre infinie gratitude, Herr Best.

Elle baissa la voix sur le ton de la confidence.

— Promettez-moi de ne le répéter à personne, mais *Film Kurier* est le magazine préféré de la MGM. Et je tiens ça des plus hautes autorités… Vous avez ma parole ! Ha-ha, Herr Best, vous êtes *tellement charmant*…

Si seulement Herr Best savait que Libertas servait exactement le même discours et récitait les mêmes compliments à absolument tous les rédacteurs en chef auxquels elle avait à faire, quel que fût leur poids dans l'industrie… il se serait sans doute départi de l'air satisfait que Libertas le soupçonnait fortement d'arborer à cet instant. Mais c'était précisément ce genre de flatterie et de connivence répétée sur le bout des doigts cultivée avec la presse qui avait propulsé Libertas dans la stratosphère des studios berlinois de la MGM en un mois à peine. Erich Tischendorf ne cessait de chanter ses louanges à quiconque voulait bien les entendre et s'en remettait à « l'avis de spécialiste » de Libertas chaque fois qu'un souci surgissait avec une publication ou une autre, ou qu'une vedette têtue refusait une interview.

Le directeur du studio lui-même, Frits Strengholt, était connu pour passer dans le bureau de Libertas afin de boire un café, fait inimaginable pour un homme qui avait pour habitude de ne même pas daigner répondre aux salutations de ses employés, comme s'ils étaient invisibles et indignes de son attention.

— Naturellement, Herr Best. Je suis quasiment certaine qu'il est possible d'obtenir une exclusivité avec le réalisateur.

Libertas grimaça quand une série de cris particulièrement retentissants lui parvint par la fenêtre ouverte et maudit intérieurement le crétin de SA qui les poussait. Tirant sur le cordon du téléphone, elle l'emporta jusqu'à la fenêtre, le posa sur le rebord et ferma les battants. Dehors, des officiers SA en uniforme s'affairaient en tous sens tels des fourmis, construisant une sorte de bûcher sous le regard de leurs supérieurs. Au loin, un grand nombre de camions couverts de bâches était aligné.

— Oh non, il sera d'accord, c'est sûr. Ne vous inquiétez pas, je sais comment le convaincre.

Elle rit presque sincèrement quand le rédacteur en chef lui rétorqua *Je n'ai pas le moindre doute concernant vos compétences, Fräulein Haas-Heye.*

— Je sais, je sais ; il se prend pour le cadeau fait par Dieu à l'humanité, mais que voulez-vous ? Vous connaissez les réalisateurs, en particulier ceux qui ont du talent. Ils sont un peu imbus d'eux-mêmes. Mais avec moi, il n'osera pas refuser, je peux vous l'assurer… Oh, Herr Best, quel flatteur vous faites ! Alors c'est réglé. Très bien. Je sais à quel point vous êtes occupé, alors je ne vais pas accaparer plus longtemps votre temps précieux. Je vous contacterai dès que j'aurai convenu d'un rendez-vous avec lui… Bien sûr ! Vous aussi… Avec plaisir, comme toujours. Bonne journée.

Libertas venait à peine de remettre le téléphone à sa place quand Inge Bissen, l'une des photographes du studio, fit irruption dans son bureau, appareil au poing.

— Libs, j'ai besoin d'une photo de toi pour le hors-série du *Beobachter* de demain. Assieds-toi à ton bureau et dépêche-toi de me faire ton plus beau sourire ! Ils ne prennent jamais la peine de nous prévenir, ce qui veut dire que je vais devoir développer les clichés ce soir, une fois de plus. Je peux dire adieu à mon rendez-vous galant…

À ces mots, un sourire sincère et éclatant se forma sur les lèvres de Libertas, qui alla jusqu'à étirer les coins de ses yeux bleu clair. Ajustant le col en dentelle blanche de sa robe noire en laine, elle prit place dans son fauteuil et croisa les mains au-dessus des indénombrables mémos et autres magazines aux couvertures brillantes.

— C'est pour quoi ? s'enquit-elle une fois qu'Inge eut fini de la photographier.

— Pour le hors-série, je viens de te le dire. Il est consacré à l'autodafé de ce soir.

— L'autodafé… ?

Libertas cligna des paupières à plusieurs reprises sans rien y comprendre.

Inge agita nonchalamment la main.

— Ah oui, c'est vrai, tu étais en rendez-vous et tu as raté la réunion. Une fois notre journée de travail terminée, le ministre Goebbels prononcera un discours, auquel devrait assister le Reichsmarschall Göring, si je ne dis pas de bêtises, et ensuite, chacun de nous s'emparera d'un tas de livres récemment interdits pour les lancer dans les flammes. Des prises de nuit avec le feu et tout le bazar, voilà qui devrait donner de super photos. J'ai hâte !

Les yeux sombres d'Inge pétillaient d'impatience, mais Libertas, elle, sentait qu'un obscur tourbillon de suspicion et de dégoût l'agitait. À contrecœur, elle feignit un sourire en réponse au signe qu'Inge lui adressa pour lui dire au revoir.

La nuit s'abattit sur la capitale, enveloppant de noir la place de l'opéra. En son centre, un bûcher s'élevait, aussi imposant qu'inquiétant. Une vague odeur d'essence s'en dégageait, ainsi que quelque chose d'inexplicablement menaçant. Les mains enfoncées dans les poches de son imperméable, Libertas frémissait dans le vent froid du mois de mai. Autour d'elle, la foule attendait en se dandinant d'un pied sur l'autre, tous les regards avides rivés sur le bûcher, se léchant les lèvres avec convoitise. Toute l'affaire revêtait quelque chose de primaire, de sauvage, songea-t-elle soudain. On avait dû brûler des sorcières de la même manière exactement au même endroit il n'y avait pas si longtemps.

De l'autre côté du bûcher, une estrade avait été érigée pour le principal inquisiteur du Reich : le ministre Goebbels. Les Chemises brunes extrayaient de l'arrière des camions des piles et des piles de livres, attachés par des ficelles. Leurs collègues en uniforme noir de la SS les apportaient crânement, coupaient les ficelles puis tendaient les ouvrages tels un cadeau aux « invités » qui occupaient les premiers rangs, accompagnant leur geste de sourires ainsi que d'un « Bitte » poli.

Après qu'un jeune SS déposa quelques livres entre ses mains gantées, Libertas les inspecta et sentit qu'elle fronçait de plus en plus fortement les sourcils. *Ils brûlent Mann ? Brecht, son compositeur préféré ? Freud ? Remarque ? Pas Remarque, enfin, c'est impossible !*

La gorge soudain aussi nouée que si elle avait été prise dans du fil barbelé, Libertas tenta de déglutir, mais le nœud était trop gros.

Plus loin, la voix travaillée du ministre Goebbels, teintée de la vague trace de l'accent souabe dont il tentait si désespérément de se débarrasser, résonnait et transportait ses paroles sur la pureté du sang, de la race et de la pensée. Le ministre de la Propagande n'était peut-être pas pourvu de la stature et de l'allure aryennes, mais il se rattrapait amplement avec la ferveur nationaliste qui brillait dans ses yeux noirs et le poison que déversait sa langue diabolique et éloquente.

Des torches furent lancées sur le bûcher. Libertas ne savait plus si ses yeux brûlaient à cause de la fumée ou de ses larmes. Des mains SS pleines de bonne volonté la poussaient déjà en direction des flammes, dont des étincelles tombaient dangereusement près de ses pieds, dansaient autour de ses cheveux, lui brûlaient la peau quand une rafale particulièrement forte soufflait. Mais elle était reconnaissante d'avoir mal. Cela la distrayait de pensées bien plus douloureuses que n'importe quelle flamme et bien plus sombres que la nuit elle-même.

Ce soir-là, elle aida à brûler la pensée indépendante, les travaux de libres penseurs. Tout à coup, son propre nom – l'incarnation de la liberté personnelle elle-même – ressemblait à une raillerie.

À côté d'elle, comme hypnotisée, Inge fixait le feu incandescent qui transformait la liberté en cendres.

— Je n'oublierai jamais cette journée, souffla-t-elle avec une déférence quasi religieuse.

— Moi non plus, enchérit Libertas.

Mais dans sa bouche, les mots revêtaient un sens tout à fait différent.

Chapitre 3

Berlin, août 1933

— Qu'est-ce que c'est ?

Perplexe, Libertas examinait ce qui ressemblait à un billet de train, glissé dans une chemise qu'Erich Tischendorf venait de déposer sur son bureau.

— Oh ! Cela m'était complètement sorti de l'esprit.

Avec ses gestes typiquement théâtraux, le directeur du service publicité fit mine de lever les yeux au ciel face à sa propre incompétence.

— Vous vous rendez à Nuremberg. Les gens du Parti tournent un documentaire sur le congrès et d'après ce que nous avons entendu dire, les droits n'ont pas encore été acquis. Ce qui veut dire que l'UFA et cet *Arschloch* de directeur Klitzsch n'ont pas encore mis leurs sales pattes dessus. Je veux que vous alliez là-bas, que vous fassiez amie-amie avec la personne qui réalise et que vous vous la mettiez dans la poche. La MGM a enregistré des bénéfices remarquables avec le marché allemand et Herr Mayer pense que le studio pourrait prospérer davantage encore si nous prouvons au ministère de la Propagande que nous sommes également capables de produire des documentaires.

Libertas se laissa aller contre le dossier de son fauteuil, bras croisés sur la poitrine, un air de scepticisme sur le visage.

— Herr Mayer n'est-il pas juif? Pourquoi voudrait-il acquérir des documentaires du Parti ?

La réponse de Tischendorf se matérialisa sous la forme d'un geste évasif de la main.

— Homme d'affaires d'abord, juif ensuite. Je suppose que la provenance de l'argent lui est égale tant que les caisses se remplissent. De plus, il vit à Hollywood. Ce qui se passe en Allemagne lui importe peu tant que ses profits continuent à augmenter. Il a même accepté que le censeur du Dr Goebbels, le consul Gyssling, édite leurs films américains afin de les adapter à notre public allemand. *The Mad Dog of Europe* a été annulé après que Gyssling a piqué une colère. À juste titre, il convient de le noter, ajouta-t-il à la hâte. C'était de la propagande ennemie pure et dure dont le but était de liguer le reste du monde contre l'Allemagne du fait de notre supposée persécution des juifs.

Supposée ? Libertas détourna le regard, afin que son supérieur ne lise pas le ressentiment dans ses yeux. C'était commode pour lui d'oublier ses anciens collègues juifs. Pour Libertas, la blessure était encore trop à vif et la douleur se réveillait chaque fois qu'elle passait dans le couloir où le portrait d'une starlette blonde souriante était désormais accroché à la place de la photo d'Erich Pommer ; chaque fois qu'elle ouvrait son carnet et y lisait l'inscription de Fritz Lang. Parmi l'élite locale du cinéma, la rumeur disait que le réalisateur et son loyal producteur étaient tous deux en train de tourner un film en France — au désespoir, après avoir quitté l'Allemagne sans rien d'autre que les vêtements qu'ils avaient sur le dos et le maigre pécule contenu dans leurs portefeuilles.

Le ton enjoué de Tischendorf sortit Libertas de ses mornes pensées.

— En tout cas, vous êtes notre meilleur atout quand il s'agit de publicité. À part vous, personne n'est capable de mener cette mission à bien.

Il posa une main sur son épaule, l'air si grave qu'on aurait pu croire qu'il envoyait son second au combat. Libertas dut fournir un effort considérable pour ne pas ricaner.

— Puis-je au moins avoir le nom de ce mystérieux réalisateur ? demanda-t-elle dans un soupir résigné.

Le visage de Tischendorf se chiffonna.

— Je crains bien que non. Même Herr Strengholt lui-même n'a pas la moindre idée de l'identité du chanceux à qui on a confié une tâche si monumentale, et Herr Strengholt est en contact direct avec le ministre Goebbels lui-même.

— Splendide, marmonna Libertas entre ses dents.

Le soir, elle se mit en devoir de préparer une petite valise.

*

Nuremberg, 2 septembre 1933

Nuremberg croulait sous des nuées de congressistes, la plupart vêtus de *lederhosen* et de *dirndls* colorés, déferlant dans les rues telles une armée d'envahisseurs. De sévères statues en granit observaient de toute leur hauteur les enfants, petits drapeaux *Hakenkreuz* rouge vif à la main, qui se faufilaient jusqu'aux premiers rangs. Là, les jambes des SS et SA faisaient office de cordon de police, leurs mains fermement agrippées à leurs ceintures en cuir. De jeunes filles blondes aux cheveux tressés occupaient déjà les emplacements stratégiques convoités sur les pavés, solidement arrimées aux hautes bottes cavalières des SS et refusant de céder ne fusse que quelques centimètres d'espace en face de la route qui conduisait au congrès. Elles avaient des fleurs à jeter au Führer et à leurs dignitaires préférés du Parti ; leurs petits homologues, qui n'avaient pas eu l'intelligence d'arriver à l'aube, resteraient à l'arrière.

Quand vint midi, l'air était chargé d'une lourde odeur d'uniformes en laine imprégnés de sueur, de cuir chaud, de saucisses, de bière et, inévitablement, d'urine. Épuisée, Libertas se laissa choir sur la pelouse fraîchement tondue, envoya valser ses chaussures et, sans prêter attention aux spectateurs qui l'entouraient, releva sa jupe et entreprit de retirer ses bas filés. La journée était loin d'être terminée, mais elle avait déjà son compte avec ces vagues incessantes de noir et de marron qui tourbillonnaient et s'agitaient autour d'elle, les yeux vitreux et fanatiques, tel un immense enterrement orné de couronnes et de banderoles sanglantes.

Bon courage pour trouver une équipe de film au milieu de cette foule en délire, songea-t-elle en massant ses chevilles gonflées. Pendant les premières heures, Libertas avait tenté de négocier, de supplier, et même de flirter avec les policiers en uniforme, mais tous ses efforts s'étaient heurtés à des sourires narquois ou à des explications condescendantes comme quoi l'intérieur du maudit congrès était *réservé aux hommes*. Les femmes – indication du pouce par-dessus l'épaule – devaient regarder de loin et encourager leurs valeureux dirigeants.

En derniers ressort, Libertas avait collé son badge sous leurs nez de chevaliers teutons clonés en série.

— Mais je suis ici dans le cadre de mon travail ! Je travaille pour la MGM !

Son annonce n'avait pas produit le moindre effet.

— Tant mieux pour vous, ma jolie ; retournez à l'arrière, maintenant.

Frustrée, sa peau délicate brûlée par le soleil, Libertas marmonnait des jurons entre ses dents quand une jeune femme vêtue d'un pantalon et d'un chemisier à manches courtes s'assit à côté d'elle.

— Vous aussi, alors ? demanda la petite brune en guise de présentations.

— Quoi, moi aussi ? grommela Libertas, peu encline aux bavardages amicaux.

— Vous aussi, on vous refuse l'entrée du fait d'absence d'organes génitaux masculins ?

Face à cette réponse crue dans la plus pure tradition berlinoise, Libertas ricana malgré elle. Encore en train de rire, elle se tourna vers sa voisine et écarquilla les yeux de surprise. Impossible de ne pas reconnaître le visage qui avait orné tous les murs de la capitale quelques mois plus tôt, et dont le sourire avait mystérieusement disparu de toutes les couvertures de magazines de cinéma.

— Fraülein Riefenstahl ? demanda Libertas, incrédule.

— Elle-même.

Avec un grand sourire aux lèvres, l'actrice et réalisatrice en herbe lui tendit la main.

— Mais oubliez les formalités, je trouve ça tout à fait insupportable. Leni.

Ne parvenant toujours pas à en croire sa chance, Libertas attrapa la main de Leni et la serra énergiquement.

— Libertas. Ne devriez-vous pas être à l'intérieur, avec toutes les célébrités ?

Au début, l'actrice ne répondit pas, préférant fouiller dans ses poches en quête de cigarettes. Si elle n'avait pas été si proche, Libertas ne l'aurait jamais reconnue dans sa tenue simple. Ses cheveux, naturellement ondulés, étaient détachés et lui tombaient constamment dans les yeux. Aucun maquillage, pas même une once de rouge à lèvres, ne rehaussait son visage.

— J'aurais pu si j'avais été plus agréable, finit par offrir Leni.

Ses yeux intenses d'un marron profond fixaient avec défiance les masses en uniforme. Elle se détourna du vent pour allumer sa cigarette, puis jeta l'allumette à terre sous le regard désapprobateur d'un SA à qui elle lança un baiser railleur.

— Si j'avais écarté les cuisses quand le ministre de la Propagande Herr Goebbels me l'a demandé, j'aurais filmé toute cette affaire sans le moindre problème, au lieu de me faire insulter et envoyer au diable à tous les coins de rue.

— Je suis vraiment désolée, murmura Libertas, qui le pensait sincèrement.

Leni opposa un haussement d'épaules indifférent.

— Quand on est actrice, on s'habitue à devoir gérer ce genre de situation. Ce n'est pas le premier et ce ne sera pas le dernier.

Recrachant de la fumée, Leni plissa les yeux face à l'estrade d'où Göring était en train de discourir – quelque chose de profondément malaisant à propos du sang, de la race et de la place légitime de l'Allemagne dans l'ordre mondial, sa voix amplifiée par des centaines d'enceintes.

— Simplement, j'aurais bien aimé qu'il ne complique pas davantage encore mon travail déjà suffisamment compliqué.

Libertas était sur le point de l'interroger plus avant quand un jeune homme avec une caméra traversa la foule dans leur direction. Il tendit la caméra à Leni et s'étala dans le gazon comme s'il venait de se faire tirer dessus. Ses aisselles étaient trempées, transformant le bleu clair de sa chemise en bleu indigo.

— Pitié, dis-moi que tu as réussi à filmer quelque chose, implora Leni en le fixant d'un air suppliant.

— J'ai réussi à filmer quelque chose, confirma-t-il d'une voix absolument exténuée.

Il avait les paupières closes et ses longs cils projetaient une ombre sur ses pommettes.

— Tu dis ça uniquement pour me rassurer, pas vrai ?

— À ton avis ? lui demanda son camarade avec un sarcasme affiché.

Il ouvrit les yeux pour lancer un sale regard en biais à Leni.

— Ton grand ami le Dr Goebbels tournait la tête chaque fois que je braquais l'objectif sur lui.

Leni poussa un gémissement, se passa les mains sur le visage et éclata tout à coup d'un rire sans joie.

— Le Führer va me faire fusiller.

— Mais non, rétorqua son collègue en balayant l'affirmation de Leni avec une fabuleuse nonchalance. Ce n'est pas ta faute.

Agacée qu'il fasse aussi peu de cas de la situation, Leni lui tomba dessus dans une explosion de colère.

— Penses-tu que cela l'intéresse le moins du monde que ce ne soit pas ma faute ? C'est à moi, *à moi* (elle planta son index sur sa poitrine) qu'il a demandé de faire ce documentaire. Pas à Goebbels, ni aux gens du parti de Goebbels, mais à moi. Il m'en a donné l'*ordre*, en dépit de mon refus initial. Tout le monde sait qu'il faut *obéir* aux ordres du Führer, il n'y a pas d'excuses qui tiennent. Et je ne peux même pas rentrer à l'intérieur de ce foutu congrès !

Les idées rendues floues par le soleil brûlant, par l'abondance de personnes, d'odeurs, de cris et d'émotions, Libertas les observa se chamailler pendant un moment, jusqu'à ce que son esprit commence à assembler lentement les pièces du puzzle que constituaient la caméra, les mots de Leni, et la raison précise pour laquelle Libertas elle-même avait été envoyée ici.

Elle les dévisagea, incrédule. *Tischendorf n'a-t-il pas dit que la personne qui réalisait le documentaire était un homme ? Serait-il possible qu'il ait simplement commis une erreur en assumant cela ?*

— Attendez une seconde. Est-ce que c'est vous qui réalisez le documentaire du congrès ?

Libertas retint son souffle tandis que son regard alternait entre Leni et la caméra.

Leni pencha la tête sur le côté et haussa les sourcils.

— *Liebchen*, regardez-moi. Est-ce que j'ai l'air d'être en train de réaliser quoi que ce soit ? J'ai pris ce travail parce qu'on me l'a ordonné. J'ai dû emprunter de l'argent à mon père pour couvrir les frais, car mon ancien associé en production, Herr Sokal, a fui vers de plus verts pâturages avec tout l'argent qu'il me devait. Je n'ai que ces deux pauvres garçons en guise d'équipe de tournage.

Elle effectua un geste vague en direction de là où un second cameraman devait être en train de travailler.

— Et il est fort probable que j'édite le film avec des ciseaux contre ma fenêtre de cuisine. Alors réaliser, mon œil.

Elle secoua la tête avec un dédain marqué.

Libertas, loin de se laisser décourager, cherchait déjà une carte de visite dans son carnet.

— Fräulein Riefenstahl… commença-t-elle.

— Leni.

— Leni. Je travaille pour le service publicité de la MGM. Serait-il possible d'organiser une réunion avec vous une fois que vous aurez terminé ici ? Nous adorerions commanditer et serions plus que ravis de rembourser tous les frais que vous avez déjà engagés. Réfléchissez et appelez-moi quand vous serez de retour à Berlin.

Au grand soulagement de Libertas, Leni s'empara de sa carte, l'étudia avec un intérêt visible et la plaça dans sa poche de poitrine.

— Comptez sur moi, Libertas.

— Libs. Mes amis m'appellent Libs.

— Libs.

Leni lui rendit son sourire chaleureux.

— Entre filles, il faut se serrer les coudes, pas vrai ?

— Absolument.

Subitement, Leni se leva, caméra à la main, et se tapa sur la cuisse.

— Bon. On peut passer la journée assis là à nous lamenter, ou aller capturer quelques images plus ou moins décentes que j'éditerai pour en faire quelque chose de regardable rien que pour casser les pieds de ce connard et des autres membres du *Mipro*.

Brandissant la caméra comme une arme après avoir insulté Goebbels et le ministère de la Propagande – *Mipro* – dont il était à la tête, Leni se tourna vers Libertas pour lui dire au revoir, avant de faire signe au cameraman de la suivre.

— Gardez la tête haute, ma jolie. On va leur montrer.

— Oui. On va leur montrer, murmura Libertas en les regardant s'éloigner, une étincelle d'admiration dans les yeux.

*

Berlin, décembre 1933

Libertas n'avait pas le moindre doute quant au fait que Fräulein Riefenstahl parviendrait effectivement à tirer quelque chose de « regardable » des séquences capturées pendant le congrès, même si c'était uniquement dans le but de contrarier Goebbels. Mais elle n'était pas prête pour le génie de la star allemande lorsque la première nationale eut lieu à l'UFA-Palast le 1er décembre au milieu d'un parterre d'invités sur leur trente-et-un.

Comme ensorcelée, Libertas visionna les images en se demandant s'il s'agissait bien du même congrès que celui auquel elle avait assisté quelques mois plus tôt. En lieu et place de la puanteur de milliers de corps et des sourires narquois des SA, elle voyait des visages de nobles héros et d'impeccables formations de chevaliers des temps modernes. À son corps défendant, elle ressentit une vive excitation quand les foules lâchaient des exclamations extasiées, presque poussées à la folie par les mots inspirants de leurs dirigeants adorés quasi divins qui observaient leurs sujets dévoués et ravis depuis le haut de leur estrade ornée de rubans et de drapeaux. Libertas ne s'expliquait pas comment Leni était parvenue à transformer la misérable expérience qu'elles avaient vécue en ce miracle cinématographique. Son désir de contrarier le ministre de la Propagande devait dépasser l'entendement.

Libertas sourit tandis qu'elle applaudissait la femme qui, sur scène, s'inclinait avec grâce face à un public euphorique, une main alourdie par des bagues et des bracelets posée sur le cœur.

Depuis son siège, Joseph Goebbels assistait à la scène d'un air aigri. Cela donnait à Libertas le sentiment que justice avait été rendue, bien que toute cette complexe affaire ne la concernât en rien. Peut-être était-ce la femme en elle qui se réjouissait du succès d'une autre femme et de voir un homme puissant remis à sa place. Rien que pour cette raison, elle leva les mains au-dessus de sa tête et entreprit d'applaudir Leni plus fort.

Plus tard ce soir-là, quand elle approcha la réalisatrice pour la féliciter en personne, Libertas ne s'attendait pas à ce que Fräulein Riefenstahl se souvienne d'elle. Néanmoins, non seulement Leni se rappelait qui elle était, mais elle l'entraîna à l'écart de la foule rugissante et commença à se répandre en excuses.

— J'espère que vous pourrez me pardonner, dit-elle, la main posée sur le bras de Libertas. Quand j'ai présenté le film aux gens du *Mipro*, j'ai spécifiquement demandé à ce que la MGM soit chargée de la production et j'ai communiqué votre nom et votre numéro. Mais dès que cet odieux serpent a eu vent de ma requête, il a fait en sorte que ce soit l'UFA qui décroche le contrat.

Libertas dut faire un effort surhumain pour ne pas éclater de rire face à la manière dont Leni caractérisait Goebbels.

— Je n'aurais rien dû dire du tout, conclut piteusement la réalisatrice.

— Leni, je vous en prie, ce n'est pas votre faute, s'empressa de la rassurer Libertas. Je comprends tout à fait. C'est vraiment un odieux serpent, en effet, ajouta-t-elle en baissant la voix à la manière d'une conspiratrice.

Aussitôt, une lueur malfaisante s'alluma dans les yeux noirs de Leni.

— Est-ce que vous avez vu la tête qu'il faisait ce soir ?

Libertas éclata d'un rire aussi étouffé que vindicatif, à l'égal de l'actrice.

— Pour voir, j'ai vu. Il avait l'air d'avoir mangé un truc pourri.

— Oui. Sa fierté.

Le regard de Leni revêtit un éclat triomphant, dur comme de l'acier.

— Je sais qu'il va mettre un point d'honneur à faire de ma vie un enfer à partir de maintenant, mais tant pis. Ça en valait la peine.

Alors que Libertas contemplait les rues illuminées de Berlin par la fenêtre du taxi qui la ramenait chez elle, elle se demanda si elle serait capable de leur donner vie comme Leni le faisait dans ses films. La réalisatrice n'avait que quelques années de plus qu'elle. Ce n'était sans doute pas impossible d'apprendre le métier auprès de quelqu'un de compétent… Et ensuite, ce serait son tour de monter sur scène. Telle une femme qui aurait accompli quelque chose, une femme qui aurait créé, avec son propre talent, sans être attachée à un homme. Une personne à part entière, avec sa propre carrière et ses propres succès…

Rêvant à d'infinies possibilités, elle s'endormit, la tempe contre la vitre froide. Elle ne se réveilla que lorsque le chauffeur frappa poliment à la fenêtre, attendant de lui ouvrir la portière. Tandis qu'elle prenait appui sur sa main pour descendre de voiture, Libertas s'imagina sur les marches du UFA-Plast, au milieu des caméras qui filmeraient le moindre de ses gestes.

Chapitre 4

Frits Strengholt, directeur de la succursale berlinoise de la MGM, passait en revue un programme de publicités pour les fêtes de fin d'année, tandis que Libertas prenait des notes. Elle devait « l'honneur » d'un tel traitement aux efforts de Martin Tressler, journaliste indépendant employé par le prestigieux magazine *Film Kurier*. Martin avait écrit un article si dithyrambique à l'occasion de la sortie du dernier film de la MGM, *Les compagnons de la nouba*, que les profits pour le marché allemand avaient crevé le plafond.

— Et ne vous mettez pas martel en tête à propos du contrat pour le documentaire sur le congrès.

Il était vraiment d'excellente humeur. C'était tout aussi bien, étant donné que Libertas tournait depuis longtemps autour du pot au sujet d'une demande personnelle qu'elle n'avait pas encore trouvé le courage de verbaliser auprès du directeur, célèbre pour sa taciturnité.

— Vous avez fait tout ce qui était en votre pouvoir. Malheureusement, ce n'est pas Fräulein Riefenstahl qui choisit le studio, mais le ministère de la Propagande, et le *Mipro* a décidé que l'UFA allemande était un choix bien plus logique que la MGM américaine.

Strengholt signa un dernier document qu'il tendit à Libertas.

— Une liste revue et approuvée des magazines qui parlent de notre dernier film. Ce sera tout pour aujourd'hui.

Il s'affairait déjà avec d'autres papiers, mais Libertas restait debout à côté de sa chaise, refusant de prendre son congé.

— Autre chose ? lui demanda Strengholt sans lever les yeux.

— Oui, *Herr Direktor*.

Libertas se dandina d'un pied sur l'autre et s'humecta les lèvres.

— Y a-t-il des postes d'assistants-réalisateurs à pourvoir actuellement ?

Cette fois, non seulement Strengholt daigna la regarder, mais il ôta carrément ses lunettes pour l'étudier avec attention.

— Pourquoi ? Un candidat a-t-il exprimé son intérêt ? Avez-vous le CV de cette personne ?

Les joues légèrement rosissantes, Libertas secoua la tête.

— Il ne s'agit pas d'*un* candidat, *Herr Direktor*. C'est pour moi que je posais la question.

À ces mots, Strengholt éclata d'un rire sonore et ne s'arrêta que lorsqu'il constata que Libertas ne l'imitait pas.

— Oh, vous parliez sérieusement. Hum.

Il s'éclaircit la gorge tout en continuant de glousser, pour le plus grand agacement de Libertas.

— Vous comprendrez sûrement que personne de sain d'esprit n'accepterait de vous engager vous, une *femme*, en tant qu'assistante ?

Il la dévisagea comme s'il la trouvait absolument ridicule.

— Et ensuite, qu'est-ce que ce sera ? Une femme au Reichstag ? Une femme à la tête du pays, peut-être ?

Il ricana avec un profond dédain.

— Il n'est certainement pas nécessaire d'être un homme pour faire de bons films, singea Libertas tandis que le feu lui montait aux joues. Comme vous avez pu le constater de vos propres yeux, Fräulein Riefenstahl est une réalisatrice au talent incroyable qui suscite l'admiration du Führer lui-même. Si elle a pu apprendre à faire des films, alors j'en suis capable aussi.

— Elle a appris à faire des films parce que son réalisateur d'alors, Fanck, était follement épris d'elle. C'est uniquement pour cette raison qu'il l'a laissée tourner des séquences pour ses films de montagne. Et elle a eu la possibilité de le faire parce qu'elle avait ce banquier juif, Sokal ou je ne sais plus quoi, pour financer ses tentatives de réalisation.

Strengholt pencha la tête sur le côté et scruta Libertas d'un air un tantinet moqueur.

— Avez-vous un réalisateur entiché de vous et un bienfaiteur juif prêt à vous sponsoriser ?

Libertas songea à protester, à expliquer qu'il n'y avait aucun bienfaiteur et que Leni avait dû emprunter de l'argent à son père, mais elle prit conscience qu'aucun argument ne suffirait face aux rumeurs dont se régalaient les éminences des studios. Alors elle répondit d'un simple « Non » et se dirigea vers la porte.

— Vous êtes un atout de choix pour le service publicité, Libertas, lança Strengholt dans son dos. Vous avez tous ces critiques, ces rédacteurs en chef et ces journalistes dans la poche parce que vous êtes une formidable charmeuse et qu'ils vous adorent. Aucun homme ne pourrait faire votre travail aussi bien. Considérez ça comme un avantage, d'accord ?

— Pourquoi avez-vous l'air si lugubre ? demanda Martin, qui mastiquait à l'autre bout du fil.

Libertas avait envisagé de présenter sa démission pour ne jamais remettre les pieds au bureau, et tant pis pour son « avantage », comme l'appelait Strengholt.

Sale porc machiste.

Mais ensuite, elle avait repensé aux paroles de Leni – *Gardez la tête haute, ma jolie. On va leur montrer* – et avait serré les dents avant d'attraper le téléphone. Le rédacteur en chef du *Film Kurier* n'était pas là et c'était Martin Tressler, sa dernière recrue, qui avait décroché, la bouche pleine. Il devait déjeuner à son bureau, contrairement à son patron, qui avait toujours une table réservée à son nom au Josty.

— Pour rien. Pouvez-vous juste lui dire que j'ai appelé ? répondit Libertas.

— Bien sûr.

Il avait dû faire couler son sandwich avec un café, car il était beaucoup plus intelligible.

— Comment ça va, au bureau ?

— Ne m'en parlez pas.

Libertas se massa le front, lasse. Ils ne s'étaient rencontrés par téléphone que quelques semaines plutôt, mais pour une raison quelconque, Libertas avait avec Martin des affinités qu'elle n'avait pas même avec ses collaborateurs les plus proches au sein de la MGM. Son sens de l'humour et le simple son de sa voix ne manquaient jamais de lui remonter le moral.

— J'ai comme l'impression qu'un verre ne vous ferait pas de mal.

— En effet.

— On est vendredi. Pourquoi ne viendriez-vous pas avec nous à l'Adlon après le travail ?

— L'Adlon ? Pourquoi ?

Martin rit avec bonne humeur.

— J'oublie toujours que vous n'êtes pas une vraie Berlinoise. L'Adlon, Libby, est le plus grand repère à journalistes de la ville. Il faut que vous veniez ! Vous y serez comme un poisson dans l'eau.

— Mais je ne connais personne là-bas.

Si elle était tout à fait honnête, elle ne connaissait personne tout court avec qui elle aurait pu aller boire un verre. Jusque-là, sa vie dans la métropole avait consisté à travailler, travailler encore, et dîner à l'occasion avec Wend lorsqu'il avait le temps de voir sa nièce. Pour le reste, elle était seule dans son appartement, sans même un chat pour lui tenir compagnie le soir. De toute façon, avec son agenda professionnel, la pauvre bête serait sans doute morte de faim.

— Au contraire, ce sont les gens avec qui vous discutez tous les jours au téléphone. Sauf que ce soir, vous pouvez tous les rencontrer en personne. Ce ne sera pas si terrible, je vous le promets. Nous ne sommes pas si barbants que nous en avons l'air.

Un sourire ne tarda pas à naître sur les lèvres de Libertas.

— D'accord. À quelle heure ?

— Disons 18 heures ?

— Va pour 18 heures.

À 18 heures tapantes, Libertas sortit du taxi qui l'avait amenée jusqu'à l'hôtel Adlon. Un portier en uniforme lui ouvrit la porte et fit passer Libertas de la rue enneigée à la chaleur accueillante du plus célèbre hôtel berlinois. Elle traversa le hall peuplé de fauteuils en cuir dans lesquels des dignitaires étrangers fumaient le cigare, leurs visages à demi dissimulés derrière des journaux, et n'eut pas de mal à trouver le groupe, installé au bar tout en bois ciré.

Entre le comptoir en marbre, les cendriers en cristal ornés du logo de l'établissement en lettres dorées et les alcools que la plupart des Berlinois ne pouvaient s'offrir qu'au verre et jamais à la bouteille, Libertas se sentit aussitôt enveloppée d'une douceur réconfortante à laquelle elle ne s'était pas attendue.

Martin, sa veste posée sur le dossier de son tabouret haut, devait lui crier dans l'oreille par-dessus la musique entraînante et les rires sonores de ses collègues.

— Je suis vraiment content que vous ayez pu venir ! Qu'est-ce que vous prenez ?

Libertas faillit commander une coupe de champagne, mais à la place, elle hocha la tête en direction du verre qu'il avait à la main.

— Qu'est-ce que c'est ?

— Gin et eau gazeuse.

Sous son regard surpris, elle lui prit sa boisson des mains et en avala une généreuse gorgée. Après quelques secondes de réflexion, elle fit signe au barman de lui préparer la même chose, à la joie des collègues de Martin.

— Après la journée que j'ai eue…

Elle n'eut pas besoin d'en dire plus pour qu'un concert d'exclamations et de rires compatissants retentisse au sein du groupe.

— J'imagine, répondit Martin. Vous n'êtes pas la seule que cet *Arschloch* de Strengholt pousse à l'alcoolisme, si je puis me permettre.

— Il est dur, intervint un homme sec et dégarni, mais au visage le plus animé que Libertas avait jamais vu. Il faut vraiment être un *Arschloch* pour divorcer de sa femme à la seconde où Hitler arrive au pouvoir uniquement parce qu'elle est juive. Avant ça, ses origines n'avaient pas l'air d'avoir trop d'importance tant que son beau-papa banquier payait ses factures et faisait avancer sa carrière.

Il tendit la main à Libertas.

— Willy Brandt. Je travaille au *Film Kurier* avec Martin. Nous avons échangé par téléphone. C'est un immense plaisir de vous rencontrer en chair et en os.

Les traits de Libertas s'illuminèrent aussitôt.

— Herr Brandt, bien sûr ! Comment allez-vous ?

— Appelez-moi Willy, s'il vous plaît. Herr Brandt, c'est mon père. Un vieux conservateur qui m'a renié il y a des années pour avoir poursuivi une carrière dans le journalisme et écrit toute cette *Scheiße* libérale, je cite, au lieu de marcher dans ses pas et de rejoindre l'armée, dit Willy en levant les yeux au ciel.

Libertas se rendit compte qu'elle riait de bon cœur et sans retenue pour la première fois depuis des semaines.

— Vous avez toute ma sympathie. Mon oncle est exactement du même acabit.

— Vous a-t-il reniée aussi ?

— Pas encore, mais j'y travaille activement.

Au bout de quelques minutes, un cercle se forma autour de Libertas et elle découvrit que Martin n'avait pas menti en affirmant qu'elle connaîtrait tout le monde. Pendant que les rédacteurs en chef dînaient au restaurant de l'autre côté du hall, les journalistes que Libertas côtoyait au téléphone depuis des mois préféraient desserrer leurs nœuds de cravate, retrousser leurs manches et disséquer dans le détail les rédacteurs en question tout en buvant un verre et en riant aux dépens de leurs patrons arrogants.

— Ils ne sont pas comme les anciens, qui connaissaient et aimaient réellement notre profession, expliqua Martin avec un fond de nostalgie. Vous auriez adoré notre ancien rédac' chef.

— C'était un gentleman, concorda Willy qui leva son verre pour trinquer à sa mémoire.

— Viré en mars dernier.

Martin descendit son gin d'un trait et fit signe au barman de lui en préparer un autre.

— Juif? s'enquit Libertas avec empathie.

— Pire. Membre actif du KPD.

Willy secoua la tête alors qu'il faisait tourner son verre sur le comptoir en marbre.

— Il n'a jamais laissé ça interférer avec son travail. Nous sommes la section divertissements d'un journal et il s'assurait que nous ne parlions de rien d'autre que de divertissements. Ses opinions politiques ne regardaient que lui, comme il me l'a expliqué lui-même juste avant les élections de 1932. Mais les gens du Parti le dépeignaient comme un bolchevique du rouge le plus pourpre et affirmaient qu'il utilisait sa position pour diffuser de la propagande communiste. Et ils ont fini par le démettre de ses fonctions.

— La MGM aussi a renvoyé tous ses employés juifs, dit Libertas avec un hochement de tête de remerciement pour Martin qui venait de lui allumer sa cigarette. Ils ont même retiré tous leurs portraits de la galerie des célébrités. Quelle tristesse, ajouta-t-elle à voix basse.

— C'est bien triste, en effet, concéda Martin.

Il lui donna une petite tape amicale sur l'épaule, un signe d'inclusion, d'acceptation, de camaraderie et de sentiments partagés au sein d'un cercle d'amis qui la faisait se sentir la bienvenue et chez elle pour la première fois dans cette grande ville inconnue.

— Et merde, Weimar me manque! s'exclama Martin.

— Ne remue pas le couteau dans la plaie ! protesta Willy avec un grognement douloureux. C'était une décennie dorée, c'est vrai. Les bars, les cabarets à tous les coins de rue...

— L'opium en vente dans les pharmacies... ajouta sur-le-champ l'un des journalistes, se repaissant de la mémoire collective.

Libertas observait la scène, les yeux de plus en plus écarquillés de surprise.

— La prostitution légalisée...

— Ça mérite de porter un toast !

Nouvelle explosion de rires.

— Oh, liberté d'expression, comme tu me manques !

Martin leva les yeux au ciel, la main sur le cœur.

— Comme cela me manque de rédiger de vraies critiques de films, d'écrire sur le cinéma et les acteurs, au lieu de noircir des colonnes entières de propagande nationaliste à chaque sortie de long-métrage.

— Max Reinhardt me manque. Le théâtre ne sera plus jamais le même.

— Nous avons perdu nos plus grands talents.

— Est-ce que vous vous souvenez de la scène tournante inventée par Reinhardt ?

— Et de Grosz dans sa tenue de cow-boy, se pavanant au café *Romanisches* comme si rien n'était ?

Murmures nostalgiques. Regards embués.

— Tout le mouvement de Dada était dément !

— Je me suis saoulé avec lui dans la propriété de ce comte. Une folie, ce week-end ! Je me suis réveillé dans une baignoire, avec ma queue-de-pie sur le dos et le pince-nez de quelqu'un sur les yeux.

La tête légèrement étourdie par le gin, Libertas écoutait leurs conversations animées et se retrouvait emportée dans un monde qu'elle n'avait jamais connu et qui faisait naître un regret féroce en elle. Ils parlaient d'un Berlin qu'elle ne reconnaissait pas ; une véritable Babylone où les artistes créaient tout à partir de rien ; où l'ancien était démoli pour faire place à quelque chose de neuf et d'incroyablement excitant ; où les femmes étaient libres d'aimer qui bon leur semblait, et où des hommes embrassaient d'autres hommes au grand jour. Une célébration continue de l'existence à côté de laquelle elle était complètement passée. Ne pas avoir vécu ces expériences lui faisait l'effet d'une douleur aiguë dans la poitrine, où battait un cœur sauvage qui n'était pas à sa place dans cette ville désormais sombre et infestée de SS.

Il était près de minuit quand les hommes tirèrent leur révérence, titubant avec une élégance bohème en direction de la sortie où le portier leur signalait déjà des taxis.

Libertas et Martin étaient les derniers au bar. Deux âmes esseulées qui n'étaient pas pressées de retrouver leurs appartements froids et ténébreux.

— Merci de m'avoir invitée ce soir, dit Libertas en jouant du bout de sa petite cuillère en argent avec le reste de sa crème brûlée.

Ils avaient dîné avec la même décontraction, au bar, au milieu des discussions à bâtons rompus.

— Ça m'a donné l'impression d'être vivante. Comme si j'étais…

— L'une des nôtres ? offrit Martin avec un sourire.

— Oui.

Libertas hocha la tête à plusieurs reprises, un sentiment de chaleur envahissant sa poitrine sous sa robe en laine noire. Bien qu'ayant les idées un peu floues, elle se sentait étrangement sobre, comme si on lui avait subitement ouvert les yeux sur quelque chose d'extrêmement important qu'elle ne parvenait pas encore à expliquer.

— J'ai senti… j'ai senti que j'étais enfin à ma place. Est-ce que ça a le moindre sens ?

Des mèches de cheveux châtains tombaient dans les yeux de Martin, dont le regard encore pointu étincelait d'intelligence en dépit de la quantité d'alcool qu'il avait ingérée.

— Ça en a. J'ai pensé que ça te ferait du bien. J'ai entendu ta voix et…

— Tu as eu pitié de la pauvre fille du service publicité ?

— Disons que ça ne doit pas être facile pour toi.

— Ça va. J'aime mon travail. Simplement…

Libertas exhala, à la recherche des bons mots.

— J'aimerais avoir des perspectives d'avenir. J'avais des rêves en venant à Berlin. Je voulais créer quelque chose. Je ne savais pas encore quoi – pièces de théâtre, scripts, longs-métrages. Tant que je pouvais faire passer un message. Mais après ce que j'ai entendu dans la bouche de Strengholt aujourd'hui…

Elle secoua la tête.

— Je ne suis bonne qu'à flirter avec les rédacteurs en chef de magazine au téléphone et ne deviendrai jamais quelqu'un. Uniquement parce que je suis une femme et parce que les femmes n'ont que trois choses dans la vie : la cuisine, l'église et les enfants.

Elle leva les yeux au ciel, exaspérée.

— Tu parles du discours ridicule qu'a prononcé Goebbels récemment ? s'enquit Martin. Celui où il parle de ramener les femmes allemandes dans le giron du foyer et de la famille, après que le Berlin de Weimar les a quasiment toutes transformées en prostituées ?

À chaque seconde, son ton devenait plus sarcastique.

— La libération qu'ont connue les femmes pendant les années 1920 ne lui a pas plu, j'imagine ! Étrange, d'ailleurs ; la plupart des hommes étaient plutôt heureux que les choses prennent cette tournure, ha ha !

Tout à coup, Libertas prit conscience que le barman séchait des verres tout près d'eux. Et qu'elle avait le badge du Parti accroché à la poitrine. Elle se pencha vers Martin, gênée.

— Peut-on discuter aussi librement de toutes ces choses ? C'était très bruyant tout à l'heure avec l'orchestre qui jouait, des gens ont dû nous entendre…

Martin lui opposa un haussement d'épaules nonchalant.

— Nous cancanions sur le bon vieux temps. Il n'y a pas de loi contre ça

— Le dernier discours de Goebbels n'appartient pas au bon vieux temps.

— Il n'en reste pas moins ridicule. Bien plus que Grosz et sa tenue de cow-boy en plein cœur de Berlin.

Après un fou rire partagé, Martin reprit son sérieux.

— Ça ne les dérange que lorsque les gens commencent à parler politique. En février, quand les anciens journaux libéraux circulaient encore, le rédacteur en chef du *Gegner*, s'est invité ainsi que son équipe dans un *Lokal* SA, où ils se rassemblaient habituellement pour boire des bières et discuter. C'était un jeune homme idéaliste qui avait grandi avec les idéaux de Weimar et pensait qu'une conversation civilisée pouvait venir à bout de tous les problèmes. Le propriétaire s'est attendu à un esclandre, mais à la surprise générale, il ne s'est rien passé. Le rédacteur a apporté des bières et des saucisses aux SA, s'est entretenu avec eux sur la politique et d'autres sujets dans la plus grande politesse, et est même parvenu à rallier les Chemises brunes à certains de ses arguments. Un de ses journalistes m'a raconté comment ils étaient tous repartis sans la moindre égratignure.

— Je m'attends à un « néanmoins ».

— Néanmoins… concéda effectivement Martin.

Libertas sourit, mais son sourire ne monta pas jusqu'à ses yeux. Elle ne savait que trop à quoi s'attendre avec ce genre d'histoires. Dans cette nouvelle Allemagne, elles finissaient toujours mal.

— Néanmoins, quelques jours plus tard, lui et son assistant ont tout bonnement disparu, continua Martin en recrachant la fumée de sa cigarette. Personne ne savait ce qui leur était arrivé. Ils s'étaient… volatilisés. La petite amie du rédacteur en chef a contacté la mère de ce pauvre diable, la mère a prévenu son frère amiral ou quelque chose dans le style, un gros bonnet dont le nom pesait un certain poids, et c'est seulement après ça que la police l'a informée que son fils était retenu par les SS. Quand ils l'ont relâché, il pouvait à peine marcher après ce qu'ils lui avaient fait.

— Et son assistant ?

— D'après les déclarations des SS, il s'est suicidé pendant son emprisonnement.

— Sauf qu'il ne s'est pas suicidé ?

— Bien sûr que non. Les SS l'ont abattu sous les yeux de son collègue. Après sa libération, ils ont persécuté ce rédacteur en chef pour lui faire signer un papier qui attestait que la mort de son assistant était bel et bien un suicide, mais il a refusé. Et ensuite, il a disparu pour de bon.

— Ils l'ont tué ?

— Non. Je ne crois pas. C'est un neveu d'amiral, après tout, ajouta Martin avec une petite grimace. Cela contrarierait son oncle. La rumeur raconte qu'il a été envoyé loin d'ici. Il a rompu avec sa petite amie, coupé les ponts avec toutes ses affiliations politiques. Je ne sais pas ce qui lui est arrivé.

Il termina son verre d'un trait.

— Tu as raison, cependant. La fête est finie.

Il sortit son portefeuille et demanda l'addition.

Libertas sortit son porte-monnaie également.

— Je paie la moitié.

— Jamais de la vie.

— Ne suis-je pas l'une des vôtres ? Chacun a payé sa part.

— C'est moi qui t'ai invitée et quand j'invite mes amis, je paie toujours leur part. Tu n'auras qu'à régler la note la prochaine fois que tu m'inviteras à boire un verre. Qu'en dis-tu ?

— Vendredi prochain ? suggéra Libertas.

— Je suis quasiment certain que c'est le réveillon de Noël.

— As-tu mieux à faire ?

Après quelques instants de réflexion, Martin secoua la tête.

— Maintenant que j'y pense, absolument pas, non.

Chapitre 5

La réunion s'éternisa pendant ce qui parut être des heures. Les employés de la MGM étaient rassemblés dans la salle de conférences pour écouter à la radio Goebbels qui s'adressait à la nation. C'était le bla-bla habituel : la race et le sang et la grandeur germanique. Seulement, ce qui avait d'abord semblé inspirant à Libertas en tant que jeune fille qui n'avait jamais mis les pieds dans la capitale et ne connaissait le Parti nazi qu'à travers les propos de son oncle commençait à revêtir une signification entièrement différente, maintenant qu'elle voyait de l'intérieur toute cette propagande.

— Le Führer a fait des promesses et le Führer les a tenues ! déclarait Goebbels sous les cris d'enthousiasme de la foule rassemblée au Sportpalast pour l'occasion.

Une foule triée sur le volet, d'ailleurs. La retransmission avait lieu en direct et personne ne voulait prendre le risque du moindre chahut de la part des dissidents que la Gestapo n'avait pas encore expédiés à destination de tel ou tel camp de concentration.

— Il a promis de rendre leurs emplois aux citoyens allemands et il l'a fait. Il a géré efficacement la dominance juive dans la presse, la culture, les sciences et le droit. Nous avons repris ce qui nous revenait de droit. Nous avons nommé à des postes de dirigeants des personnes qui se battront pour défendre les intérêts du peuple allemand et non pas des banquiers juifs de Wall Street et leurs intérêts capitalistes.

Libertas dut faire un effort phénoménal pour contenir ses émotions et conserver une expression impassible au lieu de lever les yeux au ciel devant une telle hypocrisie. Elle avait entendu son oncle Wend rire à gorge déployée face aux « masses incultes » qui ne voyaient que la partie « socialiste » dans le nom du NSDAP et qui non seulement buvaient cela comme du petit lait, mais en redemandaient.

« Jouer sur leur ignorance est la chose la plus ingénieuse que ce cher Hitler aurait pu faire ! avait déclaré Wend en faisant tourner son cognac d'après-dîner dans son verre. Après avoir réalisé qu'il ne remporterait jamais les votes de la classe ouvrière face aux bolcheviques et à leur KPD, il s'est qualifié de socialiste, et voilà ! Ces moutons ont pensé qu'il se battrait pour leurs intérêts "d'hommes du peuple" quand, en réalité, c'est nous, aristocrates et industriels, qui les avons dans la poche, lui et ses petites Chemises brunes. Officiellement, il est candidat en tant que populiste, et organise des congrès lors desquels il affirme être le chef de tous les Allemands. Mais juste après, il monte dans sa Mercedes, file à un dîner chez un donateur politique ou un autre, où le champagne et le caviar coulent à flots, et il rit bien aux dépens de tous ces moutons qui se rendent aux urnes en bêlant ses slogans comme le brave troupeau bien obéissant qu'ils sont, pendant que nous enrichissons de plus en plus. »

— … Et toute personne s'opposant à nos politiques doit quitter l'Allemagne immédiatement !

Les cris de Goebbels arrachèrent Libertas à ses sombres souvenirs.

— Nous ne voulons pas des dissidents ! Nous ne voulons pas des libéraux ! Nous ne voulons pas des sociodémocrates, des bolcheviques, ou de quiconque se mettrait en travers du nouveau grand Reich allemand ! Ce sont les ennemis de notre peuple et ils seront traités comme tels…

À côté de Libertas, Frits Strengholt fixait le poste de radio, captivé, une lueur fanatique dans les yeux.

Tentant de bloquer la voix du ministre de la Propagande qui lui tapait de plus en plus sur les nerfs, Libertas reporta son attention sur le plafond et entreprit d'étudier les moulures en plâtre qui l'ornaient.

À la fin de la journée, la secrétaire de Strengholt distribua des présents à tous les employés pendant que le directeur de la MGM assistait à la scène en arborant le sourire officiel qu'il réservait spécifiquement à ce genre d'occasions et remerciait son équipe pour son excellent travail. Son intonation légèrement militaire sonnait faux aux oreilles de Libertas, mais elle accepta néanmoins le cadeau avec gratitude. La journée de travail était presque terminée, elle allait boire une flûte de champagne avec les autres dans la salle de conférence, puis elle rejoindrait Martin à l'Adlon, se dit-elle tandis qu'elle déballait son paquet dans son bureau, un petit sourire aux lèvres. Cependant, son sourire fut remplacé par un froncement de sourcils dès qu'apparut, sous les couches de papier de soie doré, un livre : *Mein Kampf*, d'Adolf Hitler. Édition limitée. À l'intérieur, la signature du ministre de la Propagande Goebbels.

Elle le feuilleta. Son froncement de sourcils laissa bientôt place à une expression de véritable dégoût.

« Le peuple allemand a pour mission sacrée d'assembler et préserver les éléments raciaux les plus précieux et de les élever à la position dominante… »

« … C'est la presse, plus que tout autre organe, qui mène une lutte absolument fanatique et calomnieuse, démolissant tout ce qui peut être considéré comme un soutien à l'indépendance nationale, l'élévation culturelle et l'indépendance économique de la nation…

« … Si, avec l'aide de sa croyance marxiste, le juif est victorieux de tous les autres peuples du monde, sa couronne sera la couronne mortuaire de l'humanité… Je crois donc agir aujourd'hui en accord avec la volonté du Créateur-tout-Puissant : en me défendant contre le juif, je me bats pour l'œuvre du Seigneur. »

Les yeux soudain embués, Libertas laissa son regard se perdre dans le vide. Elle remarqua à peine que le livre lui glissait des doigts. Tout à coup, elle se tenait de nouveau devant le bûcher. *C'est ça qu'ils auraient dû brûler avant qu'il ne soit trop tard*, songea-t-elle. *Toute cette haine, toute cette pure folie.*

Avant qu'elle contamine davantage d'esprits et engendre une catastrophe.

La sonnerie stridente du téléphone la fit sursauter.

— Libertas Haas-Heye, service publicité de la MGM, répondit-elle automatiquement.

— C'est moi, Martin.

Martin. Malgré elle, Libertas sourit.

— J'ai presque terminé… commença-t-elle.

Il l'interrompit.

— J'espère que tu me pardonneras, mais je ne vais pas pouvoir venir aujourd'hui.

Des voix en arrière-plan l'empêchaient de bien comprendre ce qu'il disait.

— J'ai retrouvé… Je l'attends en ce moment même…

Le brouhaha étouffait la moitié de ses mots.

— Qui ?

Libertas se boucha l'autre oreille afin de bloquer les bruits de fête en provenance du couloir derrière elle.

— Martin ? Je n'entends presque rien de ce que tu me racontes. Qui as-tu retrouvé ?

— Le type du *Gegner* ! Le rédacteur en chef qui a disparu.

— Oh.

Tout à coup, elle eut froid.

— … s'il accepte une interview… un sacré article… essayer de l'intercepter quand il va sortir du travail…

La voix altérée de Martin lui parvenait par vagues.

— Je suis dans le hall en ce moment même…

Bruit mécanique, puis plus rien.

— Martin ? appela Libertas. Appelle-moi lundi en arrivant au bureau, d'accord ?

Silence.

Sans trop savoir s'il l'avait entendue ou non, Libertas reposa le combiné. Dehors, le vent soufflait, faisant décrire de grandes volutes blanches aux flocons de neige. Resserrant ses bras autour d'elle, Libertas resta là un moment, à regarder la ville disparaître. Tout à coup, elle n'avait nulle part où aller et absolument personne au monde à qui parler.

En plus des exemplaires de *Mein Kampf*, les employés de la MGM se virent accorder un bref « congé », comme l'avait appelé Herr Strengholt, qui s'imaginait soudain être un dirigeant militaire. Se sentant seule et nostalgique d'une innocence de jeunesse qu'elle avait perdue depuis longtemps, Libertas monta à bord d'un train à destination de son Schloss Liedenberg natal. Bercée par les souvenirs et le silence de son compartiment privatif, elle se demandait pourquoi elle n'était pas rentrée plus tôt, d'autant plus que le trajet n'était pas bien long : la demeure familiale se situait à seulement cinquante kilomètres au nord de Berlin. Pour une raison quelconque, elle avait évité la maison de son enfance, remplaçant les visites par une carte postale, une lettre ici et là et un occasionnel coup de téléphone, qu'elle concluait invariablement au bout de quinze minutes précises par un « Il faut que j'y aille, Mutti. Le devoir m'appelle. Embrasse tout le monde pour moi. »

C'étaient les appels qu'elle redoutait le plus. Un an plus tôt, elle aurait pu passer des heures au salon avec sa mère, plongée dans les cancans du coin, feuilletant les magazines envoyés directement de Paris par son père, créateur de mode. À présent, Libertas se surprenait à entortiller le fil du téléphone avec impatience pendant que sa mère lui racontait à quel point l'oie de Frieda (la cuisinière de la famille) avait engraissé et comment Scherzo, le cheval de Libertas, avait perdu un fer quand son frère aîné Johannes l'avait emmené en promenade autour du lac lors d'une des rares visites que son travail en Suède lui permettait. Cela lui paraissait inconcevable que le monde tranquille de Schloss Liedenberg restât inchangé et intact tandis que des familles entières étaient déracinées et jetées dans le violent courant politique de la nouvelle Allemagne d'Hitler. Partout autour d'elle, on brûlait des livres, on détruisait des vitrines, on harcelait des innocents, on arrêtait et on exécutait des dissidents politiques, pendant qu'à Liedenberg, la vie suivait son cours sans une once de perturbation.

Le front appuyé contre la vitre, Libertas réalisa tout à coup qu'elle n'appartenait plus à ce vieux monde, trop engoncé dans ses habitudes pour se préoccuper de quiconque tant que les oies engraissaient et que les quatre fers de Scherzo étaient bien arrimés à ses sabots. Elle avait grandi et ce monde ne lui allait plus, il était bien trop petit et bien trop étouffant.

À la gare, le chauffeur en uniforme d'oncle Wend l'attendait avec la voiture.

Il fixa son sac à main d'un air dubitatif.

— Pas de bagages, madame ?

— Je ne reste pas longtemps.

Ils effectuèrent le bref trajet en silence. Bien au chaud sous la couverture qui lui couvrait les genoux, Libertas regardait dehors et s'émerveillait face à la douceur de la nuit, face aux étoiles et à la lune qu'elle n'avait pas vues depuis ce qui lui semblait être une éternité. À Berlin, des panneaux d'affichage éblouissants illuminaient le ciel nocturne, scintillaient dans leurs couleurs éclatantes en haut des façades des hôtels, des grands magasins et des cinémas. *Kakadu – le meilleur bar de Berlin. Chesterfields – le choix des gentlemen. Wertheim : nous avons tout ce que vous cherchez. SS, troupe d'élite : engagez-vous ici.*

Enfin, au détour d'une courbe familière que décrivait la route, Schloss Liedenberg apparut qui s'élevait, blanc et imposant, au cœur des terres qui leur appartenaient toutes, à perte de vue. Le chauffeur de Wend fit le tour de la fontaine – un cadeau offert à Philipp, le grand-père de Libertas, de la part du Kaiser Wilhelm – et s'arrêta devant l'entrée où Karl, le loyal majordome de la famille, attendait dans sa livrée réservée aux grandes occasions.

Le chauffeur ouvrit la portière. Libertas sortit de voiture et entra de plain-pied dans le passé.

— Comment va, Karl ?

Elle connaissait déjà la réponse avant même qu'il la prononce de sa voix monotone habituelle.

— Très bien, Fräulein.

— Père n'est pas là, je présume ?

— Non, Fräulein, confirma-t-il en la débarrassant de son manteau et de ses gants.

Libertas trouva sa mère dans le salon, enveloppée comme toujours dans des châles, affectée comme toujours par un rhume, caressant comme toujours son spitz nain d'un air absent tandis qu'elle se plaignait de sa voix nasale et geignarde auprès son frère Wend.

— Libertas !

Sans se lever, Tora Haas-Heye tendit le bras vers sa fille.

— Ne reste pas plantée là, mon enfant, viens donc donner un baiser à ta mère. Comme tu as coupé tes cheveux court ! Je n'ai jamais compris cette mode... Mais regarde un peu comme tu es pâle et amaigrie ! Enfin, Wend, ne la surveilles-tu donc pas, là-bas ?

— Libertas n'est plus une enfant, Tora.

Wend posa son verre d'apéritif pour ajuster sa veste d'uniforme et s'avança vers sa nièce pour une étreinte formelle et raide.

— Pourquoi ne m'as-tu pas dit que tu rentrais ici pour les fêtes ? Nous aurions pu venir ensemble en voiture.

Je n'aurais pas supporté le trajet.

— Je ne voulais pas déranger, répondit Libertas à la place.

— Quelle bêtise !

— Est-ce que Vati a appelé ?

— Ton père ne vient pas, assena Tora avec froideur.

— Ça, j'avais compris.

Les mots sortirent d'un ton plus sec que ce que Libertas avait souhaité.

— Je demandais simplement s'il avait téléphoné.

— Non, répondit Tora sans croiser son regard. Mais il t'a envoyé des cadeaux depuis Paris. L'intégralité de sa nouvelle collection, à en juger par le nombre de paquets. Il compense son absence par la quantité, j'imagine. J'ai dit à Gerda de les mettre dans ta chambre.

Au lieu de répliquer, Libertas se dirigea vers le bar pour se servir un verre. De quoi Mutti se plaignait-elle ? De l'absence de son ex-mari ? De la supposée négligence dont il faisait preuve envers ses devoirs paternels ? N'était-ce pas Tora qui avait laissé le jeune Johannes et la petite Libertas aux soins de Valerie (leur gouvernante) pendant que leur père et elle voyageaient partout en Europe, passant trois cents jours par an dans des hôtels divers et variés et seulement une cinquantaine chez eux ? N'était-ce pas Tora qui avait collé Libertas dans une série de pensionnats ridiculement onéreux afin de ne pas avoir à se donner la peine d'élever sa fille elle-même ? Mais depuis l'échec de leur mariage dû à l'ouverture d'un studio à Paris et au refus de Tora de quitter l'Allemagne pour suivre Otto, Tora avait beaucoup à dire sur la façon dont le père de Libertas manquait à ses devoirs. Ce qui ne manquait pas de piment de la part d'une mère qui avait manqué aux siens pendant des années.

Le gin laissa une saveur aigre-douce sur la langue de Libertas. *La boisson de Martin*. Cette pensée la fit sourire. Berlin lui manquait. *Amusant*.

— Qu'est-ce que tu as mélangé ?

L'alarme était évidente dans la voix de Tora.

— Du gin et de l'eau gazeuse, répondit platement Libertas sans se retourner.

— Depuis quand bois-tu ?

— Mère, à vous entendre, on dirait que je suis alcoolique.

— Je n'ai rien contre du vin avec le dîner, commença Tora, mais…

— Et moi, je n'ai rien contre un gin-tonic avant le repas, la coupa Libertas, qui n'était pas d'humeur pour une leçon de morale. Si vous voulez bien m'excuser…

Alors qu'elle était déjà dans le couloir, elle entendit sa mère demander à Wend ce qui était arrivé à sa fille.

— Berlin, répondit son oncle.

Libertas se l'imagina en train, dans le même temps, de hausser les épaules avec sa nonchalance habituelle. Se sentant étrangement adulte et rebelle, elle grimpa les marches qui menaient au premier étage.

Rien n'avait changé dans sa chambre pendant son absence. Tout était toujours du même blanc de petite fille, épuré, immaculé. Rangée à la perfection par Gerda, la domestique de la famille, la pièce semblait conservée comme un objet historique. *Chambre de jeune aristocrate allemande, début du XXe siècle. Autrefois la propriété de Libertas Haas-Heye.*

Assise sur le lit de son enfance, entourée d'un océan multicolore de robes, de fourrures, de chapeaux et de chaussures, elle était en proie au soudain sentiment d'être une intruse. C'était le fantôme de l'ancienne Libertas qui hantait désormais ces lieux. La nouvelle Libertas n'avait plus sa place ici.

Tiraillée entre des émotions contradictoires, Libertas attrapa le téléphone pour le poser sur ses genoux et supplia l'opératrice de la mettre en communication avec Paris.

Oui, elle était au courant que c'était le réveillon de Noël. Oui, elle se rendait bien compte que tout le monde voulait appeler quelqu'un. Elle paierait, qu'importait la somme. Que diable, elle paierait le double du tarif normal, tant qu'elle pouvait parler à la seule personne dont elle se sentait proche.

L'opératrice eut pitié d'elle.

— Libs ! Comment va ma petite chérie ?

À la surprise de Libertas, des larmes lui brûlèrent les yeux quand elle entendit la voix de son ancienne gouvernante à l'autre bout du fil. Valerie était partie pour Paris quand Libertas et Johannes étaient devenus grands et que leur père lui avait offert une place dans sa maison de couture. Elle continuait de manquer cruellement à Libertas. Une étrangère qui, en réalité, était davantage une mère pour elle que Tora ne le serait jamais.

— Je vais très bien, Valerie.

La voix de Libertas était chantante, mais les papiers d'emballage et boîtes à chapeau se brouillaient devant ses yeux.

— Berlin est un endroit merveilleux. Pas du tout comme quand j'y étais en pension. Nous n'avions le droit d'aller nulle part, à part au musée, et à condition d'être accompagnées. Mais maintenant, la ville m'appartient.

— Est-ce que tu y fais fureur ?

L'enthousiasme dans l'intonation de Valerie était bien réel. Ce qui rendait encore plus douloureux de lui mentir d'une manière aussi méprisable.

— Ça, oui ! Je travaille pour le service publicité de la MGM.

— Otto me l'a dit. Ton père est si fier de toi ! S'il n'avait pas eu ce dîner avec le Premier ministre ce soir, il…

Libertas l'interrompit avant que la sollicitude dans la voix de la gouvernante devienne insupportable.

— Ça ne fait rien, Valerie, je t'assure. Tu n'as pas à justifier quoi que ce soit, je comprends tout à fait.

— En attendant, *moi*, je suis là, alors parle-moi de ton travail ! Est-ce que toutes les stars de cinéma te lèchent les bottes ?

Libertas se rendit compte qu'elle riait, certes à travers ses larmes, mais de bon cœur.

— J'ai rarement affaire aux vedettes de cinéma, je traite surtout avec les journalistes. Mais c'est encore mieux.

— T'es-tu fait des amis ?

— Oh oui ! Martin et Willy, Carl et Norbert…

— Ce ne sont que des noms d'hommes, interrompit Valerie.

— Eh bien, parce qu'il s'avère que tous mes nouveaux amis sont des hommes.

— Rien d'autre que des amis ?

Libertas l'imagina hausser un sourcil soupçonneux.

— Rien d'autre que des amis, confirma-t-elle avec un petit rire embarrassé.

Pour une raison quelconque, le sourire ironique de Martin apparut dans son esprit et elle sentit le feu lui monter aux joues. Ils étaient seulement amis, mais qui sait ? Peut-être que cela finirait par se transformer en quelque chose d'autre…

La prochaine question de Valerie la tira de sa rêverie.

— Aucun beau scénariste mystérieux ne t'a fait tourner la tête pour l'instant ?

Elle était toujours aussi taquine.

— Non. Mais j'ai rencontré Fritz Lang.

— La belle affaire ! Nous dînons avec lui un week-end sur deux. Il habite au même étage que nous au Ritz.

— Non ! Tu mens !

— Jamais je ne ferais une chose pareille.

— Je meurs de jalousie !

— Alors viens à Paris !

— Je ne peux pas… Je travaille. Pourquoi est-ce que toi, tu ne viendrais pas ? Tu es l'assistante de Vati, il te laisserait partir pendant aussi longtemps que tu…

Libertas s'interrompit subitement.

Le silence régnait à l'autre bout du fil.

— Pardonne-moi, dit Libertas dans un souffle. J'oubliais.

Elle oubliait que la femme juive qui l'avait élevée comme sa propre fille était désormais une apatride et qu'elle n'aurait plus jamais le droit de remettre les pieds sur le sol du nouveau Reich allemand. Tout à coup, Libertas se sentit plus esseulée que jamais.

Le dîner fut une sombre affaire. La conversation s'essoufflait, les mots et les phrases inachevées s'effritant comme les pages d'un livre trempé par la pluie, la colle familiale incapable de recoller les morceaux. Wend parla politique sans s'adresser à personne en particulier. Tora tenta de questionner sa fille à propos de Berlin, mais tout sonnait faux, des interrogations superficielles qui ne méritaient pas d'élaborer plus avant.

Oui, la propriétaire de l'appartement est sympathique.

Oui, l'appartement est bien chauffé. Non, il n'y a pas de cheminée. Une seule chambre.

Oui, elle prend souvent le métro. Non, ce n'est pas dangereux. Non, personne ne se fait cambrioler dans le train.

La salle à manger était bien trop grande pour eux trois. La douce lueur des chandeliers n'atteignait pas l'autre extrémité de la longue table en chêne. Des ombres qui tremblaient à la lumière des bougies se formaient dans les coins. Quand Libertas suggéra que Karl, Frieda, Gerda et le chauffeur de Wend se joignent à eux (c'était Noël, après tout), Tora se contenta de la dévisager, absolument mortifiée, comme si sa seule fille avait totalement perdu l'esprit.

— Mais, *Schatz*, nous sommes à Schloss Liedenberg, pas à Berlin, la réprimanda oncle Wend avec un sourire amusé. Nous ne nous adonnons pas à de telles fantaisies libérales d'unification des classes, ici.

Derrière lui, aussi immobile qu'une statue, Karl était au garde-à-vous, un torchon blanc sur l'avant-bras. Libertas se demanda ce qui devait lui passer par la tête à cet instant. Parfaitement entraîné, issu de plusieurs générations de majordomes, son visage ne trahissait pas la moindre émotion.

Démoralisée, Libertas posa le regard sur son assiette. Sa mère n'avait pas menti : l'oie de Frieda était effectivement très, très grasse.

— J'en ai bien conscience, *Onkel*.

Elle enfonça sa fourchette dans la cuisse de la volaille

— C'est très difficile d'oublier où je suis.

Seuls cinquante kilomètres les séparaient de la capitale et pourtant, ils auraient tout aussi bien pu se trouver à l'autre extrémité du globe.

Libertas partit tôt le lendemain matin. Alors que le train la ramenait vers la capitale, elle regretta de l'avoir pris au départ.

Chapitre 6

Une convocation de la Gestapo attendait Libertas à son retour. L'enveloppe était épaisse, avec un tampon du portrait du Führer et une adresse de l'expéditeur qui indiquait un nouveau quartier général au numéro 8 de la Prinz-Alberechtstrasse. Perplexe et légèrement troublée, Libertas retourna le pli dans sa main et fouilla dans sa mémoire, sans parvenir à trouver une raison possible pouvant expliquer cette demande inattendue.

Ordre, pas demande ; ordre auquel tout manquement aurait pour conséquence une visite de la Gestapo et son arrestation, à en croire les dernières lignes dactylographiées tout en bas du document officiel.

Quand l'excès de nervosité fut passé, Libertas trouva un certain réconfort dans le fait qu'il s'agissait d'une simple convocation. Cela signifiait qu'ils souhaitaient tout simplement discuter. De quoi, personne ne le savait, mais ignorer leur requête serait tout à fait déraisonnable.

Alors, après avoir appelé le bureau et expliqué qu'elle serait en retard à cause d'une urgence, Libertas s'empressa de s'habiller. L'estomac trop noué pour manger, elle laissa son sandwich à la confiture intact dans son assiette, but son café d'un trait et dévala l'escalier tout en boutonnant son manteau.

Lorsqu'elle annonça l'adresse au chauffeur de taxi, il la regarda d'un air horrifié dans le rétroviseur.

— Bonne chance, marmonna-t-il en la déposant devant le bâtiment.

Elle se retrouva seule devant l'entrée familière dont la plaque en bronze (Musée des Arts décoratifs) avait été arrachée pour ne laisser qu'une pâle cicatrice sur la façade en calcaire.

Elle avait l'impression que c'était hier que la voiture de la famille Haas-Heye les avait déposés ici, son frère Johannes et elle, à l'époque où le studio de couture de leur père occupait presque un étage entier de ce même bâtiment. Elle avait l'impression que c'était hier qu'elle observait les étudiants de son père envelopper de soie des mannequins sans tête ni membres sous le regard attentif de ce dernier, qui indiquait son assentiment d'un hochement de tête ou les corrigeait gentiment. Elle avait l'impression que c'était hier qu'elle courait après Johannes dans le labyrinthe de couloirs et qu'elle se cachait de Valerie dans les studios vides qui sentaient le diluant pour peinture, l'huile et la poussière de plâtre.

À présent, depuis la fenêtre du rez-de-chaussée, un fantôme de son passé regardait Libertas, transparent et sans visage. Se donnant une contenance, elle s'approcha de l'entrée tout en se demandant comment il était possible que cet endroit reste si étrangement semblable alors qu'il accueillait quelque chose d'absolument sinistre entre ses murs – un nouveau Reich allemand miniature. Cette pensée lui était presque insupportable.

En poussant les lourdes portes, Libertas se retrouva face à un jeune officier SS en uniforme installé à un bureau sur lequel trônaient trois téléphones noirs identiques. Lui adressant un sourire typique de réceptionniste, il lui demanda si elle avait rendez-vous avec quelqu'un. Libertas lui montra la convocation, quelque peu rassurée par l'environnement familier.

Pendant qu'il téléphonait, Libertas regarda autour d'elle, surprise par le froid qui régnait à l'intérieur. Était-ce parce que les nouveaux occupants avaient ôté les lourds rideaux en velours des hautes fenêtres, laissant la voie libre aux courants d'air ? Ou parce que les épais tapis ne recouvraient plus les sols en pierre… Pourquoi retirer les tapis ? Pour que le bruit des bottes des SS renforcées en acier résonne plus fort, transformant l'édifice en une insupportable place d'armes ?

Consciente que le regard du SS était posé sur elle tandis qu'il attendait les ordres, Libertas s'efforça d'observer le plus discrètement possible. De l'autre côté du vaste vestibule, un buste noir de Hitler flanqué de deux bannières pourpres la fusillait de ses yeux vides. Un usurpateur de la basse colonne en marbre sur laquelle se trouvait auparavant un buste de

Beethoven, ou était-ce Menzel ? Ou l'une des têtes de caractère survivantes de Franz Xavier Messerschmidt ? Elle avait été trop jeune pour prêter attention à de telles broutilles. Et désormais, avec la meilleure volonté du monde, il lui était impossible de s'en souvenir.

Libertas sentit sa respiration s'accélérer quand, après un regard innocent par-dessus son épaule, elle découvrit soudain qu'il n'y avait pas de poignées de ce côté des portes. Un frisson perturbant courut du haut au bas de son dos. Elle avait la bouche sèche, comme si elle se l'était essuyée avec du papier de verre.

— Premier étage, salle douze.

Libertas sursauta à l'annonce du réceptionniste SS. Elle le remercia doucement, récupéra sa convocation et se dirigea vers l'escalier.

Plus jamais elle n'associerait cette large volée de marches aux jeux insouciants de son enfance. Il y avait de maudits drapeaux partout. L'air froid lui picotait le visage. Même les radiateurs placés de manière stratégique sous chaque fenêtre ne parvenaient pas à réchauffer le palace gothique aux allures d'église avec ses plafonds voûtés et ses bancs en bois, antre d'un grand inquisiteur, où les hérétiques étaient torturés dans des cellules souterraines ; les mêmes souterrains dans lesquels des sculptures avaient pris vie et où des génies étaient nés sous la supervision de leurs professeurs bohèmes.

Libertas espérait bénéficier d'une brève attente pour se reprendre, mais la secrétaire la fit entrer sans délai dans le bureau de *Herr Sturmbannführer*. La secrétaire souriait, mais son regard était froid, glacial même, et son « nous vous attendions » qui se voulait accueillant revêtit un accent menaçant aux oreilles de Libertas.

Prenant une bouffée d'air comme avant un dangereux plongeon, elle passa le seuil du bureau de l'officier de la Gestapo.

— *Ach*, Fräulein Haas-Heye.

Un homme trapu d'une petite quarantaine d'années se leva de son siège et lui en indiqua un en face de lui.

— Merci d'être venue si rapidement.

Comme si elle avait eu le choix.

Toujours sur ses gardes, Libertas se percha sur le bord de la chaise.

— J'avoue être un peu perdue, *Herr Sturmbannführer*…

— Aucune raison de l'être, Fräulein Haas-Heye. Je vous assure qu'il s'agit là d'une simple formalité, s'empressa-t-il d'offrir pour l'apaiser.

Jusque-là, il semblait tout à fait aimable.

— J'ai seulement besoin que vous signiez un document, puis vous serez libre de partir.

Libertas fronça les sourcils tandis qu'il parcourait un classeur.

— Vous m'avez convoquée ici uniquement pour une signature ? N'auriez-vous pas pu l'envoyer par courrier ? Je rate une matinée de travail…

— Une fois de plus, je suis navré de vous poser un tel inconvénient, Fräulein Haas-Heye. Nous vous fournirons une attestation officielle certifiant que vous étiez ici pour une question gouvernementale. Herr Strengholt ne vous adressera pas un mot de reproche.

Ils connaissaient le nom de son patron. Libertas se frotta le front, riant presque de sa propre stupidité. Bien sûr, qu'ils connaissaient le nom de son patron. Ces gens étaient une sorte de police secrète avec des pouvoirs apparemment illimités, ils savaient probablement ce qu'elle avait mangé au petit déjeuner ce matin-là. Ou plutôt ce qu'elle n'avait pas mangé, dans le cas présent.

— Si vous pouvez simplement signer en bas.

Il fit glisser vers elle un stylo à plume et une déclaration dactylographiée qui portait son nom.

Je, soussignée Libertas Haas-Heye, de nationalité allemande, domiciliée au…, déclare avoir fait la connaissance de Martin Tressler, journaliste employé au Film Kurier, *et suis en mesure d'attester du fait qu'il avait des tendances suicidaires… au cours de notre dernière conversation, il m'a avoué qu'il envisageait de mettre fin à ses jours…*

Les yeux de Libertas s'écarquillèrent d'ébahissement à mesure qu'elle lisait.

— S'agit-il d'une blague ? demanda-t-elle d'une voix plus forte que prévu.

— Pas le moins du monde.

— Martin n'a jamais été suicidaire. Il va parfaitement bien. Convoquez-le, vous verrez par vous-même.

Le SS la dévisagea bizarrement. Le silence dura si longtemps que Libertas prit conscience du tic-tac de la pendule accrochée au mur sur sa droite, mesurant le temps de plus en plus bruyamment jusqu'à ce que le couperet tombe.

— J'ai bien peur que cela soit impossible compte tenu des circonstances, Fräulein Haas-Heye.

— Comment ça ?

— Herr Tressler est mort.

— C'est impossible ! protesta Libertas tandis que son sang se glaçait un peu plus à chaque battement frénétique de son cœur. Je l'ai vu il y a à peine plus d'une semaine. Je lui ai parlé au téléphone vendredi !

Le SS pencha la tête d'un côté dans ce qui se voulait être de la sympathie.

— Et samedi, Herr Tressler s'est malheureusement suicidé.

— Non.

— Il s'est jeté de la fenêtre de son appartement du cinquième étage.

— Non, ce n'est pas vrai !

— J'ai bien peur que si.

— Vous mentez !

— C'est la vérité. Et j'ai besoin que vous signiez ce document.

— Je ne vais rien signer du tout.

À présent, c'étaient des éclairs brûlants qui fusaient des yeux de Libertas. D'un geste déterminé, elle poussa le stylo et la déclaration vers l'officier.

— Martin n'était pas suicidaire. Il était euphorique. Il venait de…

Localiser le rédacteur en chef du Gegner *et avait hâte de faire la lumière sur ce qui lui était arrivé.*

Elle s'interrompit brusquement tandis que l'officier de la Gestapo se penchait en avant, un éclat de rapace dans le regard.

— Vous disiez ? s'enquit-il en scrutant son expression, à l'affût de la moindre indiscrétion.

— Il venait de rencontrer une fille qui lui plaisait beaucoup, termina Libertas, le visage impassible. Il était très emballé à l'idée de passer les fêtes avec elle.

Son interlocuteur parut quelque peu déçu. Néanmoins, il se reprit à une vitesse impressionnante et arracha une feuille au bloc-notes posé devant lui.

— Une fille, vous dites ? Sauriez-vous comment elle s'appelle ?

— Non, il ne m'a pas donné son nom. Je suis désolée.

— Bien.

Il haussa les épaules et soupira. Ils avaient presque bouclé la boucle et maintenant, voilà qu'apparaissait cette fille sans nom, ce nouveau témoin, semblait vouloir dire son expression.

— Nous la retrouverons tôt ou tard. À présent, si vous voulez bien signer ceci, je ne vous retiendrai pas plus longtemps.

Un rictus de défi flotta sur les lèvres de Libertas. Elle était peut-être jeune, blonde et jolie, mais elle n'était pas stupide. Elle voyait clair dans le petit jeu pathétique de l'officier.

— Hors de question que je signe quoi que ce soit. Martin n'était pas suicidaire. Quelqu'un l'a tué.

L'officier tressaillit presque imperceptiblement.

— Fräulein Haas-Heye, je vous assure que nous avons mené une enquête pointilleuse et que nos conclusions sont sans appel. Il s'agit bien d'un suicide…

— Non. Il n'aurait jamais fait ça. Quelqu'un a dû l'aider.

— Vous regardez beaucoup trop de films policiers américains à la MGM.

Le personnage de sympathique serviteur du peuple avait disparu. Le rapace était de retour, froid, prédateur.

— Ne soyez pas têtue. Tous les autres ont déjà signé. Herr Brandt. Herr Schwartz. Herr Henning… Tous ont déclaré la même chose.

— Après que vous les avez attachés par les chevilles et suspendus par la fenêtre de leur appartement, eux aussi ? demanda Libertas d'une voix dénuée d'intonation.

L'homme rit doucement.

— Non. Ils ont entendu raison sans de telles méthodes de persuasion.

— Eh bien, pas moi.

— C'est regrettable.

Libertas s'empara de son sac à main et se leva.

— Je pars.

— Allez-y. je ne vous retiens pas.

— Si vous faites falsifier ma signature… commença-t-elle.

Il l'interrompit en levant la main.

— Ce n'est pas nécessaire. Nous nous en sortirons très bien sans votre témoignage.

Avec un sourire moqueur, il désigna une pile de documents posée devant lui.

Écœurée, Libertas tourna les talons et se dirigea vers la porte.

Elle s'attendait presque à ce que la secrétaire la rappelle ; à ce qu'un officier ou un autre l'intercepte dans l'escalier et lui ordonne de revenir ; à ce que le réceptionniste (ou la sentinelle, quel que fût l'intitulé de son poste) l'empêche de partir. Néanmoins, il se contenta de lui sourire de nouveau, lui souhaita une bonne journée et appuya sur un bouton poussoir qui ouvrait la porte de l'intérieur. Libertas se retrouva dans la rue, furieuse, tremblante de colère, impuissante et à bout de souffle. Quand elle parvint enfin à remplir ses poumons d'air, il lui déchira la gorge et lui arracha une série de sanglots. Elle pleurait pour Martin, pour le rédacteur en chef du *Gegner* et son assistant pour lesquels justice ne serait jamais faite, pour l'Allemagne qui se dirigeait vers un endroit très sombre dont il n'y avait aucun moyen de s'échapper. Exactement comme avec les nouveaux bureaux de la Gestapo, il n'y avait pas de poignée de ce côté de la porte. Ils étaient coincés et personne n'allait venir les secourir.

Il pleuvait le jour de l'enterrement. Des gouttes glacées s'abattaient sur le couvercle du cercueil qui renfermait le corps brisé de son ami. Morne et pâle, le visage de Libertas était baigné de larmes. Elle ne clignait pas des yeux et fusillait du regard la couronne mortuaire ornée d'une *Hakenkreuz* et de deux rubans noirs — « De la part de la confrérie des journalistes, le ministère de la Propagande ». Il n'en aurait pas voulu, mais ils l'avaient quand même mise là. Ses anciens patrons et collègues, tous avec des pin's du Parti sur les revers de leurs manteaux, arboraient une expression lugubre de circonstance. Seule la mère de Martin pleurait ouvertement, un mouchoir plaqué sur la bouche pour étouffer ses cris silencieux.

Devant le cercueil, le rédacteur en chef du *Film Kurier* récitait l'oraison funèbre. Il n'y avait pas de prêtres pour les pécheurs qui mettaient fin à leurs jours. Ils auraient dû être reconnaissants que le Reich autorise de les enterrer dans les caveaux familiaux avec leurs proches.

Tout cela grâce à notre bienveillant Führer.

Ils le mirent en terre, dans la boue formée par la pluie, comme si les cieux eux-mêmes pleuraient face à cette injustice.

Ravalant ses larmes et sa colère, Libertas jeta des roses blanches sur le cercueil en bois noir brillant. La couleur immaculée de l'innocence, pour les martyrs injustement assassinés.

La petite assemblée commença à se disperser. Au loin, près d'une voiture en stationnement, deux hommes en manteaux de cuir noir les observaient tous attentivement. Libertas ne les remarqua qu'après que Willy Brandt eut hoché la tête vers eux, mortifié, lorsqu'elle fit mine de le rejoindre. Plaçant son maudit chapeau en feutre sur sa tête, il fit promptement volte-face et partit dans la direction opposée. Loin du cercueil, loin d'elle, loin des hommes en manteau en cuir.

Il n'y aurait plus de rencontres à l'Adlon, réalisa alors Libertas. Avec Martin, ils avaient aussi enterré le dernier espoir d'une presse libre.

Chapitre 7

Janvier 1934

— Libertas ?

Erich Tischendorf passa la tête par l'entrebâillement de la porte de son bureau.

— Je vais avoir besoin que vous abandonniez séance tenante tout ce que vous êtes en train de faire pour nous trouver un nouveau créateur publicitaire.

— Qu'est-ce qui est arrivé au nôtre ?

Tischendorf grimaça.

— Il est parti.

— Parti ? Comme ça ?

— On dirait bien, oui.

— Les gens ne disparaissent pas du jour au lendemain.

La grimace de Tischendorf s'intensifia, comme si toute cette conversation le mettait mal à l'aise.

— C'était un social-démocrate, murmura-t-il d'un air dramatique en haussant éloquemment les sourcils.

— Vous dites ça comme s'il s'agissait d'une maladie contagieuse.

— Très contagieuse, en effet ! Il a attrapé ça quelque part. Vous savez bien que cela peut arriver aux esprits vulnérables. En tout cas, il ne reviendra pas. Un gentleman de…

Tischendorf claqua rapidement des doigts.

— J'oublie à quel service il a dit qu'il était rattaché…

Agacé que sa mémoire lui fasse défaut, il agita la main, résigné.

— Enfin bref, un gentleman a appelé Herr Strengholt personnellement pour l'informer que nous devions trouver un successeur à ce pauvre Herr Weber.

— Comme c'est attentionné de sa part, marmonna Libertas.

Apparemment, le sarcasme était un concept qui échappait à Tischendorf, car il hocha la tête.

— Je trouve aussi. Je ne vais pas vous retenir plus longtemps, vous avez beaucoup à faire.

À ces mots, il disparut en un éclair afin qu'elle ne le tourmente pas avec davantage de questions qu'il tentait de toute évidence d'éviter à tout prix.

Libertas passa l'heure suivante au téléphone dans un effort frénétique pour obtenir les services d'un créateur qui remplacerait celui qui, elle en était profondément convaincue, serait bientôt regretté par ses anciens collègues après « s'être suicidé » en se jetant par la fenêtre ou dans les eaux glacées de la Sprée. Avec une effrayante indifférence, Libertas se demanda si les manteaux en cuir de la Gestapo étaient en train de préparer son corps en ce moment même.

Enfin, en désespoir de cause, elle composa le numéro de Willy Brandt. Il l'évitait depuis l'enterrement de Martin et elle respectait le fait qu'il garde ses distances, mais elle ne put s'empêcher de ressentir un douloureux pincement à la façon dont la voix de Willy se crispa quand il comprit qui était à l'autre bout du fil.

— J'ai une question d'ordre professionnel, dit Libertas avant qu'il puisse trouver une excuse pour reposer le combiné.

— Oui ?

Il était toujours sur ses gardes.

— Est-ce que vous connaîtriez un créateur publicitaire qui n'est pas employé à plein temps, par hasard ?

L'intonation de Willy se détendit un tantinet.

— Laissez-moi réfléchir...

Libertas attendit patiemment pendant quelques instants.

— Entre vous et moi, nous sommes pour ainsi dire désespérés ici, insista-t-elle. Le nôtre a tout bonnement...

Elle se mordit la langue. La blessure était encore trop fraîche pour tous les deux.

— Qu'importe. Ce n'est pas forcément nécessaire qu'il s'agisse d'un créateur, n'importe qui doté de capacités artistiques fera l'affaire.

— Je connais un illustrateur publicitaire...

— Parfait !

Libertas cherchait déjà un crayon à papier parmi le désordre qui recouvrait son bureau.

— On le prend. Avez-vous ses coordonnées ?

— Uniquement le numéro de son propriétaire. Il vient d'arriver de Hambourg et n'est en poste nulle part pour le moment. Il s'appelle Richard von Raffay. Ah, Libs ?

— Oui ?

— Mieux vaut l'appeler avant qu'il aille au bar. C'est un garçon un peu… original.

Un faible sourire éclaira le visage de Libertas. L'originalité était exactement ce qui lui faisait cruellement défaut dans ce nouvel état militaire où chacun se donnait toutes les peines du monde pour se fondre dans la masse.

Libertas rencontra Richard von Raffay au très à la mode Café Kranzler, l'un des rares endroits sur l'avenue Kurfürstendamm qui n'avait pas encore perdu son charme face au nazisme. Les trois longues rangées de tables habituellement alignées sous l'auvent à l'extérieur avaient été remisées pour l'hiver, mais l'intérieur du restaurant débordait de vie, comme toujours avec les lieux de prédilection des Berlinois bohèmes. Dehors, des drapeaux ornés de croix gammées flottaient peut-être, mais dedans, le rire des fantômes imbibés d'absinthe d'un passé dissolu résonnait, passant de table en table, se reflétant dans les yeux brillants des libres penseurs qui échangeaient illégalement des éditions interdites sous le manteau et tremblaient dans les coins à la simple vue d'un uniforme qui s'arrêtait au bar pour boire d'un trait son café de l'après-midi.

Quand Libertas approcha d'une table près de la fenêtre sur les indications du maître d'hôtel, un homme de haute taille, extrêmement beau et âgé de trente ans tout au plus, bondit sur ses pieds et lui serra la main. Elle ne put s'empêcher de remarquer que Richard von Raffay avait effectivement des mains d'artiste : de fines paumes blanches, de longs doigts délicats aux ongles soigneusement manucurés, et des callosités typiques à l'index et au majeur causées par le pinceau (ou la brosse) dont il se séparait rarement. Devant lui, sur la nappe immaculée, se trouvait un carton à dessins ouvert. Un coup d'œil suffit à Libertas pour savoir qu'elle venait de dénicher un véritable trésor.

— Merci beaucoup d'avoir accepté un rendez-vous si vite, Herr von Raffay…

— Ricci.

Un sourire chaleureux et éclatant monta jusqu'à ses yeux noisette bordés de longs cils sombres. Il y avait quelque chose de rebelle dans la façon dont il avait offert cette version impudemment non allemande d'un surnom, une étincelle que Libertas reconnut aussitôt.

— Et ce serait plutôt à moi de vous remercier pour l'incroyable opportunité que vous m'offrez, Fräulein Haas-Heye.

— Libertas. Libs, ajouta-t-elle après une brève hésitation.

Le visage de Ricci s'illumina plus encore et une lueur passa dans ses yeux, d'un esprit frondeur qui en reconnaissait un autre.

Ce fut au tour de Libertas de sourire. Pas uniquement parce qu'elle avait dégotté un artiste pour la MGM et qu'elle épargnait à ses patrons le désastre imminent de devoir sortir un nouveau long-métrage sans la moindre affiche promotionnelle, mais à cause de l'intuition profondément ancrée en elle qui lui disait qu'elle avait trouvé un nouvel ami aussi libre d'esprit qu'elle. Un ami qui ne lui tournerait pas le dos à cause d'une menace émanant de types en manteaux de cuir.

Alors qu'ils faisaient connaissance, Libertas découvrit que Ricci riait facilement et fort, en rejetant la tête en arrière, ce qui dévoilait deux rangées de dents d'une blancheur qui suscitait la jalousie. Sans emploi et presque sans domicile si de loyaux amis ne l'avaient pas hébergé, il donnait aux serveurs des pourboires dignes d'un comte fortuné — « pour le karma ». À travers les épaisses lettres qui épelaient « Kranzler » de l'autre côté de la fenêtre, Ricci montra avec fierté et défiance la moto Harley-Davidson garée dans la rue, qu'un petit groupe de garçons de la *Hitlerjugend* était en train d'admirer à cet instant.

— L'amie la plus loyale que j'ai jamais eue.

Ricci sourit tendrement face au chrome brillant et avala son expresso en une gorgée.

— Vous me croyez si je vous dis que je suis venu à moto avec elle depuis Hambourg ?

Libertas le crut.

— Rien d'autre qu'un sac à dos sur les épaules et le vent dans le visage.

Il ferma les yeux à ce souvenir, rêveur.

— La liberté…

Ses dessins étaient comme lui : anguleux et sans peur, des traits audacieux, une vision impénitente. Mais ce fut quand Libertas entama l'entretien d'embauche qu'elle comprit qu'elle était face à une véritable âme sœur.

— Je dois écrire vos réponses afin de prouver à mes supérieurs que non seulement vous êtes qualifié pour le poste, mais aussi que vous êtes un homme moral et respectable, expliqua-t-elle sur un ton d'excuse tandis qu'elle sortait un carnet de notes et un porte-mine.

Ricci se pencha en avant, impatient. *Un homme moral et respectable ? Voilà qui promet d'être intéressant,* semblait dire sa position espiègle.

— Êtes-vous membre du Parti ?

— Je l'aurais été… commença Ricci avec un air grave de circonstance. Sauf que malheureusement, je dépense tout mon argent en alcool et en filles et qu'il ne me reste rien pour payer les frais d'adhésion.

Ayant du mal à réprimer un rire, Libertas indiqua « non » sous la question.

— Quelles sont vos ambitions dans l'éventualité où vous seriez employé à la MGM ?

— J'achèterai un bateau avec mon premier salaire, répondit Ricci avec la même solennité. Après avoir remboursé toutes mes dettes, bien sûr.

— Un bateau ?

— Oui, un bateau à voile. Pour y organiser des fêtes folles dans la veine de Weimar.

Son expression sérieuse ne vacilla pas un instant.

Libertas dut déployer de grands efforts pour ne pas éclater de rire.

— Vous devez élaborer quant à comment vous pensez que votre art aide le Parti et le peuple allemand.

Les yeux fixés au plafond orné de moulures, Ricci fit semblant de réfléchir.

— Je pourrais acheter ce bateau et… inviter des membres du Parti tels que vous à prendre part à mes folles soirées ? Cela fera-t-il l'affaire ?

— Je vais me contenter d'écrire que votre souhait le plus cher est de servir les intérêts du Parti et du peuple par tous les moyens appropriés.

— Puis-je vous poser une question à mon tour ?

— Bien sûr.

— Est-ce que la MGM est entièrement nationalisée aussi, à présent ?

Cette fois-ci, il était sérieux.

Libertas fit la grimace et haussa les épaules d'un air évasif. *À votre avis ?*

Ricci soupira, se laissa aller contre le dossier de sa chaise et croisa les mains derrière sa tête.

— Je pensais que ce serait différent ici.

— Différent de Hambourg ?

— Hum. Berlin était la seule ville à ne pas avoir voté pour Hitler. Une ancienne métropole multinationale. Une Babylone européenne…

— Ne perdez pas espoir.

Après une brève inspection des alentours (pas d'uniformes, rien que l'habituelle clientèle bohème qui buvait pendant l'après-midi et se délectait des commérages du monde artistique), Libertas sortit un exemplaire illégal du dernier livre de Remarque de son sac pour le montrer à son nouvel ami et collègue.

— Mon ancienne gouvernante me l'a envoyé de Paris. Les employés de la poste berlinoise ferment encore les yeux sur ce genre de contrebande. Alors vous voyez, tout n'est pas encore perdu pour la Babylone de l'Europe.

Les yeux rivés sur la couverture avec une fascination admirative, Ricci murmura :

— Libs, vous venez de me faire renaître.

Elle lui offrit un sourire faussement timide.

— Bienvenue à Berlin.

— Je commence à croire que je vais apprécier mon séjour ici.

Juin 1934

— Es-tu bien sûre de ne pas vouloir m'accompagner ? demanda Wend à Libertas alors qu'ils étaient devant l'immeuble de cette dernière.

Ils s'étaient acquittés de l'obligation du dîner familial dominical et le chauffeur de Wend s'était acquitté de celle de reconduire Libertas chez elle. Pendant toute la soirée, Wend s'était épanché sur l'invitation du Reichsmarschall Göring qui le conviait au Carinhall nouvellement érigé, nommé ainsi en l'honneur de Carin, la défunte femme de Göring, et où la dépouille de celle-ci serait enterrée en grande pompe le week-end suivant.

— Même le Führer sera là.

Une raison de plus de ne pas y aller, songea Libertas pardevers elle. Mais comme à son habitude, elle se contenta de sourire gentiment à son oncle.

— Êtes-vous bien sûr de ne pas vouloir nous accompagner à la marina, Ricci et moi ?

Au cours des derniers mois, c'était devenu une sorte de jeu entre la nièce et l'oncle : Wend continuait à tenter de convaincre Libertas de venir à une réception politique ou une autre ; en retour, Libertas continuait à le noyer sous les invitations aux rassemblements des derniers survivants libéraux de Berlin, qui commençaient à la marina Blau-Rot où Ricci avait désormais le bateau de ses rêves (« petit, mais avec toutes les voiles nécessaires ; exactement ce que l'on attend d'un bateau », selon lui) et finissaient au club de swing Rio-Rita, encore miraculeusement opérationnel dans le nouveau Reich anti-liberté.

— Ricci est ce dadaïste aux longs cheveux, c'est bien ça ? demanda Wend avec une légère grimace de dédain.

En dépit du fait qu'il avait rencontré l'ami de Libertas à plusieurs reprises et même déjeuné avec eux un jour, Wend refusait catégoriquement de faire référence à Ricci autrement qu'avec les mots « le dadaïste aux longs cheveux », ce qui amusait follement Libertas.

— Tous les artistes ne sont pas dadaïstes, *Onkel*.

— J'ai vu ses dessins. Ils sont tous angulaires et étrangement déformés.

— Et c'est exactement ce que veut la MGM. C'est la dernière mode à Hollywood, vous n'êtes pas au courant ?

La grimace de Wend s'intensifia.

— Ce n'est pas vraiment de l'art.

— Qu'est-ce que le vrai art, selon vous ?

— Les portraits et les peintures dans les galeries, où les gens ressemblent à des gens. Aujourd'hui, tout n'est que silhouettes sans forme et on ne parvient même pas à dire s'il s'agit d'un homme ou d'une femme, d'une poitrine ou d'un meurtre. Tout est soit sexualisé, soit dramatisé. Et tout cela vient de ta Hollywood bien-aimée. Heureusement que le ministre Goebbels a banni leur art et leur littérature de dégénérés. Comme si nous n'avions pas de grands écrivains et de grands artistes.

— Nous en avons.

Libertas commença à compter sur ses doigts.

— Erich Maria Remarque… Oh, je vous demande pardon, lui aussi est interdit. Thomas Mann, voilà un vrai génie littéraire. Ah, mes excuses, il a été interdit également. Brecht ! Oh. Pareil pour lui. Que pensez-vous de…

— Je crois que j'ai compris où tu voulais en venir, merci.

Wend soupira, l'air sérieux.

— Libertas, tu n'es pas obligée d'être d'accord avec toutes leurs idées. Comme avec tous les régimes, il y aura toujours certains…

Il chercha les bons mots quelques instants.

— Extrêmes, finit-il par offrir.

Il sonda sa nièce avant de détourner le regard.

— Nous sommes l'aristocratie, Libby. Aurais-tu réellement préféré voir les bolcheviques au pouvoir ? As-tu oublié le sort qu'ils ont réservé à leurs classes supérieures dans l'ancienne Russie tsariste ?

Libertas laissa échapper un rire sans joie et secoua la tête.

— Tout droit sorti du livre de propagande de Goebbels, marmonna-t-elle entre ses dents. *Onkel*, je ne suis pas une « membre ignare » des « masses incultes » qu'il aime tant. Ce sont eux qui ont gobé son concept du NSDAP contre les bolcheviques, comme si c'était la seule option possible. C'est fort pratique qu'il ait effacé toute l'histoire de Weimar et des sociaux-démocrates qui administraient très bien le pays. Oui, il y a eu des périodes de troubles, mais nous les avons surmontées ; nous avancions dans la bonne direction, vers la démocratie…

— Libertas, coupa Wend en la couvant d'un regard austère et nostalgique. Ils allaient démanteler les terres de nos familles. Les sociaux-démocrates étaient trop faibles pour s'opposer aux exigences du peuple, ils cédaient de plus en plus face à leurs désirs extravagants d'égalité et toutes ces foutaises. Schloss Liedenberg, le domaine dont nous sommes propriétaires depuis des siècles, divisé en parcelles pour des fermiers ? Plutôt mourir que d'autoriser une chose pareille. Oui, Hitler tient des propos gênants à propos des juifs et des homosexuels et des communistes, mais c'est lui qui préserve nos terres, et c'est tout ce qui m'importe. Et c'est tout ce qui devrait t'importer à toi aussi, en tant que mon héritière. C'est nous, les aristocrates et les industriels, qui injectons de l'argent dans les veines du Parti. Ils nous soutiendront et voteront des lois qui servent nos intérêts.

— Et qu'en est-il de la partie *socialiste* dans votre fameux parti ?

Il rit de bon cœur.

— Ça ? Toutes ces foutaises devraient bientôt être réglées.

Libertas fronça les sourcils et Wend changea aussitôt de sujet, comme s'il sentait qu'il en avait révélé davantage que ce qu'il aurait dû.

Deux petites semaines plus tard, Libertas comprit le véritable sens de sa menaçante prédiction lorsqu'elle déplia un journal au bureau et tomba sur l'article qui figurait en une. *« Les forces de sécurité du Führer déjouent un putsch SA. Le dirigeant SA Ernst Röhm a été trouvé au lit avec son chauffeur et exécuté pour trahison peu après avoir été placé en garde à vue et avoir confessé ses crimes contre l'État et le Führer. »*

Un soleil éclatant brillait et l'eau clapotait délicatement contre le bateau, mais Libertas était loin d'être d'humeur insouciante.

— Je n'arrive toujours pas à comprendre ce qui s'est passé, déclara Ricci tandis qu'il feuilletait un journal londonien. Les correspondants étrangers n'ont pas l'air de le savoir non plus. Qu'est-ce que ce Röhm a bien pu faire à Hitler pour qu'il les massacre de sang-froid de cette façon, lui et ses petits copains ?

— Rien.

Les paupières closes, comme si affronter le bleu glorieux du ciel était physiquement douloureux, Libertas fit glisser sur ses yeux les lunettes de soleil qu'elle avait sur la tête.

— L'aristocratie et les industriels voyaient d'un mauvais œil les demandes de réformes socialistes de Röhm, alors Hitler a amputé le corps du Parti de sa partie socialiste. Désormais, ce n'est plus que le parti nazi. Plus de faux-semblants socialistes. Les travailleurs ne vont nulle part, de toute façon ; tous leurs chefs de file ont été arrêtés, leurs syndicats dissous et déclarés illégaux. Il les occupe en travaillant sur ses autobahns et les berne avec la promesse que dès que le dernier juif aura disparu de l'autre côté de la frontière, ils pourront se vautrer allègrement dans l'argent confisqué aux juifs. Tout ceci financé par des gens comme l'oncle de ton humble servante, pour lesquels le fait que leurs serviteurs connaissent leur place est bien plus important que le sort de centaines de milliers de personnes, qui doivent souffrir uniquement pour payer afin de le maintenir au pouvoir. Et je suis complice de tout ceci par association. C'est vraiment, vraiment écœurant, murmura-t-elle, trahie par le tremblement courroucé dans sa voix.

Ricci tendit le bras et lui tapota amicalement le genou.

— Ne te blâme pas, Libs. Tu n'es pas ta famille. Tu es une personne à part entière qui prend ses décisions toute seule.

— En quoi est-ce que je vaux mieux qu'eux ? Je ne fais rien du tout pour aider qui que ce soit. Et rester là sans rien dire pendant que les oppressés souffrent, c'est la même chose qu'approuver les méthodes des oppresseurs.

— Ça n'a absolument rien à voir, argua Ricci, têtu. Protester ne signifie pas nécessairement défiler devant le Reichstag en agitant des drapeaux. Lire des auteurs interdits et partager leurs œuvres avec tes amis, c'est une forme de protestation. À ce sujet, tu avais raison : le nouveau livre de Remarque est brillant.

Libertas sourit à travers les larmes qui lui montaient aux yeux.

— Serrer la main à ton ami juif et l'inviter à boire le thé, c'est une forme de protestation, continua Ricci. Soutenir un artiste en difficulté que personne ne voulait employer à cause de ses tendances gauchistes, c'est une forme de protestation.

Il la couva d'un regard reconnaissant.

— Si nous défilons sur le Reichstag, ils nous massacreront tous, purement et simplement. Mais nous pouvons continuer à protester avec de petits actes de rébellion. Et crois-moi, Libs, ça fera une différence. Peut-être pas pour le pays, mais pour ce juif, pour cet artiste, ça en fera une. Et c'est tout ce qui compte.

Chapitre 8

— J'envisage de démissionner.

— Tu n'es pas sérieuse ?

Valerie semblait sincèrement contrariée.

Pendant un instant, Libertas se demanda pourquoi c'était toujours son ancienne gouvernante qu'elle appelait et pas sa mère.

— Si.

On était dimanche, dimanche soir, le moment le plus triste de la semaine, d'après Libertas. Un moment qui n'était bon que pour boire du cognac en solitaire et écrire des poèmes sinistres sur des choses sombres dans son journal.

— Je n'ai aucune perspective d'avenir là-bas. Strengholt m'a ri au nez quand je lui ai parlé d'un poste d'assistante-réalisatrice. Onkel Wend m'a suggéré de me faire muter à l'administration du ministre de la Propagande, mais hors de question de travailler dans ce nid de vipères. Ça, j'en serais incapable.

Dans le silence qui s'ensuivit, Libertas entendit Valerie tapoter le combiné du bout de l'ongle tandis qu'elle réfléchissait.

— Libs, je sais que tu vas penser que j'ai perdu l'esprit, mais : pourquoi ne viens-tu pas ici ?

— Ici ? Tu veux dire à Paris ?

— *Bien sûr.*

L'accent français assuré de Valerie fit naître un sourire affectueux sur les lèvres de Libertas.

— Et qu'est-ce que je ferais à Paris, au juste ?

— Un milliard de choses ! Ton père serait enchanté de t'engager. Tu pourrais t'occuper de la publicité pour la maison de couture. Ou être mannequin. Pourquoi pas ? Tu es grande, mince, jolie comme une poupée de porcelaine…

— Continue, je t'en prie. Pourquoi t'être interrompue d'un coup ? Rappelle-moi que je n'ai pas de poitrine et des fesses quelconques.

Libertas rit malgré elle quand elle entendit Valerie ricaner à l'autre bout du fil.

— Tu n'es peut-être pas l'Allemande parfaite avec des melons en guise d'arrière-train et des hanches faites pour avoir des enfants, mais les maisons de couture de Paris t'accueilleraient à bras ouverts.

Après une autre série de rires, la nostalgie de Libertas la reprit.

— Sauf que ce n'est pas ce que j'ai envie de faire.

— Et *qu'as*-tu envie de faire, alors ? Parce que tu sais, je te l'ai toujours dit : tu peux tout faire, si tu le veux vraiment.

Ces mots réchauffèrent le cœur de Libertas.

— Je voudrais faire quelque chose de remarquable, quelque chose dont les gens parleront pendant des années. Quelque chose qui inspirerait les autres et leur ouvrirait la voie. Ça peut sembler idiot et naïf, je sais bien, mais…

— Pas le moins du monde ! protesta aussitôt Valerie. Libs, écoute bien ce que je te dis, tu *vas* faire quelque chose de remarquable. Haut les cœurs, ma fille. Promets-moi que tu vas faire des projets pour le week-end prochain. Tu mériterais des vacances avec tout le travail que tu fournis. En parlant de ça, as-tu reçu mon dernier colis ?

— Avec le maillot de bain deux pièces ? Oui. J'allais te demander si c'était une blague de mauvais goût. Tu sais qu'ils ont été interdits ici. Inadaptés pour les femmes allemandes. Tout comme les pantalons. Tout comme les talons hauts. Tout comme le maquillage. Tout comme les permanentes. Tout comme essayer de faire des études ou d'avoir une carrière, au lieu de pondre un soldat par an pour le Reich.

Même si Valerie ne la voyait pas, Libertas leva les yeux au ciel. Mais l'ancienne gouvernante n'était pas du genre à se laisser décourager.

— Et c'est précisément pour cette raison que je t'ai envoyé ce maillot. Cette marina où tu vas de temps en temps avec tes nouveaux amis, c'est une propriété privée, n'est-ce pas ?

— Plus ou moins.

— Et donc ? Ils vont appeler la Gestapo pour te dénoncer de les avoir scandalisés en montrant ton ventre ?

— Je suis quasiment sûre qu'ils seraient ravis, au contraire.

— Alors, va, vis et amuse-toi un peu. Trouve-toi un jeune homme sympathique. À quand remonte ton dernier rendez-vous galant ?

— Les hommes ne sont pas vraiment sur la liste de mes priorités en ce moment, Valerie.

La blessure qu'avait laissée la mort de Martin était encore bien trop à vif. Libertas ressentait douloureusement son absence, comme un membre fantôme qui n'était plus là mais faisait encore mal de temps en temps, en particulier quand le temps était morose et qu'elle avait des idées noires.

Valerie poussa un faux soupir de désespoir.

— Je ne suis pas en train de te dire de te marier et de faire des enfants dans la minute. Je te dis de profiter de ta jeunesse tant que tu le peux encore. Amuse-toi, va danser, embrasse de beaux garçons, roule-toi un peu dans le foin avec eux une fois que le soleil se couche.

— Valerie !

Libertas éclata d'un rire incrédule tandis que le feu lui montait aux joues.

— Et toute cette bonne influence que tu es supposée exercer sur moi ?

— C'est exactement ce que je fais. Je suis la meilleure influence que tu as jamais eue, répondit Valerie avec le plus grand sérieux.

Libertas ne la contredit pas, cette fois. C'était la stricte vérité.

Le 14 juillet arriva, chargé d'une humidité et d'une douceur qui envoya les Berlinois (ou du moins ceux qui pouvaient se le permettre) hors de la ville, entre les bras rafraîchissants de la nature. La peau couverte d'une généreuse quantité de crème solaire, Libertas s'étendit sur l'édredon que Ricci avait étalé dans le fond de son petit bateau, *Haizuru*, afin qu'elle soit confortablement installée. Sous les coups de rame paresseux, l'eau clapotait doucement et berçait Libertas. Détendue, elle oscillait entre éveil et sommeil, là où la limite entre rêve et réalité était floue et où le temps lui-même semblait s'être arrêté.

À midi, heure où le soleil était le plus chaud et où la bière fraîche dans la glacière était la meilleure, Ricci abandonna ses rames et s'allongea à l'autre bout du bateau, ses lunettes de soleil sur le nez.

— C'est une journée parfaite, marmonna Libertas à travers le brouillard dans lequel flottait son esprit. J'aimerais qu'elle dure toujours.

Les mots fondirent dès qu'ils eurent franchi ses lèvres. Ricci ne répondit pas. Il dormait déjà.

Suivant son exemple, Libertas ferma les yeux également et laissa l'eau les emporter vers l'infini.

— … espèce de vieux renard ! Où donc as-tu disparu cette nuit-là ?

— J'avais juste envie d'aller faire un tour.

— Au beau milieu de la nuit ?

Des voix étouffées réveillèrent Libertas de sa sieste. Les paupières encore alourdies par ses rêves, elle se redressa sur un coude, une main en visière pour protéger ses yeux du soleil.

C'est alors qu'elle remarqua l'ami de Ricci. Sur un pédalo, entouré d'un halo doré comme si lui aussi était dans son rêve, ou qu'il venait d'en sortir pour entrer dans sa vie.

— Vous avons-nous réveillée, Fräulein ? s'enquit-il. J'espère que vous pourrez nous pardonner…

Libertas s'assit, tout à coup alerte.

— Oh, ne dites pas de bêtise. C'est le soleil.

Sous ses rayons, la peau de l'ami de Ricci était presque de couleur bronze, marquant un contraste frappant avec la chemise blanche qu'il portait. Ses bras étaient forts et musclés sous ses manches relevées ; des mèches de cheveux blonds ébouriffés par le vent lui tombaient sur le front ; ses yeux perçants d'un bleu glacier pétillaient d'intelligence et d'autre chose qu'elle ne parvenait pas bien à identifier.

L'inconnu avait lui aussi l'air de l'étudier avec intérêt, même s'il s'assurait de ne pas laisser son regard s'aventurer plus bas que ses épaules, en dépit de l'attrait de son maillot de bain deux pièces révélateur. Et illégal, comme la plupart des cadeaux de Valerie.

Les yeux rivés l'un sur l'autre, ils ne remarquèrent jamais le sourire entendu qui étirait de plus en plus les lèvres de leur ami mutuel.

— Quel idiot je fais !

Ricci se donna une tape bien sonore sur le front pour ramener l'attention sur lui.

— Libertas, je te présente mon bon ami, Harro. Harro, je te présente Libertas, une amie encore meilleure étant donné qu'elle a été mieux élevée que certaines personnes et ne m'a jamais abandonné au beau milieu de la nuit parce qu'elle avait envie de se promener dans une ville où aucune personne saine d'esprit ne s'aventurerait seule après minuit.

Les présentations arrivèrent à point nommé pour briser le silence gêné. Aussitôt, Libertas et Harro se tendirent la main, ce qui eut pour effet de faire tanguer légèrement les embarcations.

— Libertas. Mes amis m'appellent Libs.

— Harro. Mes amis, si toutefois on peut les appeler ainsi (il lança un sale regard à Ricci) m'appellent Vieux Renard.

Franc et ouvert, le sourire de Harro était éblouissant. Comment était-ce possible que toutes les étoiles se soient alignées et réunies dans un être dont le visage aurait mérité de figurer sur des affiches de film ? se demandait Libertas en le fixant avec émerveillement. Néanmoins, une lueur de nostalgie semblait briller dans le fond de ses yeux et quand il se tourna vers Ricci, elle remarqua une vilaine cicatrice très récente qui coupait presque son oreille en deux. Ce n'était pas la marque nette que certains types de confrérie arboraient fièrement, mais quelque chose qui le gênait clairement, à en juger la manière dont il ramenait ses cheveux un peu longs de ce côté, comme pour se protéger du regard des curieux. Cela donna encore plus envie à Libertas de mieux le connaître, lui et toutes les histoires qu'il avait à raconter.

— Quelle andouille je fais ! s'exclama Ricci en riant, ses yeux passant de l'un à l'autre. J'ai complètement oublié que j'ai un travail à rendre demain matin et je n'ai pas encore commencé les esquisses…

— Oh, non ! se désola Libertas en le regardant d'un air suppliant. Sommes-nous vraiment obligés de partir ?

— *Nous*, non.

En prenant bien soin de maintenir son équilibre, Ricci se redressa, l'air soudain très malin.

— *Je* dois partir. Vieux Renard, sois un bon ami et prête-moi ton pédalo pour regagner la rive, veux-tu ? Et vous, les enfants, faites naviguer mon *Haizuru* tant que vous voudrez. Simplement, n'oubliez pas de bien l'attacher quand vous reviendrez à la marina.

Et voilà comment ils se retrouvèrent rien que tous les deux, au milieu d'une rivière argentée qui coulait autour d'eux avec sérénité, aussi tranquille que le courant qui les emportait vers l'horizon.

— Comment connaissez-vous Ricci ? demanda Libertas en premier.

Soudain, elle avait les mains moites, et ça n'avait rien à voir avec la chaleur.

— Il m'a recueilli quand j'errais seul dans la ville en broyant du noir et m'a adopté au sein de sa clique. Je lui en suis immensément reconnaissant.

— Vous êtes un artiste itinérant, alors ?

— En quelque sorte, répondit évasivement Harro, comme s'il n'était pas très enthousiaste à l'idée de révéler sa véritable profession.

— Je vois. Je suis dans le monde artistique, moi aussi, sauf que je ne voyage pas. Je travaille à la MGM.

— Ne me dites pas que vous êtes actrice.

— Pourquoi ? Vous seriez déçu ?

— Très.

Libertas se rendit compte qu'elle souriait de toutes ses dents.

— Qu'est-ce que je suis, à votre avis ?

Harro l'étudia pendant un moment, la tête inclinée d'un côté et les yeux plissés.

— Autrice. Scénariste, peut-être ?

Comme Libertas gardait le silence, un sourire énigmatique aux lèvres, il continua à deviner.

— C'est forcément quelque chose de créatif. Ou peut-être que vous êtes décoratrice ?

— Vous vous rendez compte que vous énumérez des professions d'homme, n'est-ce pas ?

— Que voulez-vous dire ? demanda-t-il avec une perplexité sincère.

— Personne n'emploierait une femme pour exercer ces métiers.

— Moi si, répondit-il, imperturbable.

Libertas sentit son cœur s'emballer comme un papillon en cage dans sa poitrine à peine couverte par son haut de bikini.

— Vous n'avez pas chaud ? demanda-t-elle, soudain gênée d'être si peu vêtue. Vous pouvez retirer votre chemise, vous savez. Je vous promets de ne pas regarder.

Harro sembla hésiter. Son expression insouciante disparut pour la première fois et un voile sombre recouvrit son regard.

— Je ne veux pas vous effrayer, finit-il par dire qu'un ton étrangement détaché, presque vide.

— J'ai vu mon lot de torses d'homme dans ma courte vie, plaisanta Libertas.

Sans un mot de plus, Harro défit un bouton après l'autre puis ôta sa chemise, qu'il laissa tomber sur le siège à côté de lui.

Un nœud se forma dans la gorge de Libertas à la vue de plusieurs longues cicatrices boursouflées qui défiguraient son corps parfait d'autre part. Des traces de coups de fouet, réalisa-t-elle alors, exactement les mêmes que celles qu'elle avait vues dans les livres d'histoire, à jamais gravées dans la peau des esclaves, telle une carte de leur infinie souffrance.

Harro la fixait avec dureté et froideur, comme s'il la défiait d'oser détourner le regard par dégoût ou par peur. À la place, Libertas se pencha et effleura les lignes avec une délicatesse infinie.

— Qui vous a fait ça? murmura-t-elle d'une voix qu'elle ne reconnut pas. Et pourquoi?

— Si vous devinez, je vous invite à dîner. Vous avez droit à trois essais.

Quand elle le regarda à travers ses larmes, Libertas vit que Harro souriait de nouveau, comme si elle venait de réussir un test que tous les autres avaient raté.

— La Gestapo? tenta-t-elle, la gorge nouée par le souvenir de Martin et des sinistres couloirs du palais allemand de la grande inquisition.

— Ce n'était pas la Gestapo à l'époque. Uniquement les SS tout nouvellement formés. Ils ont tué mon meilleur ami sous mes yeux, ajouta-t-il tout bas.

Libertas écarquilla les yeux. Était-ce le destin qui les avait réunis pour partager leurs souffrances et s'aider mutuellement à panser leurs plaies?

— Ils ont tué le mien aussi. Il était journaliste.

Ce fut au tour de Harro d'écarquiller les yeux.

— Comme le mien. Comment s'appelait votre ami ?

— Martin.

— Moi, Henry.

— Toutes mes condoléances.

— Je vous présente les miennes également.

— Ils ont essayé de maquiller ça en suicide, continua Libertas.

Soudain, les mots déferlaient face à cette personne qu'elle venait seulement de rencontrer, mais qui lui donnait l'impression d'être une âme-sœur qu'elle connaissait depuis toujours.

— Ils l'ont jeté par la fenêtre de son appartement et ont fait signer des attestations à ses collègues et à ses amis, dans lesquelles ils déclaraient que Martin était fou et qu'il avait exprimé le désir de mettre fin à ses jours à de nombreuses reprises.

— Apparemment, ils ne souffrent pas d'un excès d'imagination fertile, ricana Harro avec dédain. Ils ont tenté de me forcer à signer un papier affirmant que Henry s'était suicidé aussi.

Harro avait levé la voix et une colère contenue crispait ses mâchoires.

— Est-ce que vous avez signé ? s'enquit Libertas en sentant que la réponse était d'une importance cruciale.

Il secoua la tête, comme si rien que l'idée de cette trahison le dégoûtait.

— Non. Et vous ?

Elle secoua la tête à son tour et vit un sourire renaître sur son visage.

Il tendit le bras et lui attrapa la main.

— Ricci serait furieux s'il nous entendait.

Il avait repris une voix douce, presque caressante, comme les rayons du soleil qui s'étiraient lentement vers l'ouest.

— Nous devrions être en train de flirter et de parler de vedettes de cinéma, de swing, de théâtre et que sais-je. Et au lieu de ça, nous discutons assassinats sanglants.

— Vous me devez un dîner.

— J'ai peur d'imaginer à quoi notre premier rendez-vous va ressembler, vu la teneur de la conversation de notre première rencontre.

Libertas sourit de toutes ses dents.

— Quelque chose me dit que nous n'allons pas nous ennuyer.

— Oh, ça, je vous le promets, répondit Harro avec assurance.

Chapitre 9

L'été explosa autour d'eux dans une myriade de lumières qui leur fit tourner la tête et tomber dans les bras l'un de l'autre. Chaque journée passée ensemble les rapprochait et la moindre séparation, même pour quelques petites heures, était un déluge de tourment et de manque. Ils se perdaient dans leur amour et devenaient inséparables, avides de la compagnie de l'autre comme si c'était de l'opium et qu'ils mourraient s'ils ne respiraient pas l'odeur de l'autre, drogue la plus exquise qui fût.

Leurs amis les taquinaient impitoyablement, mais pour Libertas et Harro, leur toquade estivale s'était transformée en quelque chose de bien plus sérieux, bien avant que quiconque pût s'en rendre compte. Au début, ce n'était qu'une folle attirance, un désir insatiable de consommer le corps de l'autre pendant des heures et des heures, oubliés du reste du monde, à la dérive dans le bateau de Ricci qu'ils auraient tout aussi bien pu appeler le leur désormais. Faire l'amour, discuter jusqu'à s'endormir bercés par la lumière de la lune, se réveiller dans les bras l'un de l'autre et trouver les lèvres de l'autre aux premières lueurs de l'aube.

Mais ensuite, le dernier jour du mois de juillet, un nom familier – *Martin Tressler* – sauta aux yeux de Libertas depuis un vieux numéro de *Film Kurier* dans lequel Harro avait eu la malchance d'envelopper du raisin. La blessure dans la poitrine de Libertas se rouvrit, donnant lieu à une conversation qui les rapprocha davantage que n'importe quelle amourette.

— Je pense encore à mon ami qu'ils ont assassiné, confessa-t-elle à Harro.

Ils étaient étendus côte à côte sur la rive sableuse du Wannsee, un panier de pique-nique entre eux.

— Il enquêtait sur quelque chose d'important… juste avant qu'ils lui tombent dessus.

Harro se redressa sur un coude et la dévisagea.

— Tu peux m'en parler, si tu veux.

— Je voudrais bien.

Néanmoins, un « mais » tacite flotta entre eux dans l'air suffocant.

— Jamais je ne trahirais ta confiance.

— Je sais, dit Libertas tout bas.

Elle tendit la main pour effleurer une pâle cicatrice qui se détachait sur le torse hâlé de Harro.

— Simplement, tu as déjà eu ta dose de problèmes avec eux. Je ne veux pas te mêler à ça.

— Je suis peut-être au courant de quelque chose. Nous venons des mêmes cercles. En tout cas avant…

Il ne lui avait pas encore confié où il travaillait après avoir abandonné le journalisme face à l'insistance de la Gestapo. Elle ne le pressait jamais. Ses secrets n'appartenaient qu'à lui, jusqu'à ce qu'il décide de les partager avec elle. Tout comme les secrets de Libertas n'appartenaient qu'à elle. Du moins jusqu'à ce jour.

— Martin m'avait parlé de ce journal… ou alors est-ce que c'était un magazine ? Peu importe, trancha-t-elle avec un hochement de tête agacé. J'ai essayé de le trouver, mais après les autodafés, c'est comme si toutes ces publications interdites n'avaient jamais existé. C'était impossible de se procurer le moindre exemplaire et toutes les personnes que j'ai interrogées ont prétendu n'en avoir jamais entendu parler, ou m'ont conseillé de laisser tomber si je ne voulais pas m'attirer d'ennuis.

Harro se redressa davantage, son intérêt piqué au vif.

— Était-ce une publication locale ? Berlinoise ?

— Oui. Modeste, mais très populaire dans certains cercles libéraux.

— Te souviens-tu du nom ?

Libertas hocha la tête. C'était gravé à jamais dans son esprit, tout comme l'épitaphe sur la pierre tombale de Martin.

— *Gegner.*

Jamais dans sa vie elle n'avait imaginé qu'un simple mot pût produire un tel effet. Blanc comme un linge, les yeux brillants, Harro bondit comme s'il venait d'être électrocuté.

— Es-tu bien certaine que c'était *Gegner* ?

Sa voix n'était qu'un murmure étouffé et incrédule.

— Jamais je n'oublierais ce nom.

Libertas le dévisagea, inquiète.

— Quoi ? Harro, parle-moi. Est-ce que tu sais quelque chose ?

Mais Harro ne disait rien. Il restait assis là, tremblant, le corps tout entier en proie à une grande agitation.

— Peut-être que tu connais son rédacteur en chef? tenta Libertas. Martin a dit que la Gestapo avait tué son assistant, mais que le rédacteur lui-même s'était volatilisé. La dernière fois que j'ai eu Martin au téléphone, il m'a confié qu'il avait retrouvé le rédacteur disparu et qu'il allait le rencontrer... Harro ?

Une tempête semblait se déchaîner dans l'océan bleu des iris de Harro. Il la regardait, mais c'était comme s'il ne la voyait pas, perdu dans ses souvenirs (ou ses cauchemars). Il déglutit difficilement une, puis deux fois ; humecta ses lèvres tout à coup desséchées comme s'il cherchait sa voix quelque part au fond de lui.

— C'était moi, le rédacteur en chef du *Gegner*. Et c'est mon assistant qu'ils ont assassiné. Henry Erlanger.

Sans voix, soudain glacée, Libertas le fixa. Le destin les avait-il réunis dans un autre objectif que celui d'unir deux âmes sœurs ? Elle avait toujours été sceptique, avait toujours tourné en ridicule les superstitions et s'était toujours moquée de l'appétence de sa mère pour les horoscopes et toutes ces sottises cosmiques, mais par cet après-midi de juillet, sa foi s'était subitement éveillée. Pas forcément une foi en quelque chose de supérieur, mais en Harro et en ses cicatrices qui étaient aussi les siennes, à présent.

Aux prises avec des mots restés verrouillés pendant bien trop longtemps, trébuchant sur des souvenirs encore douloureux, il lui raconta tout sur Henry, battu à mort sous ses yeux dans la cour de la prison SS ; lui montra la croix gammée qu'ils avaient sculptée dans sa cuisse avec leurs dagues, cadeau d'adieu moqueur à un libéral qui, malheureusement pour eux, avait un oncle amiral dans la Marine qui avait exigé la libération de son neveu. Essuyant des larmes malvenues avec irritation, Harro avoua qu'il s'était enfui comme un lâche, marqué à vie et hanté à la fois par le passé et les manteaux de cuir qui n'en avaient pas tout à fait fini avec lui. Il avait fui jusqu'à la mer Baltique, loin de sa famille, loin de sa petite amie de l'époque, loin de ses anciens amis et de ses croyances politiques. Il avait enfilé un uniforme de l'armée de l'air pour devenir indistinguable, pour créer l'image de quelqu'un qui avait retenu la leçon et s'engageait à obtempérer, pour ne pas leur donner une raison de lui mettre la main dessus et de le torturer de nouveau pendant des jours et des jours… Pour ne pas voir une autre personne à laquelle il tenait mourir sous ses yeux.

— Si tu ne veux pas me revoir parce que je t'ai menti, je comprendrai, conclut Harro.

Les yeux baissés, il s'écartait déjà, se réconciliait déjà avec le fait qu'elle allait rassembler ses affaires et partir, sortir de sa vie, pour toujours.

— Tu ne m'as jamais menti.

— Si. Tu m'as demandé si j'étais un artiste itinérant et je t'ai répondu que j'en étais un.

— C'est le cas.

— Je porte un uniforme que je hais de tout mon être.

— Et moi, je suis membre du Parti.

Il releva les yeux, surpris. Imaginer que l'esprit rebelle qui se tenait devant lui appartenait au NSDAP était un concept visiblement difficile à assimiler.

Libertas lui offrit un petit sourire prudent.

— Tu vois ? Personne n'est parfait.

— Pourquoi ? finit par réussir à articuler Harro, visiblement confus.

— Je voulais travailler à la MGM et il fallait que je les persuade que j'étais politiquement fiable. Comme toi avec ton uniforme.

Enfin, l'esquisse d'un sourire éclaira le visage de Harro.

Libertas s'approcha, passa ses bras autour de son cou et lui promit qu'elle ne le lâcherait jamais. À partir de cet instant, une intimité différente s'installa entre eux, bien plus profonde et intense que n'importe quelle attirance physique ; quelque chose qui les unissait contre le régime hostile tout entier, contre la poigne de fer qui continuait de resserrer son étreinte sur la nation, contre les uniformes qui menaçaient de les réduire en cendres pour un malheureux mot imprudemment prononcé.

— Nous sommes encore des artistes itinérants, Harro. Simplement, nous sommes incognitos.

— Pour le moment.

— Oui. Pour le moment.

*

Quelque chose se transforma chez Harro après cela. Une force intérieure invisible déploya ses ailes, fit étinceler son regard d'un air manifeste de défi. Au lieu de ses promenades en solitaire, il recherchait de nouveau la compagnie de ses semblables. Au lieu de se cacher dans une chambre minable, il emménagea avec Ricci et ses amis. Il réapprit à rire, à boire du bon vin et à chanter en chœur quand Libertas jouait à l'accordéon une concoction de jazz américain, de chansons paillardes françaises apprises dans son pensionnat parisien et de swing allemand que Harro n'avait jamais entendu auparavant.

Peu après le vingt-cinquième anniversaire de Harro en septembre, Ricci et les autres rassemblèrent discrètement leurs affaires et quittèrent la colocation, sourires entendus aux lèvres. Libertas emménagea le lendemain. Rien ne changea, si ce n'est que c'était désormais Ricci le visiteur et Libertas l'hôtesse, maîtresse d'une maison où tous les artistes itinérants étaient les bienvenus, où le swing allemand était l'hymne national et où de chaleureuses accolades remplaçaient les saluts d'un bras raide.

Leur appartement devint une oasis de liberté parmi l'océan d'uniformes noirs et les banderoles carmin ornées de *Hakenkreuz*; un refuge pour tous ceux qui n'avaient pas encore oublié de donner leur avis et croyaient en autre chose que le sang, la race et toutes les ordures dont le ministère de la Propagande gavait les Allemands à travers ses micros et ses haut-parleurs.

*

Octobre 1934

Étalée sur le tapis au milieu du salon, Libertas feuilletait un magazine.

— J'envisage d'acheter une voiture.

Noyé sous la paperasse qu'il rapportait souvent à la maison du ministère de l'Armée de l'Air, Harro releva le nez de son bureau. Sachant qu'elle avait désormais toute son attention, elle lui lança un regard en coin séducteur.

— Une décapotable. Qu'on pourrait conduire pendant l'été à travers Grunewald, capote baissée. Je porterai des lunettes de soleil et un foulard en soie autour de mes cheveux, tu seras assis à côté de moi torse nu et toutes les femmes que nous croiserons en chemin se pâmeront de jalousie.

Il rit avec une insouciance d'enfant. Elle adorait la nouvelle version de son rire.

— Si c'est ce que tu veux, répondit-il en la couvant d'un regard infiniment affectueux. Combien ça coûte ?

— Je vise un modèle d'occasion. Je dirais dans les mille. Il y a largement ce qu'il faut sur mon compte en banque. Ne te tracasse pas pour ça.

— C'est toi la patronne, concéda-t-il de bonne grâce.

Elle n'était pas la patronne dans leur relation, et elle n'avait aucune envie de l'être. Personne ne l'était. Ils étaient des partenaires égaux, qui échangeaient facilement les rôles et ne se disputaient jamais sur des questions relatives au genre. Celui qui se levait en premier faisait le petit déjeuner, qu'ils prenaient au lit; celui qui partait en dernier au travail faisait la vaisselle. Le samedi, ils faisaient le ménage ensemble avant de préparer le dîner (ou ce qui en tenait lieu) pour leurs amis qui arrivaient à 18 heures tapantes. Et les jours où ils étaient d'humeur paresseuse, ils prenaient le train jusqu'à un nouveau *Lokal* chinois sur *Kantstrasse*, où ils goûtaient des poissons relevés de sauces exotiques épicées et des ravioles au porc avec des champignons et du riz.

Contrairement aux despotes suffisants du ministère aux airs qui ne parlaient jamais de leur travail à leurs femmes, Harro faisait entièrement confiance à Libertas, allant jusqu'à lui dicter des mémos et des rapports, toujours émerveillé par la vitesse à laquelle elle tapait à la machine sans presque jamais faire de faute.

Sa vision de ces choses-là était une véritable bouffée d'air frais, songea Libertas en l'observant travailler, l'air profondément concentré. Quel délice c'était de sentir qu'elle était aux commandes de sa vie après s'être constamment entendu dire qu'elle n'était bonne qu'à donner naissance à des enfants pour le Führer et à satisfaire tous les désirs de son mari.

À quelques reprises, Libertas le surprit en train de se disputer à voix basse avec ses parents, quand ceux-ci l'appelaient et se plaignaient de son mode de vie peu orthodoxe et réclamaient mariage et petits-enfants. Du moins, c'était ce qu'elle supposait, car Harro ne lui rapportait jamais les détails de ces conversations. Mais elle entendait qu'il prenait toujours sa défense, balayant leurs arguments d'un simple « Nous nous aimons et nous sommes heureux comme ça. Pourquoi ne pas vous mêler de vos affaires et nous laisser nous occuper des nôtres ? »

Ils étaient ensemble et c'était tout ce qui comptait. Libertas n'avait qu'un souhait : que cette idylle dure le plus longtemps possible. Pour la première fois de sa vie, elle était follement, inconditionnellement heureuse. Et chaque fois qu'elle s'endormait blottie dans les bras de Harro et qu'il lui effleurait les cheveux d'un baiser, elle savait qu'il l'était aussi.

Chapitre 10

Été 1935

Les rues étaient encore éclairées quand Libertas et Harro, accompagnés de Ricci et de sa clique, sortirent du cinéma, dans l'air frais de Kurfürstendamm. Au-dessus d'eux, le titre du film, *Pettersson & Bendel*, clignotait en lettres multicolores, quelque peu tamisées par l'obscurité naissante du début de soirée. Ce n'était pas le premier choix de Libertas, ni celui de Harro, mais la direction de la MGM insistait pour que tous ses employés visionnent le film suédois, qu'elle couvrait de louanges pour sa « valeur idéologique ». Le long-métrage avait reçu l'approbation du ministre de la Propagande Goebbels en personne, à tel point que ne pas le voir équivalait à un crime contre la nation allemande, rien de moins.

En éternel optimiste, Ricci fut le premier à prendre la parole.

— Ce n'était pas si mal.

D'habitude, le poste de critique de film en chef était réservé à Libertas, mais ce soir-là, pour la première fois, elle restait silencieuse et sombre.

— L'humour était assez primitif à mon goût, mais les acteurs ne s'en sortent pas si mal.

Ricci lança un regard presque implorant à Libertas. Elle lut la supplique dans ses yeux – *oui, je sais bien, une heure et demie d'ordures antisémites mal filmées et encore plus mal interprétées, mais peut-être qu'on peut faire comme si ce n'était qu'un mauvais rêve et aller boire un verre ?* – et tenta de se forcer à lui sourire... mais elle découvrit qu'elle en était incapable.

— Je n'ai jamais été aussi écœurée de toute ma vie, lâcha-t-elle tout bas, tout son corps tremblant d'une rage contenue.

Conscient qu'ils étaient entourés d'une foule enthousiaste qui s'échangeait ses répliques préférées du film, Harro prit la main de Libertas et la serra en guise d'avertissement. Il savait qu'elle se sentait protectrice à l'égard des juifs après avoir été élevée par une gouvernante juive dont il avait fait la connaissance au téléphone, et qu'il aimait désormais comme sa belle-mère officieuse. Lui aussi avait été heurté par le film du fait de l'assassinat de Henry, qui avait eu la malchance de naître juif et avait payé de sa vie un crime aussi impardonnable aux yeux des SS. Mais ce n'était ni le moment ni l'endroit d'exprimer ouvertement leur dégoût. Leur appartement était peut-être un port de salut pour la liberté d'expression, mais les rues de Berlin étaient une tout autre affaire.

— C'est fou, l'exactitude avec laquelle ils ont dépeint ces escrocs de juifs ! s'exclama une jeune femme au visage superbement bien maquillé. J'ai eu un propriétaire qui était pareil, un parfait sournois. Tous les quinze jours, il venait avec son petit carnet noir pour collecter l'argent du gaz. Un jour, ma mère lui a dit : « Herr Rosenblatt, nous sommes supposés payer pour le gaz une fois par mois ». Il l'a regardée avec la plus grande innocence et lui a collé son carnet sous le nez. « Mais, ma brave dame, ça fait un mois ! Regardez, tout est écrit là. » Naturellement, il montrait un carnet différent à ses locataires à chaque fois. Et impossible d'argumenter : son fils savait falsifier nos signatures !

— Ce sont des filous et des menteurs, proclama un grand blond qui l'accompagnait et semblait tout droit sorti d'une affiche de recrutement SS. Des pourris, tous autant qu'ils sont.

— Le dentiste de notre famille était juif, intervint une autre fille.

Contrairement aux autres, elle paraissait contrariée.

— Il était toujours très gentil avec nous. Celui chez qui nous allons maintenant est horrible comparé au Dr Wasserman. Il ne faisait jamais mal. Il avait même un petit panneau qui le disait sur son bureau.

Un sourire hésitant commença à danser sur ses lèvres.

— Je détestais aller chez le dentiste quand j'étais petite fille. Ma mère devait m'y traîner de force. Mais le Dr Wasserman m'a promis que je ne sentirais rien et il n'a pas menti. Je n'ai vraiment rien senti du tout ! Il m'a fait une piqûre d'anesthésie et…

— Justement ! enragea le grand blond. C'est précisément ce qu'ils font : ils gavent des jeunes filles allemandes de drogues et ils abusent d'elles !

— Quoi ? Non, protesta faiblement la fille en battant des paupières. Il n'a jamais rien fait de la sorte…

— Parce qu'il n'en a pas eu le temps ! Ce sont tous des pédophiles et des violeurs d'enfants. Il t'amadouait pour s'assurer que tu serais sage et obéissante et ensuite, je ne te dis pas ce qu'il t'aurait fait le moment venu ! Tu n'as donc pas lu *Der Stürmer* ? Ils ont publié plusieurs articles sur des cas de ce genre. Je t'en apporterai quelques exemplaires la prochaine fois.

Incapable de supporter ces ignominies plus longtemps, Libertas tira Harro par le bras. Il ralentit docilement le pas pour laisser le flot de spectateurs les dépasser. Entourés de Ricci et de ses amis, ils restèrent immobiles au milieu du courant d'excités qui déversaient un déluge ininterrompu de paroles haineuses.

— … Je ne connais aucun juif personnellement, mais maintenant, je m'assurerai d'avertir tout le monde de leur malhonnêteté…

— … Des profiteurs éhontés qui abusent de notre gentillesse…

— … C'était hilarant ! On est obligés de les admirer : seul un escroc de juif serait capable d'un coup pareil ! Je vais dire à mon frère d'aller voir le film avec toute sa famille. Sa femme est encore bien trop indulgente envers eux et…

— … Tu te souviens de Weiss ? Il vivait au même étage que nous. Il avait un comportement aussi suspicieux que celui de Bendel ! Je t'ai bien dit que c'était un bookmaker, mais tu ne m'as pas cru à l'époque…

Le soleil se couchait lentement derrière les toits qu'il éclairait de sa lumière dorée. L'obscurité descendait sur Berlin, s'insinuant doucement mais sûrement dans ses rues, sans bruit.

Comme s'il voulait tenter de protéger ses amis, Ricci vint se planter devant Libertas et Harro.

— Ce n'était qu'un film idiot, affirma-t-il avec une assurance qu'il était loin d'éprouver. Tout le monde l'aura oublié dès qu'un autre sera sorti. Libs, quel est le prochain long-métrage au programme de la MGM ?

Au prix d'un énorme effort, elle s'accrocha un sourire à la face et lui indiqua le titre. Elle ajouta que l'actrice principale était insupportable, mais que le réalisateur était absolument charmant, même s'il flirtait sans arrêt avec elle…

Pour le reste de la soirée, ils prirent tous soin de faire comme si le film n'avait jamais existé et comme si la moitié de la ville n'en discutait pas à chaque coin de rue, et même dans le bar où ils s'arrêtèrent pour boire un verre et manger un morceau. Ce n'est qu'une fois de retour à l'appartement que Libertas se lâcha, laissant libre cours à un torrent de protestations furieuses. Et ce n'est que quand Harro la prit dans ses bras et lui assura qu'ils n'allaient pas rester les bras croisés qu'elle se détendit. Il ne savait pas encore ce qu'ils allaient faire, mais ils allaient faire quelque chose. Ça, il le lui promettait.

Libertas aurait été incapable d'identifier le moment exact où tout commença. Au début, ce n'était qu'une rumeur infondée que la plus grande commère de la MGM, Marlene, répandit à la cafétéria « de source totalement sûre » : des juifs avaient manifesté contre *Pettersson & Bendel* et interrompu la projection de 18 heures au cinéma UFA-Platz. Ensuite, ce fut la secrétaire de Strengholt qui répéta l'information pendant le déjeuner. Le lendemain matin, Tischendorf en parla lors de la réunion du service publicité. Mais ce fut en voyant que l'événement faisait la couverture du *Berliner Tageszeitung* que l'inquiétude naquit en Libertas, résonnant dans son esprit comme un signal d'alarme déréglé.

Elle se jura que cette fois-ci, elle ne se contenterait pas d'ignorer la rumeur qui menaçait de prendre des proportions démesurées. Elle ne se tairait pas ; après tout, elle avait assisté à la projection en question et n'avait rien vu de tel. Uniquement des rires et des exclamations face aux singeries des escrocs juifs. Mais sa prise de parole d'une voix forte et assurée en plein milieu de l'assemblée hebdomadaire de la MGM n'eut pas l'effet qu'elle escomptait.

— Que voulez-vous dire ? Que l'article est un mensonge ?

La question émanait de Strengholt lui-même, qui dévisageait Libertas avec un éclat d'avertissement dans son regard gris glacé.

— *Le Berliner Tageszeitung* est un quotidien respectable. Jamais ils ne publieraient un article sans vérifier la véracité des faits au préalable.

— C'est pire qu'un mensonge, insista Libertas.

Les bras croisés sur la poitrine, elle refusait de capituler.

— Ils induisent délibérément le lectorat en erreur. J'étais présente lors de cette projection, *Herr Direktor*. Il n'y a eu aucune interruption, et certainement aucun juif n'était présent dans la salle. Pourquoi iraient-ils voir un film qui les tourne en ridicule ?

— Pour faire un scandale et gâcher la séance pour les autres spectateurs. Ils jouent les victimes. C'est ce qu'ils font toujours et c'est comme ça qu'ils arrivent à leurs fins.

— Mais puisque je vous dis qu'il n'y a pas eu d'interruption !

Le tempérament de Libertas prenait le dessus sur sa modération, mais elle était tout bonnement incapable de se retenir.

Strengholt, lui, restait étrangement calme.

— Le ministre Goebbels a déclaré que des juifs avaient manifesté. Seriez-vous en train de dire que lui aussi manipule délibérément la population ?

Faites très attention à ce que vous allez répondre, semblait avertir son expression.

Libertas se mordit violemment la lèvre inférieure pour empêcher la vérité de jaillir de sa bouche. Elle avait eu la chance d'échapper à la Gestapo une première fois. Elle avait l'intime conviction qu'elle ne s'en tirerait pas à si bon compte s'ils la convoquaient de nouveau.

— Non, *Herr Direktor*. Bien sûr que non, parvint-elle à articuler à travers ses dents serrées. *Herr Minister* ne mentirait jamais au peuple allemand. C'est sans doute moi qui n'ai rien vu. Ou alors je me trompe de date. Ou d'heure. Je vous présente mes excuses pour mon erreur.

— C'est inutile, répondit-il avec, tout à coup, la plus grande bienveillance. Tout le monde peut se tromper. L'important, c'est de reconnaître nos erreurs lorsque nous sommes mis face aux faits.

— Oui, *Herr Direktor*. Vous avez raison, comme toujours.

Libertas ravala sa fierté et, avec elle, sa conscience, apparemment.

Quand Libertas arriva à l'appartement ce soir-là, même le baiser de bienvenue de Harro ne parvint pas à l'apaiser. Elle avait été agitée toute la journée, jusqu'à être dans un état de nerfs indescriptible au moment de partir du bureau. Mais elle ne pouvait pas s'en empêcher; tout à coup, elle était terrifiée par le pouvoir de cette énorme machine propagandiste que Goebbels ne cessait de perfectionner.

— Si tu les avais vus, Harro! Répétait-elle tandis qu'elle faisait les cent pas sur le tapis du salon, toujours en tenue de travail.

Sensible comme à l'accoutumé à l'humeur de sa compagne, Harro lui servit un verre, mais le gin préféré de Libertas resta lui aussi sans effet.

— Ça fait plus d'un an que je travaille avec eux. Ils ne sont pas stupides. Ce sont des gens éduqués, intelligents. Mais le fait qu'ils préfèrent croire les fables de leur ministre de la Propagande plutôt qu'une personne qui était sur place… Je n'arrêtais pas de leur dire que j'y étais. Et eux… ils me fixaient comme si le simple fait d'énoncer une vérité qui contredisait la version officielle faisait de moi l'ennemie du peuple.

Pendant un moment, Harro garda le silence, les yeux rivés sur son verre.

— J'ai bien peur que tout cela ait été concocté il y a bien longtemps, finit-il par dire sans relever la tête. Je suis même convaincu que Goebbels a imaginé ce stratagème à la minute où il a vu le film.

Face à l'air incrédule de Libertas, il sourit tristement.

— C'est comme ça que la propagande fonctionne. Il l'a dit lui-même : si on raconte en boucle le même mensonge, aussi énorme soit-il, les gens finissent par y croire. Il n'arrête pas de répéter que les juifs boivent du sang de nouveau-nés et s'adonnent aux sacrifices humains pour rester au pouvoir. *Der Stürmer* publie des caricatures qui vont dans ce sens. À présent, la presse centriste plus ou moins indépendante commence à diffuser le même genre d'âneries, avec comme dernier exemple en date cette histoire d'interruption de projection. Ils font tout ça dans un but bien précis, j'en suis sûr.

Un frisson parcourut le corps tendu de Libertas de la tête aux pieds.

— Je préfère ne pas imaginer lequel, murmura-t-elle.

Ils n'eurent pas à attendre bien longtemps pour le découvrir. Le 15 juillet, quelques jours à peine après cette conversation, une foule se réunit sur Kurfürstendamm pour exiger que les juifs paient pour leur insolence. Les protestataires attrapèrent toutes les personnes qui avaient la peau trop mate à leur goût et les passèrent à tabac sous le regard indifférent de la police, qui obéissait aux ordres venus d'en haut de ne pas interférer avec l'outrage justifié de la population.

Le soir, le nombre d'outragés augmenta. Après s'être imbibés de schnaps et de bière, ils descendirent de nouveau dans les rues, cette fois pour détruire les vitrines des commerçants juifs et agresser les Allemands qui profitaient de leur soirée en terrasses de cafés appartenant à des juifs.

Encouragée par le ministre Goebbels en personne, la folie s'étala sur plusieurs jours. Quand Libertas et Harro traversèrent Charlottenburg en voiture pour rendre visite aux parents de Henry, ils ne reconnurent pas la moitié des rues. Vitres cassées, panneaux tordus, swastikas peintes de toutes parts… Des caricatures crues représentant « le juif éternel » défiguraient les belles façades et les devantures de magasins. C'était comme si une armée était passée par là, composée de soldats saouls et sauvages qui ne se battaient pour des principes ou pour la liberté, mais par pure envie de casser ce qu'ils n'étaient pas en mesure s'offrir et de détruire ce qu'ils n'étaient pas en mesure de comprendre.

— Ne vous méprenez pas, proclamait la voix de Goebbels sur toutes les radios d'état qui diffusaient ostentatoirement le même message. Ce sont les juifs qui sont responsables de la plupart des dommages qu'a subis notre belle Charlottenburg. Pendant que les braves patriotes allemands descendaient dans la rue pour des manifestations pacifiques, la racaille juive a de nouveau eu recours à ses tours de passe-passe, brisant ses propres vitrines et vandalisant ses propres commerces pour nous accuser et réclamer l'argent de l'assurance.

Libertas éteignit la radio.

Deux jours plus tard, Harro et Ricci apportèrent une radio de fabrication étrangère achetée à quelqu'un capable de se procurer ce genre de choses. À compter de ce jour, ils n'écoutèrent que la BBC, émerveillés par la différence entre la vérité et ce qu'ils étaient forcés d'écouter dans leur pays.

Chapitre 11

Hiver 1935

— Avons-nous déjà des projets pour Noël ?

La question innocente de Libertas parut surprendre Harro. Il se figea un instant, son stylo en suspens au-dessus d'un document sur lequel il travaillait, ses joues empourprées trahissant son état.

— Je pose la question uniquement parce que Ricci veut louer un chalet en Autriche et il m'a demandé si nous venions ou pas. Auquel cas, il en louerait un plus grand.

En attendant sa réponse, Libertas jouait avec un pompon qui pendait à la ceinture de son gilet en laine.

— As-tu envie d'y aller ? s'enquit doucement Harro.

Libertas se demanda s'il avait organisé quelque chose en secret ; il était du genre romantique et adorait faire ça.

Désireuse de ne pas gâcher la surprise si jamais c'était le cas, elle haussa les épaules d'un air évasif.

— Moi, ça m'est égal. L'Autriche, ce n'est pas mal, avec le ski et toutes leurs petites auberges pittoresques. Mais si tu préfères rester ici à Berlin, ça me va aussi, si…

— Mes parents veulent que nous fêtions Noël avec eux, lâcha Harro sans lui laisser le temps de finir. Enfin, si tu souhaites les rencontrer, bien sûr, s'empressa-t-il d'ajouter avant de rougir encore plus.

Cette agitation concernant tout ce qui avait trait aux traditions allemandes amusait follement Libertas. Ils n'avaient rien d'un couple traditionnel, car ils vivaient ouvertement ensemble sans être mariés, ni même fiancés. Même la rencontre avec la mère et l'oncle de Libertas s'était faite dans une nonchalante décontraction — *Mutti, Onkel, je vous présente Harro ; Harro, je te présente ma mère, Gräfin Tora zu Eulenburg, et mon oncle Wend.* Aussitôt après qu'ils s'étaient serré la main, Libertas avait informé sa mère que Harro et elle allaient au lac et qu'ils ne les reverraient que le soir, au moment du dîner.

À en juger par la manière dont ils l'avaient accueilli, avec des sourires polis mais un certain manque d'intérêt, Libertas en déduisit que Harro avait dû comprendre qu'il n'était pas le premier homme qu'elle amenait à la maison et qui dormait non pas dans une chambre à part, mais avec elle. Néanmoins, il ne fit aucun commentaire et parut plutôt soulagé qu'autre chose.

Libertas avait entendu parler de Regine, première relation sérieuse parmi une myriade de petites amies, et avec qui il avait rompu juste avant de partir vers les Pays baltes pour fuir la Gestapo. Harro avait une peur inexplicable de tisser des liens ; lui aussi préférait leur mode de vie bohème ancré dans l'instant présent. Peut-être était-ce pour cette raison qu'ils s'accordaient si bien, comme deux pièces abîmées d'un puzzle qui, assemblées, formaient une superbe image, quelque chose de plus grand qu'ils ne voyaient pas encore.

— Pourquoi ne voudrais-je pas les rencontrer ?

Libertas avait du mal à ne pas sourire. La malice devait se lire dans ses yeux.

— J'ai bien peur que leur maison soit plutôt modeste.

Libertas haussa les sourcils pour feindre la stupéfaction.

— C'est maintenant que tu me dis que tu n'es pas prince ? Comment oses-tu me mentir et profiter de moi d'une manière aussi déplorable ? C'est fini entre nous.

Harro ricana malgré lui, se leva et rejoignit sa bien-aimée pour la serrer contre lui.

— Je sais à quel point tu aimes notre appartement bohème, mais une fois que tu auras vu la demeure bourgeoise de mes parents et compris que c'est cet avenir qui nous attend… faire chambre à part après avoir perdu tout intérêt l'un pour l'autre après une infinité de chamailleries pour des broutilles minuscules… j'ai peur que tu prennes tes jambes à ton cou et que je ne te revoie plus jamais.

Les yeux clos, le visage blotti dans son cou qui embaumait d'un discret parfum d'après-rasage délicieusement citronné avec une pointe de musc, Libertas secoua lentement la tête.

— Il en faut plus que ça pour me faire peur.

— Ça, je suis au courant. Si mes cicatrices et la Gestapo qui me file le train ne t'ont pas…

— Jamais nous ne cesserons de nous intéresser l'un à l'autre, l'interrompit-elle. Et nous ne ferons certainement pas chambre à part, qu'importe combien d'années nous restons ensemble. Car nous ne nous disputons jamais. Nous discutons, jusqu'à parvenir à une solution qui nous bénéficie à tous les deux.

— Ou alors je cède quand je plonge dans tes beaux yeux bleus. La bataille est toujours finie pour moi quand tu me lances ton fameux regard.

— Celui-ci ?

Libertas releva la tête et fixa Harro avec la plus profonde adoration.

— *Gott im Himmel*, murmura-t-il en caressant ses boucles blondes coupées court. Mon cœur fond quand tu me regardes comme ça.

— Et le mien bat de plus en plus fort. Regarde…

Libertas lui saisit la main et la posa sur son sein gauche.

— Tu sens ?

— Non. Ton gilet me gêne.

— Retire-le-moi, alors.

Le sourire de Libertas se fit séducteur tandis qu'elle tirait sur sa ceinture pour lui offrir son corps comme elle l'avait déjà fait à de nombreuses reprises auparavant.

Ils firent l'amour ici même, sur le tapis, au milieu du salon. Plus tard, c'est aussi là qu'ils s'endormirent, blottis sous une couverture que Harro avait attrapée sur le canapé.

Nichée dans ses bras, l'éclat des panneaux publicitaires lumineux du grand magasin de l'autre côté de la rue jouant sur son visage serein, Libertas se perdit dans un monde fait de rêves où seul l'amour existait et où leur bonheur bohémien ridicule n'aurait jamais de fin.

À la suggestion de Libertas, ils prirent la voiture pour se rendre à Mülheim, la petite ville de Rhénanie-du-Nord – Westphalie où résidaient actuellement les parents de Harro. Suivant les indications de ce dernier, Libertas conduisait prudemment sur la route qui devenait de plus en plus étroite et cahoteuse à mesure qu'ils s'éloignaient de Berlin. Au lieu des rues animées, une vaste étendue de champs et de bois enneigés les entourait, une terre endormie sans âme qui vive sur des kilomètres. À de rares occasions, un fermier sur un chariot tiré par un cheval apparaissait, comme sorti d'un autre âge, vêtu d'une tenue traditionnelle, tenant nonchalamment les rênes de ses mains endurcies par le travail des champs.

— Son cheval s'en sort bien mieux que notre pauvre Spengler sur cette soi-disant route, fit remarquer Libertas en appelant leur Opel d'occasion par son surnom.

L'*autobahn*, dont la construction avait employé des milliers d'ouvriers à travers le pays, n'était pas encore arrivée jusqu'à ces provinces reculées. Cela faisait une heure que Libertas ressentait le moindre cahot de la chaussée jusque dans ses os, si bien qu'elle commençait à avoir mal au dos et aux épaules.

— La prochaine fois que tu as une réunion avec tes responsables, veille à leur adresser un rapport pour te plaindre de l'état des choses ici.

Harro gloussa.

— Je suis dans l'armée de l'air. Nous n'avons rien à voir avec la construction de l'autoroute.

— Et moi, je suis convaincue que ton supérieur Göring a quelque chose à voir. Il occupe quinze postes différents, il doit bien y en avoir un en rapport avec le réseau routier.

Harro rejeta la tête en arrière et éclata de rire. C'était sans doute libérateur pour lui de pouvoir se moquer aussi ouvertement des membres du gouvernement sans avoir à regarder constamment par-dessus son épaule et à surveiller le volume de sa voix. De plus en plus de personnes se faisaient arrêter après avoir évoqué tout haut leurs opinions — un crime désormais passible d'une rééducation dans un nouveau complexe de camps dont les gens parlaient tout bas dans la peur.

— Plaisanterie mise à part, c'est étrange. Leurs plans de construction, je veux dire, continua Libertas.

Elle serrait le volant de ses mains gantées. C'était un morceau de route difficile à négocier, pas dégagé, avec des plaques de glace sous la neige fraîche.

— Je les ai vus dans le périodique *Beobachter*. La personne qui a planifié tout ça devait être ivre au moment où elle les a dessinés.

— Un ivrogne, non, mais un militaire, certainement, fit remarquer Harro, l'air pensif.

— Qu'est-ce qui te fait dire ça ?

Il haussa les épaules. Il y avait comme de l'abattement dans son geste, de la résignation.

— Ils ne construisent pas ces routes pour que les gens puissent conduire tranquillement dessus.

Pour la première fois, Libertas arracha son regard concentré de la chaussée pour le poser sur Harro.

— Pour qui les construisent-ils, dans ce cas ?

— Pour l'armée. Afin de pouvoir se rendre aux frontières des nations ennemies en seulement quelques heures.

Il avait prononcé ces mots si bas que Libertas avait du mal à comprendre ce qu'il disait. Ou bien était-ce le message qu'ils dissimulaient que son esprit refusait d'assimiler ?

— L'armée ?

Elle secoua la tête.

— Nous n'avons pas le droit d'en avoir une. Le Traité de Versailles nous l'interdit expressément.

— Et qu'en pense ton oncle Wend ?

Pendant un moment, Libertas garda le silence.

— Nous ne parlons plus vraiment de politique, finit-elle par admettre. Nous sommes en désaccord sur presque tout, alors…

Elle soupira.

— Il vaut mieux ne pas aborder le sujet plutôt que se disputer. Tout ce dont nous discutons désormais, c'est de théâtre, de cinéma, du domaine familial et de courses de chevaux. Et tout va pour le mieux entre nous.

Après une autre pause, elle ajouta d'un filet de voix :

— C'est dommage de ne pas pouvoir régler tous les problèmes simplement en les ignorant, n'est-ce pas ?

Harro hocha sagement la tête et posa la main sur la chaude couverture qui recouvrait les cuisses de Libertas en signe de soutien.

— Est-ce que tu es fatiguée ? Je peux prendre le volant, si tu veux.

— Harro, si tu étais au courant de quelque chose, tu m'en parlerais, pas vrai ?

— Oui. Bien sûr.

— Mais tu n'es au courant de rien ?

— Non. C'est mon impression, rien de plus. Hitler a promis d'en finir avec le Traité. Quand il était seulement candidat aux élections du Reichstag, j'ai pensé que ce n'étaient que les délires d'un fou. De fait, alors que les nazis étaient déjà au pouvoir, j'ai écrit dans le *Gegner* que le NSDAP ne nous avait toujours pas convaincus… Je croyais qu'ils ne mettraient pas à exécution tout ce qu'ils avaient proclamé sur leurs estrades pendant leurs meetings. Mais ensuite, ils m'ont donné tort. Ils nous ont arrêtés, Henry et moi, et je peux te dire que je suis convaincu depuis. Ils ont promis de redonner sa grandeur à l'Allemagne et ils le feront. Simplement, leur idée de la grandeur est celle de sauvages et de criminels. Ça a commencé avec un meurtre et ça se terminera en annihilation totale. Ça finira mal pour tout le monde, tu peux me croire.

Quand Libertas lui lança de nouveau un regard, elle lut la douleur sur son visage. Il avait les yeux rivés droit devant lui, comme s'il voyait déjà leur avenir inscrit par une invisible main toute-puissante quelque part au-delà de l'étendue blanche.

— Harro ! Harro est là !

Un adolescent qui ressemblait à Harro comme deux gouttes d'eau sortit en trombe de la maison, vêtu d'un short et d'un pull élégant par-dessus une chemise impeccablement repassée. Il semblait ne pas sentir les violentes rafales qui menaçaient d'emporter Libertas depuis l'instant où elle était descendue de voiture.

Les parents de Harro – un homme de grande taille à l'allure militaire et une femme blonde à l'air anxieux, un peu trop apprêtée pour l'occasion – se tenaient sur le pas de la porte, baignés dans la lumière qui émanait de l'entrée.

En dépit de sa nervosité, Libertas leur adressa un signe aimable de la main tandis qu'un beau sourire méticuleusement entraîné éclairait son visage. C'était une sorte de mécanisme de défense, charmer les personnes qu'elle ne connaissait pas, sourire jusqu'à en avoir mal aux joues, lancer des plaisanteries au moment opportun, pour s'assurer qu'elle était acceptée et appréciée. Non pas qu'elle en eut quelque chose à faire de ce que les gens pensaient d'elle ; simplement, c'était un triste vestige de son enfance solitaire quand, abandonnée par ses parents et envoyée dans des pensionnats européens plus ridiculement hors de prix les uns que les autres, elle avait dû se démener pour se faire des amies parmi de parfaites inconnues, pour leur soutirer les miettes d'affection que sa propre mère refusait de lui donner.

Après avoir manqué renverser Harro en le prenant dans ses bras, le garçon montra l'Opel du doigt.

— C'est à toi ?

— Non, Hartmut. C'est à Libertas, répondit Harro en ébouriffant les cheveux de son frère avec un sourire complice à l'attention de sa petite amie.

L'ombre qui passa sur le visage de la mère de Harro n'échappa pas à Libertas.

— Où sont passées tes bonnes manières, jeune homme ? lança la matriarche à son cadet. As-tu salué comme il se doit l'amour de la vie de ton frère ?

Quelque chose se noua dans la gorge de Libertas face à ses mots en apparence taquins et soudain, elle eut du mal à respirer. Malgré le sourire qu'il arborait, le regard de Harro était des plus sérieux.

L'amour de la vie de ton frère.

Hartmut, dans un rire gêné, faisait déjà le tour de la voiture, ses yeux bleus étudiant Libertas avec un intérêt non dissimulé. Elle s'était attendue à une poignée de main timide ou à une étreinte (il était encore assez jeune pour exprimer ouvertement son affection), mais à la place, il fit claquer ses talons et lui adresse un salut exemplaire, le bras tendu et aussi droit qu'une flèche.

— Heil Hitler ! aboya Hartmut, certainement comme on le lui avait appris.

Aussitôt après ce cri brusque, un doux sourire innocent illumina de nouveau le visage de l'adolescent.

Un peu perdue, Libertas se tourna vers Harro et lut sur son visage la surprise et la déception. Il avait toujours été fier de sa famille libérale, qui privilégiait la discussion et pour qui la liberté de pensée était la chose la plus précieuse qui soit. C'était grâce à l'influence de ses proches qu'il avait décidé de faire carrière en tant que journaliste et rédacteur en chef, jusqu'à ce que la Gestapo mette un terme à ce rêve. Et désormais, cet ignoble salut hitlérien et de la part de qui ? De son petit frère qu'il aimait par-dessus tout, et dont l'esprit impressionnable était déjà corrompu par des idées dont il ne saisissait même pas le sens.

Libertas offrit à Harro un regard plein de compassion et entreprit d'arrondir les angles de son mieux avant que Harro dise quelque chose qu'il regretterait plus tard.

— Bonjour, Hartmut, lança-t-elle en tendant sa main gantée. Je m'appelle Libertas, mais tu peux m'appeler Libs.

Le sourire de Hartmut s'agrandit, révélant deux fossettes adorables dans ses joues rondes et rosies. Il lui attrapa aussitôt la main, visiblement enthousiaste à l'idée de saluer quelqu'un d'une vraie poignée de main d'adulte, et qui plus est devant ses parents.

— Ton frère m'a dit que tu aimais chanter ? demanda Libertas.

Face au hochement de tête du garçon, elle fit un geste en direction du coffre de sa voiture.

— Quel soulagement ! J'avais peur d'avoir amené mon accordéon jusqu'ici pour rien.

Avec Hartmut qui lui tenait la main et le bras de Harro autour de sa taille, Libertas se dirigea enfin vers leurs parents. Son sourire figé dissimulait une nervosité qu'elle-même ne parvenait pas à s'expliquer. Tout à coup, il était absolument crucial que ces deux personnes la trouvent agréable. Non pas car cela changerait quelque chose aux sentiments que lui vouait Harro dans le cas contraire, mais parce que Libertas ne voulait pas qu'il souffre après chaque coup de téléphone, ou qu'il en vienne à éviter leurs appels, comme il le faisait dernièrement.

Erich et Marie Luise l'accueillirent chez eux avec un enthousiasme réservé empreint d'une certaine raideur. La mère de Harro en particulier était attentive au moindre mouvement de la jeune femme, la scrutant avec une vigilance qui mettait Libertas mal à l'aise. Alors au lieu de rire fort aux plaisanteries de Harro comme elle l'aurait fait d'ordinaire lorsqu'ils étaient seuls ou en présence de Ricci et de leurs amis, Libertas cachait ses dents blanches derrière un sourire aristocrate aux lèvres serrées. Elle levait gracieusement son verre en cristal en prenant bien soin de le tenir par le pied, parlait d'une voix monocorde et se tenait comme au pensionnat, avec le dos bien droit et un port de tête altier.

Mais au lieu d'approuver la bien-aimée de son fils, Marie Luise semblait de plus en plus stressée, et presque intimidée par la présence de *Gräfin* Haas-Heye (une comtesse!) sous son modeste toit bourgeois. Elle ne cessait de s'excuser pour ses piètres talents de cuisinière, et ce alors que Libertas s'appliquait à goûter absolument tous les plats qu'on lui servait et à finir son assiette.

— Je n'ai jamais été très douée en cuisine, et nous n'avons pas de domestiques, voyez-vous…

La voix de Marie Luise s'évanouit tandis qu'elle laissait tomber sa fourchette comme si elle capitulait. *Pourquoi a-t-il fallu que Harro se trouve une princesse sortie d'un château au lieu d'épouser une brave fille modeste venue d'une bonne famille bourgeoise comme la leur?* semblait dire l'expression affligée de la maîtresse de maison.

Harro était déjà en train de se redresser, prêt à jeter sa serviette dans son assiette et à dire *qu'est-ce qui ne va pas, encore? N'était-ce pas sa mère qui leur avait demandé de venir ici pour fêter Noël avec eux? Si elle continuait comme ça Libertas et lui feraient tout aussi bien de repartir juste après le dîner!*

Dans une tentative désespérée de sauver la soirée, Libertas éclata de rire et attrapa la main de Marie Luise par-dessus la table. Ras-le-bol de toutes ces foutaises aristocratiques. Ça ne lui ressemblait pas; ou plus, en tout cas.

— Je ne suis pas une grande cuisinière, moi non plus, confessa-t-elle avec un autre sourire désarmant, toutes dents dehors cette fois. Comparé au festin que vous nous avez concocté, mes talents sont inexistants. C'est un miracle que votre fils ne soit pas encore mort de faim. Parfois, je me dis qu'il mange les misérables repas que je prépare uniquement pour me faire plaisir.

De l'autre côté de la table, Harro la fixa d'un regard débordant d'amour et de gratitude.

— Je ne suis pas mieux, intervint-il, visiblement plus détendu. Heureusement qu'un tas de cantines poussent dans notre quartier comme des champignons après la pluie.

Encouragée par le fait que Marie Luise n'avait pas retiré sa main, Libertas se tourna vers elle.

— Avez-vous des restaurants chinois ici? Non? Oh, la prochaine fois que vous viendrez à Berlin, nous vous emmènerons dans notre restaurant chinois préféré. Il faut s'habituer au début, mais au bout d'un moment, on adore autant leurs épices que si on avait grandi en Orient, ni plus ni moins !

— Cela ne vous dérangerait pas que nous vous rendions visite ? hasarda Marie Luise.

De toute évidence, son fils n'avait jamais lancé l'invitation.

— Bien sûr que non ! Nous serions enchantés, au contraire, s'enthousiasma Libertas. Vous pouvez rester aussi longtemps que vous le voulez. Nous irons à l'opéra et au Linden et…

Entièrement dans son élément, Libertas babillait et gesticulait sans retenue, les yeux brillants d'une chaleur non feinte. Même Erich se mit à sourire tandis qu'il fumait la pipe, de plus en plus amusé et charmé par l'amie de son fils. Au moment du digestif, alors que Libertas avait offert à Marie Luise de l'aider avec le plateau, Erich avait commencé à apprécier son invitée à tel point qu'il lui proposa de lui montrer son bureau. Même Harro fut étonné.

— Tu ne laisses jamais entrer personne dans ton bureau. Qu'est-ce qui t'arrive ? demanda-t-il à son père d'un ton malicieux.

— Il m'arrive que tu as enfin amené une fille qui s'intéresse à ces choses-là, grommela Erich avec bonhomie.

Alors que son père lui tournait le dos, Harro offrit à Libertas une grimace faussement surprise et elle rit sans bruit. Le voir si heureux la mettait de merveilleuse humeur. Erich Edgar lui présenta les objets anciens qu'il avait ramenés de tous les pays visités au cours de sa carrière de capitaine de navire : des masques exotiques, des instruments de musique, des tapis rapportés de ses voyages en Orient et au

Moyen-Orient. Et des livres, des étagères entières de livres aux reliures de cuir. Les murs étaient tapissés d'ouvrages du sol au plafond, un spectacle qui coupa le souffle à Libertas.

— Je suis obsédé par les livres, lui avoua Erich comme s'il lui confiait un secret honteux pour un homme de sa profession. Et par l'art, aussi. J'ai toujours dit que c'est à travers l'art que nous découvrons le monde.

Il se pencha vers Libertas et baissa la voix.

— J'ai goûté des spécialités chinoises quand je suis allé là-bas. Et vous avez raison, c'est délicieux. J'en avais l'eau à la bouche en vous écoutant décrire le menu du votre restaurant préféré à Marie Luise. Mais ne le répétez pas à ma femme, jamais elle ne me pardonnerait d'avoir essayé quelque chose et de ne pas avoir partagé l'expérience avec elle.

— Herr Schulze-Boysen, mes lèvres sont scellées à jamais.

Après un moment d'hésitation pendant lequel il eut du mal à réprimer un sourire, il finit par dire :

— Je vous en prie, appelez-moi Erich.

Libertas sentit une vague de chaleur déferler dans sa poitrine et l'euphorie l'envahir. Elle avait conquis un des deux parents. Avec les mères, cela prenait toujours plus de temps. Mais elle était certaine qu'elle parviendrait aussi à rallier Marie Luise à sa cause.

Il était un peu plus de minuit quand Harro sortit du lit, en prenant soin de ne pas déranger Libertas. Elle ne dormait pas encore, mais elle flottait dans ce délicieux entre-deux entre éveil et sommeil, trop paresseuse pour s'étirer. Ce ne fut qu'en entendant des voix étouffées en provenance du salon qu'elle ouvrit les yeux. Harro et son père discutaient au milieu des froissements de papier cadeau. Elle sourit. Ils s'étaient déjà offert des présents lors du réveillon, mais les hommes de la maison avaient prévu d'en placer d'autres sous le sapin pour surprendre les femmes le matin de Noël. *C'est tellement attentionné*, songea Libertas.

— Qu'est-ce qu'il te faut de plus? demanda Erich tout bas. J'ai bien vu comment tu la regardais. Tu n'as jamais regardé aucune de tes petites amies de cette façon.

— De quelle façon?

L'intonation de Harro était fatiguée, comme si la conversation avait déjà eu lieu à de trop nombreuses reprises.

— Tu l'aimes, déclara tranquillement Erich.

— Bien sûr que je l'aime.

Il soupira, un soupir teinté de tourment, pour une mystérieuse raison. Libertas se redressa pour mieux entendre. Son cœur s'emballait dans sa poitrine.

— Alors quoi? insista Erich. Pourquoi ne pas l'épouser?

— As-tu déjà oublié ce qui s'est passé avec Regine? s'agaça Harro. Je te rappelle que la Gestapo l'a retournée contre moi et a essayé de se servir d'elle pour me faire signer un papier déclarant que Henry s'était suicidé.

Après une pause, ce fut au tour d'Erich de soupirer bruyamment.

— Non, je n'ai pas oublié. Penses-tu que Libertas serait capable de ce genre de revirement?

Cette fois, Harro répondit sans hésiter:

— Non. Libs ne me ferait jamais une chose pareille, affirma-t-il avec passion.

— Je ne le crois pas non plus. Et donc, je repose ma question : de quoi as-tu peur ? De t'engager ?

— Non, bien sûr que non. C'est ridicule. J'aime Libs plus que tout. Je ne m'imagine pas vivre sans elle.

— Alors vraiment, je ne te comprends pas.

Silence. Uniquement troublé par le tic-tac de l'ancienne horloge, bien plus lent que les battements du cœur de Libertas.

— Je suis toujours recherché, père. Tu le sais aussi bien que moi. Ils m'ont laissé tranquille quand j'ai commencé à travailler pour le ministère de l'Armée de l'air et que j'ai coupé les ponts avec toutes mes fréquentations, mais ne nous méprenons pas, ils ne me rayeront jamais de leur liste. Jamais ils ne cesseront de me surveiller. Et je me connais ; si tout ceci…

Harro insista sur les deux derniers mots et Libertas l'imagina décrivant un vaste geste circulaire, comme pour indiquer les banderoles pourpres dans la rue, les bancs avec des plaques comportant la mention *Réservé aux aryens*, son propre frère effectuant le salut nazi.

— Si tout ceci empire, je vais refaire quelque chose d'idiot qui me mettra en danger, ainsi que toutes les personnes qui m'entourent. Et la simple pensée que Libs puisse payer le prix de mes erreurs me glace de peur. Alors non, père, je n'ai pas peur qu'elle me trahisse. Je suis terrifié à l'idée de ce que la Gestapo pourrait lui faire pour me forcer à plier.

— Dans ce cas, quitte-la sans attendre, fils. Car une fille comme elle ne te quittera pas de son plein gré. Erreurs idiotes ou non, mariée ou non, elle restera avec toi jusqu'à la fin. Je le sais, et tu le sais aussi.

Un autre silence, plus long que le premier. Autour de Libertas, l'atmosphère semblait vibrer sous le coup d'une tension invisible. Le mariage ne l'intéressait pas plus que ça. Aucun d'eux ne voulait d'enfant (en tout cas pas encore) et leur mode de vie bohème lui convenait davantage que n'importe quel type d'union traditionnel. Mais quand Harro se glissa avec elle sous les couvertures un peu plus tard, la serra dans ses bras, l'embrassa comme s'il s'apprêtait à aller à la potence et lui demanda si elle voulait l'épouser, Libertas accepta sans la moindre hésitation.

Chapitre 12

Schloss Liedenberg. Printemps 1936

Tora avait dû trouver cela étrange d'accorder sa bénédiction à ce jeune homme en uniforme qui la fixait dans l'expectative pendant que Libertas s'éclaircissait bruyamment la gorge pour faire sortir sa mère de sa torpeur.

— Pardonnez-moi, bafouilla Tora en offrant à Harro un sourire contrit. Je ne m'y attendais pas… D'ordinaire, c'est au père que revient la responsabilité de donner son accord à un couple qui…

— Il a déjà demandé la permission à Vati, intervint Libertas, sa main posée sur celle de Harro. Mais il tenait absolument à vous poser personnellement la question. Après tout, c'est vous qui vous êtes occupée de moi après le départ de Vati pour Paris.

Ce petit mensonge produisit l'effet escompté : les joues pâles de Tora s'empourprèrent légèrement. Pour la première fois, elle observait Harro avec respect et intérêt.

— C'est très attentionné de votre part, dit Tora en inclinant la tête en signe de gratitude. Vous avez ma bénédiction, bien sûr. Si Libertas est heureuse, alors je le suis également.

Son regard s'attarda une fois de plus sur l'uniforme amidonné de Harro.

— Wend sera ravi. Il craignait que sa nièce épouse un artiste plein de verve au chômage et sans un pfennig en poche.

Tandis que Tora donnait l'ordre à Karl d'apporter du champagne, Libertas et Harro échangèrent un sourire complice. La Comtesse zu Eulenburg n'avait pas la moindre idée d'à quel point elle était proche de la vérité.

De fait, Wend se montra tout à fait emballé à la perspective que sa nièce se marie avec un officier. Tout à coup, le jeune homme qu'il avait le plus souvent ignoré jusque-là devint l'unique objet de son attention.

— Pourquoi ne pas m'avoir dit plus tôt que vous étiez dans l'armée ? s'exclama Wend alors qu'il servait lui-même un verre de cognac à Harro et lui donnait une tape amicale dans le dos. J'ai des relations avec les personnes les plus haut placées dans chaque division. Je peux intercéder en votre faveur auprès du Reichsmarschall Göring.

Harro eut beau l'assurer que ce n'était pas nécessaire, Wend était déjà perdu dans ses fantasmes, imaginant son nouveau neveu par alliance au poste d'adjudant personnel de

Göring tandis que Liedenberg devenait le domaine de chasse préféré des huiles du Reich.

Libertas et Harro décidèrent de le laisser rêver à sa guise, tant qu'il ne se mettait pas en travers de leur bonheur. En plus d'approuver Harro de toute son âme, Wend alla jusqu'à offrir d'ajouter cinq cents marks aux dix mille marks de la dot officielle de Libertas.

— Et je m'engage à couvrir tous les frais du mariage, déclara-t-il plus tard ce soir-là avec un grand geste de la main. Permettez-vous toutes les extravagances ; c'est moi qui paie.

— Est-ce que tu veux un mariage extravagant ? demanda Harro à Libertas quand ils furent de retour chez eux à Berlin. En présence du Reichsmarschall Göring ?

La soirée était douce et caressante ; la lumière argentée de la lune effleurait leurs corps nus enchevêtrés dans les draps.

La tête nichée dans le creux du coude de Harro, Libertas laissa échapper un ricanement amusé.

— Dans ce cas, j'imagine qu'il nous faudra aussi inviter Hitler, Himmler et Goebbels, pour qu'ils ne se sentent pas laissés de côté.

Ce fut au tour de Harro de rire.

— C'est exactement l'assemblée dont je rêvais. Est-ce que je convie également la Gestapo ?

— C'est la moindre des choses, répondit-elle en feignant le plus grand sérieux. Et si tu invites Himmler, alors il serait de bon ton d'inviter aussi tout le personnel de Prinz-Albrechtstraße 8.

Bientôt, les plaisanteries cessèrent, remplacées par la réflexion et le silence.

— Peut-être qu'ils me laisseront tranquille après ça, songea Harro à voix haute.

Toute trace d'humour avait disparu.

— Les manteaux de cuir ?

— Oui. Je serai un homme marié, avec une épouse issue d'une famille exemplaire. Un officier qui porte le brassard de l'aigle du Reich. Ils s'imagineront que j'ai retrouvé la raison et qu'ils n'ont plus besoin de me surveiller, tu ne crois pas ?

— Sûrement, répondit Libertas avec un aplomb qu'elle ne ressentait pas. Tout va bien se passer, mon chéri. Ensemble, nous nous en sortirons.

— Mais seulement ensemble.

— Ensemble pour toujours, comme dans le plus niais des films hollywoodiens.

— Oui. Ensemble pour toujours, jusqu'à ce que la mort nous sépare.

Un étrange sentiment naquit dans la poitrine de Libertas à ces mots en apparence innocents, mais qui revêtaient un aspect menaçant pour une raison qu'elle ne s'expliquait pas. Un vent froid souleva le rideau et le fit claquer comme la voile d'un bateau. Libertas frémit comme s'il s'agissait d'un mauvais présage. Harro s'en rendit compte. Il se leva, ferma la fenêtre, et tout rentra dans l'ordre. En tout cas, c'est ce que Libertas se répéta lorsqu'elle ferma les yeux, enveloppée par la chaleur des bras aimants de son fiancé.

Schloss Liedenberg. 26 juillet 1936

Devant le miroir ouvragé de son ancienne chambre d'enfant, Libertas n'arrêtait pas de passer la main sur le tissu luxueux de sa robe pour s'assurer qu'elle n'était pas en train de rêver.

— Le voile vient de Valerie, avait dit Otto Haas-Heye en montrant à Libertas une boîte tapissée de papier de soie qui renfermait un nuage de soie et de dentelle, dont la perfection lui avait coupé le souffle.

Simple, mais d'une élégance renversante, la robe de mariée était l'un des cadeaux de son père, qu'il avait lui-même créée pour sa fille.

Mais c'était le voile qui lui avait fait monter les larmes aux yeux une fois qu'Otto l'eut placé sur sa tête. Elle ressentait particulièrement l'absence de son ancienne gouvernante, cette figure maternelle qui aurait dû être présente en ce jour si spécial, mais ne le pouvait pas à cause des lois détestables instaurées par Hitler.

— Je sais, Libs, avait chuchoté son père en ajustant le voile de ses mains expertes de grand couturier. Elle aussi aurait aimé être là. Je lui ai promis que je prendrais un tas de photos pour elle. Alors, souris, ma belle, et sèche tes larmes, autrement tu vas ruiner ton maquillage et j'aurai fait tout ça pour rien.

Désormais seule à quelques minutes de la cérémonie, Libertas étudiait son reflet en se demandant ce que l'avenir leur réservait, à Harro et à elle. Ils n'avaient même pas trente ans, mais ils avaient déjà connu leur lot de terreurs, goûté à l'amère et brutale injustice de la Gestapo, perdu des êtres chers et fait le deuil de la vie dont ils avaient rêvé et qu'ils ne connaîtraient jamais. En tout cas pas dans le Reich du Führer.

Mais une fois qu'Otto lui prit la main, la tapota après l'avoir placée dans le creux de son bras et lui sourit, de ce sourire qui lui assurait qu'il aimait toujours autant sa fille en dépit des centaines de kilomètres qui les séparaient ; une fois que le petit orchestre installé dans un coin de la pittoresque chapelle se mit à jouer et que les invités se levèrent ; une fois qu'elle posa les yeux sur son fiancé incroyablement beau et et radieux, Libertas fut envahie par une étrange tranquillité, comme si ces moments de bonheur suffisaient à effacer des années de tristesse et à sécher toutes les larmes du monde à tout jamais.

Au premier rang, Wend se tenait au garde-à-vous, bien trop formel avec son uniforme plein de cordons et son épée. Le choix du couple d'une cérémonie simple, uniquement en présence de leurs familles et de leurs amis proches, le déconcertait un tantinet. Il ne comprenait pas non plus le souhait de Harro de porter une élégante queue-de-pie au lieu de son uniforme de la Luftwaffe, ni le non-respect de la tradition militaire selon laquelle les futurs époux devaient sortir de l'église sous une haie de dagues formée par les camarades de Harro.

Seule Libertas en connaissait la raison : ce smoking, prendre Ricci comme témoin au lieu d'un homologue en uniforme, c'était la manière qu'avait Harro de se rebeller contre le Reich et contre ce qu'il avait été obligé de devenir. Il avait eu une grimace imperceptible qui avait disparu aussi vite qu'elle était apparue quand, à la fin de la cérémonie civile, un représentant des autorités civiles leur avait tendu l'exemplaire obligatoire de *Mein Kampf*. Libertas s'était empressée de prendre le livre des mains de Harro et de le confier à Hartmut — « pour ne pas le perdre », avait-elle expliqué avec un grand sourire de façade. En son for intérieur, elle espérait que son jeune beau-frère l'égarerait quelque part et qu'ils ne reverraient jamais cette horreur, tout comme elle avait « perdu » celui que Strengholt lui avait offert au nom de la MGM.

Avec un sourire radieux, Libertas signa de son nouveau nom le certificat de mariage et approcha son visage rayonnant de Harro pour leur premier baiser en tant que mari et femme. Ils s'étaient déjà embrassés des milliers de fois et pourtant, sa respiration s'accéléra tandis que les lèvres de son époux se posaient sur les siennes. Alors que le photographe l'aveuglait momentanément avec le flash de son appareil pour immortaliser l'instant, Libertas songea que même sans photographies, le souvenir de ce bonheur infini resterait à jamais gravé dans sa mémoire, car Harro le partageait avec elle, tout comme elle s'apprêtait à partager sa vie entière avec lui, quoi qu'il advienne.

— Schulze-Boysen.

De retour à Berlin, Libertas continuait de savourer son nouveau nom en effleurant du bout des doigts les initiales brodées sur leurs serviettes et leurs draps. Une attention de Marie Luise qui avait ému Libertas aux larmes.

À côté d'elle, Harro déballait prudemment l'argenterie et la porcelaine hors de prix offertes par l'oncle et la mère de Libertas.

— Regarde ! s'exclama-t-il en montrant une assiette à sa femme. Ta mère et Wend ont fait graver nos initiales, eux aussi.

Leur train pour la Suède partait bientôt. Dans le couloir se trouvaient les valises qu'ils avaient préparées avant de se rendre à Liedenberg pour le mariage. La question du fonctionnaire résonnait en boucle dans la tête de Libertas, comme une sirène cassée. *Jurez-vous être de sang aryen et ne pas porter en vous le sang d'une race étrangère ?*

Le sang d'une race étrangère.

Un crime contre le Reich d'après les nouvelles lois de Nuremberg.

Elle repensa aux cicatrices de son mari sous sa chemise d'été à manches courtes

— Harro ? lança-t-elle.

Il leva les yeux de la carte qu'il était en train de lire.

— Oui ?

— La Suède est un beau pays, n'est-ce pas ?

Déconcerté par sa question, Harro hésita, avant de sourire.

— C'est pour ça que nous avons choisi cette destination pour notre lune de miel, non ?

— Pour ça, et parce que j'ai de la famille là-bas, répondit Libertas avant d'ajouter : Et que tu y as des amis.

Intrigué par son intonation, Harro la dévisagea.

— Oui…

— Est-ce que tu as déjà…

Libertas s'humecta nerveusement les lèvres.

— Est-ce que tu as déjà pensé à partir, comme l'ont fait tes amis ?

— Tu veux dire… quitter l'Allemagne ? demanda-t-il dans un murmure.

— C'est juste une idée qui vient de me traverser l'esprit. Je n'y avais jamais réfléchi avant.

— Et pourquoi maintenant ?

En guise de réponse, Libertas fit un geste vague en direction de l'exemplaire de *Mein Kampf* que Hartmut n'avait hélas pas perdu, et qu'il avait même soigneusement emballé dans du papier ; en direction des banderoles rouges dans la rue ; en direction de la boîte qui contenait le voile confectionné par la femme qu'elle aimait comme une mère et qui n'avait pas pu assister à leur union, car son sang était « de race étrangère » et que sa simple présence sur ces terres était désormais un crime contre les citoyens du Reich.

Harro hocha lentement la tête d'un air grave. Il la comprenait sans un mot.

— La Suède *est* un beau pays, dit-il en passant le bras autour des épaules de Libertas. Voyons ce que nous décidons une fois sur place.

Chapitre 13

Berlin. Août 1936

Leur lune de miel s'était passée comme dans un rêve, leur laissant des souvenirs qu'ils chériraient à jamais. Inséparables et amoureux fous, Libertas et Harro s'étaient promenés le long des anciennes avenues. Ils avaient visité des cathédrales médiévales et des galeries d'art. Mais en réalité, ils n'avaient d'yeux que l'un pour l'autre. Ils avaient passé leurs nuits à faire l'amour tandis que le champagne offert par l'hôtel s'éventait dans un seau en argent à côté de leur lit à baldaquin. Ils avaient réfléchi à la possibilité de rester, y avaient songé pendant qu'ils mangeaient des crevettes fraîches en terrasse, mais ils finirent par renoncer à cette idée. Stockholm était une ville charmante, mais ce n'était pas Berlin. En outre, d'après les journaux allemands locaux, la situation au sein du Reich s'améliorait. Non pas qu'ils y croyaient tant que ça, mais ils avaient tout de même fait leurs valises pour regagner la capitale qu'ils aimaient autant qu'ils l'exécraient.

Assise sur un banc dont la récente plaque « Réservé aux aryens » avait été retirée, Libertas accepta avec joie la glace à la fraise que lui tendait son mari. Le cône était enveloppé dans un papier orné des anneaux olympiques et d'un aigle allemand qui tenait une couronne de feuilles. La croix gammée à l'intérieur de la couronne était verte au lieu de sa traditionnelle couleur noire, mais ni Libertas ni Harro n'étaient dupes.

À leur retour de Suède, ils avaient été mystifiés par le brusque changement en amont des Jeux olympiques. À croire qu'en sortant de la gare d'Anhalt, ils avaient débarqué dans une réalité parallèle où les affiches Coca-Cola représentant des femmes souriantes étaient placardées à côté des kiosques à journaux dont toutes les publications antisémites avaient mystérieusement disparu. À la place, le journal officiel des Jeux, l'*Olympia Zeitung*, montrait des athlètes allemands serrant la main de leurs homologues internationaux, sans distinction de couleur ni de race. Les doigts tachés d'encre fraîche, les jeunes hommes lisaient les prouesses sportives de leurs compatriotes tandis qu'ils attendaient leurs petites amies devant l'entrée des cinémas qui, à l'instar des piscines et des plages, accueillaient de nouveau les juifs à bras ouverts. Toute la ville exsudait l'internationalisme et la tolérance avec ses publicités en anglais et en français, et même le swing et le jazz, ces musiques de « dégénérés » précédemment interdites, se déversaient de nouveau depuis les haut-parleurs de Tiergarten.

Une étincelle d'espoir s'était allumée dans le cœur de Libertas et Harro lors de cette première journée, quand ils avaient parcouru les rues de leur métropole adorée, noyée sous l'afflux des touristes et débarrassée de toute trace des SS ou de leurs camarades SA. Ils avaient inspiré avidement cet air de liberté, les doigts entrelacés, dans l'espoir d'un miracle.

— Peut-être que nous avons pris la bonne décision en choisissant de revenir, avait dit Harro. Peut-être qu'ils ont retrouvé la raison pendant notre absence.

Mais ensuite, il était retourné au travail, dans son nouveau bureau au cinquième étage du ministère de l'Armée de l'air fraîchement agrandi (« j'ai failli me perdre dans ce labyrinthe !). En rentrant le soir, il avait avalé d'un trait le martini que Libertas lui préparait toujours quand il arrivait avant de se laisser choir dans un fauteuil, la tête entre les mains.

— C'était stupide de croire qu'Hitler allait changer de cap, lui avait-il dit d'un air morne en tirant sur le col raide de son uniforme comme s'il le faisait suffoquer.

Il venait de croiser un ancien camarade du *Gegner*, Werner Dissel, qui lui avait révélé que les nazis envoyaient des saboteurs en Espagne. Ils organisaient leur voyage via des moyens légaux, le finançaient grâce au programme « La force par la joie », puis, à leur arrivée, ils leur donnaient des armes et des uniformes bruns dénués d'insigne et de grade pour participer à la guerre fasciste de Franco contre le gouvernement élu de manière démocratique.

— Werner est posté près de Neuruppin avec son régiment. Ils l'ont laissé partir en permission, mais il a déjà son ordre de mission pour l'Espagne. Ce n'est plus qu'une question de semaines. De jours, peut-être…

Il fixait ses mains, les sourcils froncés par la détresse.

— Il faut qu'on trouve un moyen de prévenir le gouvernement républicain en place à Barcelone.

Mais comment ? Telle était la question. Jusqu'à cette journée au Tiergarten, où ils étaient en train de manger une glace sur un banc. Tout à coup, Libertas avait écarquillé les yeux et manqué laisser tomber son cône dans l'allée parfaitement balayée.

— Evan ! cria-t-elle en agitant vivement la main à l'attention d'un jeune homme.

Appareil photo autour du cou, cheveux châtains bien coiffés, sa tenue criait qu'il venait de Londres sans que Libertas eût besoin de révéler sa nationalité à Harro.

— Evan James ! C'est moi, Libs ! lança-t-elle en anglais.

En la voyant, le visage du jeune homme s'illumina aussitôt.

— Libs de Berlin !

Il marcha vers le couple, la main déjà tendue.

— Quel plaisir de te croiser ici ! Ça fait une éternité.

— Quelques années au bas mot.

Libertas s'empressa de se débarrasser de sa glace à moitié fondue et lui serra la main avec vigueur.

— J'étais encore au pensionnat, ajouta-t-elle.

— Moi aussi.

Evan rit, l'air quelque peu gêné, et lança à Harro un regard curieux.

— Je te présente Harro, mon mari, annonça Libertas avec une note de fierté dans la voix. Harro, je te présente Evan. Nous sommes devenus amis pendant mes études à Londres. Il était dans le pensionnat pour garçons, et moi dans le pensionnat pour filles. Les deux bâtiments étaient situés pile l'un en face de l'autre, alors parfois, nous avions le droit de nous rendre visite.

Quand les deux hommes eurent échangé une poignée de main, Libertas montra du doigt l'appareil photo d'Evan.

— Je vois que tu as enfin décidé de visiter notre belle capitale.

— Je ne suis pas là en touriste, mais pour le travail, précisa Evan avec une légère grimace. Je suis journaliste.

— Journaliste ?

Une lueur s'alluma dans le regard de Libertas. Elle attrapa son ami par le coude.

— Mais c'est absolument merveilleux ! Où est-ce que tu séjournes ? À l'Adlon ?

Il lui offrit un sourire quelque peu embarrassé.

— J'aimerais bien. Malheureusement, je ne travaille pas encore pour le *Times*, et le petit journal qui m'emploie pouvait seulement m'offrir une chambre miteuse dans le quartier de Pankow. Un de ces endroits où on peut louer une chambre à l'heure. Je n'ai pas besoin de t'expliquer le genre de visiteurs qui passent par là.

Le jeune homme de bonne famille grimaça encore plus.

Libertas le couva d'un regard plein de compassion.

— Mon pauvre ! Ce n'est pas comme ça que tu devrais voir Berlin pour la première fois. C'est décidé, tu viens à la maison, dès ce soir. Va faire tes sacs et dis-leur d'apporter tes affaires au…

Elle était déjà en train de fouiller dans son sac en quête d'un carnet pour écrire son adresse, sous le regard perplexe de Harro.

— Ce n'est vraiment pas nécessaire, protesta faiblement Evan. Je ne veux pas m'imposer…

— Sottises, l'interrompit Libertas en lui fourrant le papier avec leurs coordonnées dans la main. Nous sommes enchantés de t'héberger. Pas vrai, Harro ?

Heureusement, son mari eut le bon sens de hocher docilement la tête en réponse à son regard lourd de sous-entendus.

— Il a l'air sympathique, dit Harro en suivant Evan du regard tandis qu'il s'éloignait.

Un sourire triomphant sur le visage, Libertas dévisagea son mari, comme si elle attendait une réaction de sa part.

Il fronça légèrement les sourcils.

— Quoi, Libs ?

— Harro, mon amour, tu me déçois.

Tout à fait perplexe, Harro battit des paupières.

Se penchant sur lui afin de rajuster sa cravate, Libertas baissa la voix.

— Nous avons parlé du fait d'avertir les Espagnols au sujet de nos espions allemands. Et Evan est un journaliste international. *International*, Harro.

Enfin, il comprit et son expression se transforma du tout au tout. Les yeux écarquillés, incapable de croire que la chance pouvait leur sourire à ce point, Harro prit le visage de sa femme entre ses mains et l'embrassa avec ardeur.

— Libs, tu es un génie ! Un véritable génie ! Qu'est-ce que j'ai fait pour mériter une femme aussi intelligente ?

— La faute à Valerie et à son maillot de bain deux-pièces, répondit Libertas d'un air faussement sérieux. Ça t'a complètement fait tourner la tête et tu n'es plus le même depuis.

Ses mains toujours posées sur les joues empourprées de Libertas, Harro lui sourit tendrement.

— En effet, et je ne serai plus jamais le même. Et encore heureux.

— Alors, que penses-tu de Berlin ? demanda Ricci à Evan, qui jouait avec son verre de cognac.

Le dîner de bienvenue était fini depuis longtemps, et cela faisait deux bonnes heures qu'ils buvaient en écoutant la programmation musicale de la BBC, un autre détail destiné à faire se sentir Evan comme chez lui. En dépit des protestations répétées du journaliste, Harro et Ricci continuaient de remplir son verre et de trinquer à tout ce qui était sacré dans la vie du jeune Britannique, y compris le Roi et la famille royale tout entière.

— C'est une belle ville, très cosmopolite.

La voix d'Evan était légèrement traînante, ses yeux rougis et un peu plus troubles à chaque verre. Depuis son fauteuil, son accordéon sur les genoux, Libertas l'observait de près.

— Jamais je n'aurais imaginé que c'était si… européen ? hasarda-t-il, le choix des mots rendu incertain par l'alcool. Une vraie métropole, très élégante. Je ne m'étais pas attendu à voir autant de visages souriants, pour être tout à fait franc avec vous.

— Tu vois ce qu'ils ont envie que tu voies, marmonna Ricci entre ses dents.

— Sous quel angle envisages-tu d'écrire ton article? demanda Harro, son regard aiguisé rivé sur son invité.

Contrairement à Evan, Harro tenait l'alcool. Comme bon nombre de ses compatriotes allemands, il avait l'habitude de boire de la bière depuis l'adolescence, dans des quantités qui auraient terrassé un cheval. C'était à peine si une bouteille entière de cognac lui faisait de l'effet.

— Tu comptes parler uniquement des Jeux, ou aussi des Allemands en général? En bien et en mal? Tout en nuances de gris, au lieu de t'en tenir au tout blanc-tout noir?

Une ride apparut entre les sourcils d'Evan. Harro avait beau s'exprimer dans un anglais excellent, le journaliste semblait ne pas comprendre où il voulait en venir. Ricci décida d'insister davantage.

— Les juifs, par exemple. Est-ce que tu vas écrire sur ce que les gens leur font subir ici?

Avant même que Ricci eût le temps de finir sa phrase, Evan agitait une main devant lui.

— Non, non, non. Pas les juifs. Le rédacteur en chef a été très clair: pas de ça. Je ne suis pas ce type de journaliste. Je n'écris que sur le sport et les salons internationaux, le théâtre, les musées, l'opéra, les courses automobiles... ce genre de choses. Pas sur les juifs. C'est un sujet assez... sensible, de nos jours, et nous préférons ne pas nous en mêler.

— Et qu'en est-il des communistes qui ont été interpellés? Des sociaux-démocrates persécutés? s'enquit Harro, une émotion déguisée dans la voix. Des journalistes, comme toi, torturés et assassinés par la Gestapo ?

Evan pâlit à la mention de la police secrète allemande.

— Non ! s'exclama-t-il, horrifié. Nous ne voulons pas de ce type de sensationnalisme.

Cette fois, ce fut la voix de Libertas qui retentit.

— Ce n'est pas du sensationnalisme. C'est la vérité.

Elle ne regardait pas Evan, mais Harro, dont le corps portait encore les traces de ces vérités si dérangeantes et gênantes sur lesquelles personne ne souhaitait s'exprimer.

— Les gens à Londres n'ont pas envie d'entendre ça, marmonna Evan, de plus en plus mal à l'aise.

Libertas songea qu'il regrettait peut-être amèrement son motel grouillant de prostituées et leur défilé de clients. Les dames de la nuit ne l'auraient pas harcelé de questions, elles.

— Ils veulent du divertissement… du sport…

Il décrivit un vague geste en direction du grand stade olympique.

— Ils n'ont pas envie qu'on leur parle de torture et de meurtres. Et puis regardez autour de vous. Berlin est une ville si belle, l'Allemagne un si merveilleux pays… Tellement européen et cosmopolite… J'écrirai là-dessus. Pour vous montrer sous votre meilleur jour, dire à tout le monde combien les gens ici sont gentils…

— De gentils Allemands qui iront bientôt faire la guerre, déclara Harro en le fixant.

Il mettait cartes sur table. Il y avait trop de choses en jeu. Il ne pouvait plus se permettre de tourner autour du pot.

Evan secoua la tête.

— Non, vous avez tort. Entièrement tort. Hitler l'a encore dit hier. Il ne veut pas d'une guerre. Personne n'en veut. Il veut la paix. Pourquoi publier de telles choses à son sujet et chercher les ennuis ? Mieux vaut vanter ce qu'il fait pour son peuple, pour la nation, et oublier ça.

Une grimace de mépris tordit la bouche de Harro.

— Sauf que l'apaisement ne fonctionne pas très bien avec Hitler, la Gestapo et les SS. Ce sont des sauvages. Des brutes, des assassins sans merci. Ils ne parlent pas la langue de la diplomatie.

Plus tard cette nuit-là, tandis qu'Evan ronflait bruyamment dans sa chambre, Libertas parlait tout bas à Harro qui essuyait la vaisselle qu'elle était en train de laver.

— Il ne le fera pas.

— Ça, je l'ai bien compris.

Il fixait le mur, le visage impassible, mais Libertas savait qu'en son for intérieur, des milliers de pensées s'entrechoquaient.

— Je lui poserai tout de même la question demain matin. Ouvertement. Et on verra ce qu'il dit.

Libertas soupira.

— C'est tout vu. Il n'est pas comme toi, Harro. C'est un lâche. Dommage. J'avais bon espoir le concernant.

— Ne te tracasse pas, Libs. Tu as fait ce que tu as pu. On trouvera une solution. Il le faut.

Ce fut au tour de Libertas de laisser son regard errer dans le vide.

— Oui, il le faut. La bonne nouvelle, c'est que tu es au cœur du système.

Harro rit sans joie.

— À quoi bon, si je ne suis qu'un rouage qu'aucun supérieur à moitié sain d'esprit ne veut promouvoir à cause de mon ancien « manque de fiabilité politique » ? Seuls les hauts gradés ont accès aux informations classées top secret. Je ne peux que rapporter des rumeurs d'anciens collègues comme Dissel.

Une étincelle familière naquit dans les yeux de Libertas.

— Mon cher mari, tu oublies qui tu as épousé, rétorqua-t-elle avec malice en lui tendant un verre propre.

— La femme la plus belle et la plus intelligente du monde ?

— Il y a de ça, oui, répondit-elle avec un grand sérieux qui le fit éclater de rire. Mais tu oublies que ta femme est la nièce d'un certain Wend zu Eulenburg. Et que ce Wend zu Eulenburg et sa sœur Tora sont les voisins d'un certain Reichsmarschall Göring qui, par le plus grand des hasards, s'avère être ton patron.

Harro laissa son torchon en suspens.

— Et si ta femme demandait très gentiment à son oncle d'inviter ledit Reichsmarschall pour une partie de chasse sur les terres du domaine familial ? continua Libertas en rinçant un autre verre avec nonchalance. Puis, après la partie de chasse, quand *Herr Reichsmarschall* sera dans les meilleures dispositions, ta belle et intelligente femme pourrait lui demander très gentiment de se pencher sur le cas de son pauvre mari ?

Harro sourit avec délice face à tant d'ingéniosité.

Chapitre 14

Schloss Liedenberg. Septembre 1936

— Tout cela n'était qu'un immense malentendu, comme vous pouvez le constater, conclut Libertas.

À l'issue de son discours soigneusement répété, elle guettait la réaction de Hermann Göring du coin de l'œil.

Avec Harro, ils s'étaient préparés pour cette journée avec le sérieux et la minutie normalement réservés à une opération militaire. Après avoir gracieusement accepté le refus formel d'Evan de transmettre des informations à son gouvernement, ils avaient élaboré un plan astucieux qui devait propulser Harro à un poste proche du pouvoir actif; un poste qui lui permettrait de récolter des secrets gouvernementaux et de les communiquer à une source encore indéterminée au sein des gouvernements européens. À n'en pas douter, ces pays trouveraient l'implication allemande dans la Guerre civile espagnole très intéressante, compte tenu du fait que, d'après le Traité de Versailles, l'Allemagne n'avait pas le droit de se réarmer ni de prendre part à un conflit de quelque manière que ce soit.

Il fallait enrayer la machine de guerre allemande avant qu'elle atteigne sa puissance maximale. Libertas et Harro étaient prêts à aller loin pour empêcher le cancer du fascisme de se propager et de pénétrer de plus en plus profondément les tissus de leur terre natale, pour finir par tout empoisonner.

— Je m'occupe de Göring, avait déclaré Libertas.

Elle avait noté dans un calendrier les dates qui leur offraient suffisamment de temps pour élaborer et mettre à exécution leur plan avec minutie.

— Mais pour que ça fonctionne, il faut que tu deviennes le nazi le plus enragé du ministère de l'Armée de l'air. De cette façon, quand il posera des questions sur toi, personne ne pourra lui répondre que tu n'es pas fiable politiquement.

Dans un froncement de sourcils contrarié, Harro avait poussé un soupir lourd de sens. Feindre d'être ce qu'il haïssait par-dessus tout était la dernière chose qu'il souhaitait. Sentant sa réticence, Libertas lui avait tendrement caressé la joue. Harro avait secoué la tête et repris une contenance.

— Tu as raison. C'est exactement ce qu'il faut que je fasse. Que j'adhère à leur foutue *cause*.

Il avait craché le dernier mot comme s'il lui laissait un goût de pourriture dans la bouche.

— Je peux le faire. Je vais devenir l'un d'entre eux.

— Pas seulement l'un d'entre eux, avait insisté Libertas. Le plus fanatique. Quelqu'un qu'ils regarderaient comme un exemple.

Et c'était ce que Harro avait fait. Tous les matins, il grognait face à son reflet, détestant l'image que lui renvoyait le miroir, exécrant son uniforme bleu-gris. Mais il serrait les dents, attrapait sa serviette et prenait le chemin du ministère, où il donnait des tapes dans le dos d'hommes qu'il abhorrait, riait à des blagues racistes qu'ils récitaient au milieu d'un nuage de fumée de cigarette, et soumettait au journal de la Luftwaffe des articles qui glorifiaient le Reich, Hitler, Göring et tout ce qu'il méprisait de toutes les fibres de son être.

Le cœur de Libertas se brisait chaque fois qu'il rentrait du travail bien plus tard qu'elle – *pardonne-moi, mon amour, encore une invitation à boire du cognac dans le salon des officiers que je n'ai pas pu refuser* – et qu'il descendait d'un trait le martini qu'elle lui servait pour faire passer sa haine de lui-même et sa culpabilité.

Néanmoins, la stratégie n'avait pas tardé à porter ses fruits : les éloges abondaient, des employés du ministère passaient dans son bureau ; les invitations à des mariages, des fêtes d'anniversaire et des baptêmes pleuvaient de la part d'hommes qui, quelques mois plus tôt, le scrutaient d'un air suspicieux.

Libertas avait rassemblé de plus en plus d'articles signés du nom Schulze-Boysen ; elle avait appris par cœur les mots que les supérieurs de Harro utilisaient pour le décrire (« une attitude honorable », « sympathique et rendant service », « droiture », « indubitablement bien éduqué », « le fils d'un officier de la Marine », « camarade fiable et digne de confiance ») et les répétait chaque fois que l'occasion se présentait lors de conversations avec son oncle Wend pendant qu'ils organisaient la partie de chasse, pour le plus grand plaisir de ce dernier.

Lorsque le Reichsmarschall Göring était arrivé dans sa Mercedes, escorté de trois autres voitures, Libertas était plus que prête pour la rencontre. Vêtue d'une robe blanche élégante, le cou et les poignets ceints de perles, elle avait souri gracieusement au pied du manoir familial (« une parfaite fille du Reich », comme Göring lui-même l'avait fait remarquer à Wend avec un hochement de tête approbateur), dissimulant soigneusement toutes ses pensées anti-nazies derrière ses boucles platine.

À présent, tandis qu'elle était assise face au deuxième homme le plus puissant d'Allemagne, Libertas se sentait à l'aise, presque détendue, telle une actrice née pour jouer la comédie et qui excellait dans le rôle écrit pour elle.

— Un malentendu, répéta Göring en fixant Libertas par-dessus le rebord de son verre.

Ils étaient dans la chambre que Libertas avait personnellement choisie pour lui. Il s'agissait de l'ancienne chambre de son père, avec un grand lit à baldaquin en bois d'un chêne rare, de lourds rideaux en velours qui tombaient sur les riches tapis persans, et une cheminée en marbre décorée de feuilles d'or. Une pièce dont son père avait toujours détesté l'opulence, mais qui seyait parfaitement à Hermann Göring, dont la boucle de ceinture en forme de cerf était sertie de diamants.

— Un malentendu tout à fait absurde.

Libertas lui adressa son sourire le plus désarmant, celui qu'elle réservait normalement aux vedettes de cinéma les plus têtues.

— Harro a toujours été un jeune homme très idéaliste. Il croyait aux choses les plus utopiques, en particulièrement après avoir été influencé par tous ces…

Elle baissa les yeux, comme si elle était gênée à l'idée de prononcer le mot.

— Ces *types*… Je suis certaine que vous comprenez ?

Nouveau regard par-dessous ses longs cils habillés d'une discrète couche de mascara.

Göring hocha la tête avec sagesse et gravité.

— Les juifs, vous voulez dire ? Ils sont capables de semer le trouble chez n'importe qui, vous avez raison sur ce point. Mais heureusement pour notre jeunesse, nous nous sommes débarrassés de leur influence parasite. Ils ne pourront plus embuer les esprits des jeunes Allemands avec leurs idées empoisonnées.

Libertas acquiesça, tout en comprenant combien Harro avait dû se dégoûter lui-même de devoir déverser un tel monceau de sottises haineuses.

— Tant mieux. Je ne saurais vous exprimer à quel point je suis reconnaissante à vos officiers d'avoir enfin remis Harro dans le droit chemin et de l'avoir ramené dans le giron du Reich.

Göring fut incapable de réprimer un sourire satisfait.

— Je suis ravi d'entendre que votre mari se porte si bien.

Libertas poussa un soupir stratégique chargé d'abattement et de tristesse tacite.

Aussitôt, Göring se pencha en avant et la dévisagea.

— Que se passe-t-il, ma chère ? Vous pouvez me le dire. N'est-il pas bien traité au ministère ?

— Oh si, il l'est ! s'empressa-t-elle de le rassurer, les joues légèrement empourprées. Il est très apprécié là-bas et ses supérieurs ne cessent de chanter ses louanges. Simplement...

Une nouvelle fois, sa voix s'évanouit.

— Ma chère enfant, je vous conjure de me confier ce qui vous contrarie. Il n'est aucune situation dans laquelle je ne puis vous venir en aide.

Elle y était. À présent, c'était de la plus haute importance de ne pas se précipiter.

— Ce vieux dossier concernant son arrestation... commença-t-elle d'un filet de voix à peine audible, tremblant et larmoyant. Qu'importe à quel point il travaille dur, il ne gravira jamais les échelons à cause de ce stupide...

Libertas s'appliqua à feindre de craquer à cet instant, dissimulant son visage dans ses mains.

Quand le Reichsmarschall lui présenta un mouchoir brodé de ses initiales, elle l'accepta avec gratitude et tamponna le recoin de ses yeux humides.

— Tout ce que Harro souhaite, c'est faire ses preuves auprès de ses supérieurs, de son pays, de son Führer et de sa famille. Mais cela n'arrivera pas, on ne lui fera jamais confiance, car il a couvert sa famille de honte pour le restant de ses jours et...

— Sottises ! s'exclama Göring avec indignation.

Son visage bouffi était devenu tout rouge.

— Tout ça parce que des disciples de l'université sioniste l'ont perverti, un brave et honnête citoyen allemand serait condamné à rester un paria ? Pas sous mon commandement.

Il tapa du poing sur la table cirée pour souligner ses propos.

— Je m'entretiendrai directement avec ses supérieurs, vous avez ma parole. Votre mari obtiendra sa promotion, même si je dois m'en occuper personnellement.

— Je ne sais pas comment vous remercier, *Herr Reichsmarschall.*

L'expression de Göring se radoucit face au sourire qu'arborait Libertas.

— Ma chère enfant, nous sommes pour ainsi dire de la même famille. Mon forestier est le fils du vôtre. Nous sommes voisins. Votre oncle est l'un de mes plus proches amis. Comment pourrais-je refuser de venir en aide à un membre de ma famille ? Seul un salaud dénué de tout sens de l'honneur ferait ça, si vous voulez bien excuser mon langage.

Libertas laissa échapper un petit gloussement dont elle savait que Göring le trouvait particulièrement charmant.

— Bien. Alors tout est arrangé, conclut-il en se tapant sur la cuisse avec enthousiasme. Et maintenant, allons déguster ce délicieux chevreuil que nous avons tué aujourd'hui. Le dîner doit être prêt. Votre mari va se joindre à nous, n'est-ce pas ?

— Bien sûr, *Herr Reichsmarschall.* Il ne manquerait cela pour rien au monde.

— Splendide. Je meurs d'impatience de faire la connaissance de ce jeune homme.

*

Le lendemain, après le départ de Göring et de sa suite, Wend invita Libertas à boire un verre de brandy avec lui.

— Alors ? Ce n'était pas si terrible, pas vrai ? la taquina-t-il avec bonhomie.

— En effet. Jamais je n'aurais cru que *Herr Reichsmarschall* se montrerait aussi aimable envers Harro.

De fait, Göring s'était délecté de la compagnie de ce dernier, Évitant soigneusement le regard de son oncle, Libertas trinqua avec lui. C'était important de le berner, lui aussi, mais Wend n'était pas Göring. Ce n'était pas seulement son oncle : c'était le membre de sa famille qui la connaissait le mieux. Qui la connaissait trop bien, même.

— Merci de l'avoir invité, *Onkel.*

— Je suis ravi que tu me l'aies enfin demandé.

— J'aurais dû le faire depuis longtemps.

Le mensonge avait du mal à sortir, mais Libertas le dissimula avec une généreuse rasade de brandy.

— Je t'avais bien dit que ce n'étaient pas des sales types.

— C'est vrai.

— Et maintenant, Harro va obtenir la promotion qu'il aurait dû avoir depuis longtemps.

— Oui, *Onkel.* Merci.

— Remercie Onkel Hermann, pas Onkel Wend, plaisanta-t-il.

Néanmoins, son regard restait sérieux tandis qu'il scrutait le visage de sa nièce en quête d'un indice. Libertas devinait qu'il fleurait la mascarade, même s'il n'arrivait pas à mettre le doigt sur ses motivations.

— Plus de disputes politiques entre nous, alors ?

— Plus de disputes.

Pendant la pause qui s'ensuivit, Wend parut répéter sa prochaine question.

— Est-ce que c'est Harro qui a une si bonne influence sur toi ? demanda Wend, une note de suspicion dans la voix.

— Certainement, *Onkel*.

— Je suis heureux que tu aies changé d'avis.

— Je suppose que j'ai grandi, *Onkel*. Je suis devenue plus sage, énonça-t-elle lentement tout en jouant avec son verre. Tout cet idéalisme puéril, c'est fini.

— Vraiment ? s'enquit-il avec une incrédulité manifeste.

— Terminé, promit gravement Libertas. À partir de maintenant, nous passons aux choses sérieuses, *Onkel*.

Pour la première fois, Libertas affronta son regard. Wend lut dans ses yeux l'ombre de quelque chose qui le fit reculer imperceptiblement, mais qu'il décida d'ignorer pour le moment. La soirée était bien trop douce et agréable, la chasse une réussite, le cognac un délice.

— Parfait. Bon, je vais me coucher. Fini de jouer. Demain, nous devons nous remettre au travail.

Il avait déjà quitté la pièce quand Libertas répéta lentement entre ses dents :

— Oui. Fini de jouer.

Chapitre 15

Berlin. Octobre 1936

Une valise encore à la main, Libertas s'arrêta devant la fenêtre de leur appartement et eut le souffle coupé par la vue qu'il lui offrait sur la capitale. Leur nouvelle résidence se trouvait au dernier étage du numéro 2 de la Waitzstraße, un perchoir d'où ils pouvaient admirer la ville qui s'étalait à leurs pieds. Rien n'était impossible pour eux désormais. Ils étaient les maîtres du monde; des esprits libres dont les mots s'envoleraient au-dessus des rues de Berlin et appelleraient d'autres personnes de la même trempe à résister.

— J'en déduis que ça te plaît?

Les lèvres de Harro trouvèrent la courbe de son cou, juste au-dessus de son foulard en soie.

Les yeux clos, Libertas tourna la tête pour que sa bouche rencontre la sienne.

— J'adore, murmura-t-elle après un baiser. Ça devrait être notre nouveau quartier général. L'endroit où tout commence.

Harro hocha la tête, une lueur férocement déterminée dans les yeux.

— Oui. L'endroit où tout commence.

Ils commencèrent leur résistance de manière subtile. D'abord, cela apparut en petites touches que seul le regard entraîné de la Gestapo aurait remarquées : une pièce meublée comme un salon au lieu d'une chambre d'enfants ; un puissant poste de radio à quadruple tube capable de capter des fréquences étrangères ; des meubles modernes à la place du style allemand traditionnel ; une reproduction mal vue de Picasso (de l'art de dégénérés, d'après les nazis) au lieu du portrait obligatoire du Führer ; une armoire à rideaux avec des compartiments secrets et une variété suspecte de magazines et journaux étrangers étalés sur la table basse dans la salle où le couple recevait ses invités.

Il ne fallut pas longtemps pour que les anciens camarades affluent dans les nouveaux quartiers de Libertas et Harro. Naturellement, ce fut Ricci qui rendit au couple sa première visite officielle alors qu'ils étaient encore en train de déballer leurs affaires, maculés d'éclaboussures de peinture.

Vêtu de cuir de la tête aux pieds, Ricci poussa un sifflement admiratif tandis qu'il faisait le tour de l'appartement spacieux et aéré. Son amie blonde, dont Libertas supposait qu'elle avait dû arriver à l'arrière de la Harley de Ricci, portait également une tenue en cuir noir un tantinet scandaleuse.

Elle se dirigea droit vers la fenêtre que Libertas et Harro avaient laissée ouverte pour atténuer l'odeur de peinture.

— Alors là, je suis baba ! s'exclama-t-elle avec la même aisance que Ricci, ce qui amusa Libertas. C'est un sacré appartement que vous vous êtes dégotté là, je vous le dis !

Pour mieux voir le Kurfürstendamm bohème bordé d'une foule de magasins, de cafés et de repaires d'artistes, elle se pencha par la fenêtre, offrant ses fesses galbées au regard débordant d'admiration de Ricci.

— Libs, Harro… je vous présente Gisela.

L'intonation de Ricci ne laissait aucun doute quant à ses sentiments à l'égard de la svelte jeune femme pleine d'énergie.

Se souvenant tout à coup de ses bonnes manières, elle pivota sur elle-même et se dirigea vers le couple, la main tendue et un grand sourire malicieux aux lèvres.

— Gisela von Pöllnitz.

Elle serra la main de Libertas avec enthousiasme, puis celle de Harro, en ignorant avec une magnifique nonchalance ses avertissements quant au fait qu'il était couvert de peinture.

— Ricci m'a beaucoup parlé de vous.

Dans la lumière opalescente de la mi-octobre, le teint de Gisela était d'une pâleur presque spectrale qui ne pouvait provenir d'un usage excessif de poudre de riz. Libertas avait toujours été complexée de se faire trop souvent traiter de maigre pendant ses années de pensionnat, mais à côté d'elle, Gisela était d'une minceur quasiment cadavérique. Elle n'était qu'angles taillés à la serpe sous cette peau anormalement livide, qui contrastait avec le pourpre de ses joues creuses. Ses rougeurs n'étaient pas dissimulées par du maquillage, mais affichées comme un insigne d'honneur de la part d'une femme qui n'avait clairement pas peur de la mort qui guettait et refusait de cacher son diagnostic pour épargner la sensibilité d'autrui. Mais le plus frappant chez Gisela, c'étaient ses yeux : brillants et aiguisés, ils étincelaient avec une force fébrile, comme si toute son essence vitale était concentrée dans le gris acier de ses iris.

— Je ne suis pas contagieuse, annonça Gisela sans ambages.

Puis, comme pour cracher au visage de la Grande Faucheuse, elle sortit un paquet de Chesterfield de sa poche et en alluma une.

— Est-ce que c'est guérissable ? demanda Harro avec douceur, soucieux de ne pas offenser son invitée.

— La tuberculose ?

Gisela dévisagea Harro comme si elle le trouvait absolument hilarant et éclata d'un rire rauque.

— Ha ! Bien sûr que non. Tout ce que ces épouvantails pompeux en blouse blanche ont à m'offrir, c'est de me coller dans un sanatorium ou un autre pour « prolonger ma vie » aussi longtemps que possible, mais est-ce qu'on peut appeler ça une vie ?

Elle ricana avec mépris.

— Passer le peu de temps précieux qu'il me reste entourée d'infirmières, de médecins et de patients déjà en rang pour monter au ciel ? C'est bien aimable, mais j'ai mieux à faire. J'ai déjà rayé « apprendre à conduire une moto » de ma liste grâce à ce bel étalon, dit-elle en pinçant Ricci, qui répondit par un grand sourire. Mais il y a encore plein de choses que j'aimerais essayer avant d'aller rencontrer le créateur. Ou ce monsieur à cornes qu'il a expulsé du paradis, si c'est lui que je croise en premier.

Il y avait une telle légèreté dans sa voix que Libertas se prit aussitôt d'affection pour cette créature casse-cou et courageuse.

Bientôt, les deux couples étaient installés autour de la table basse couverte de boissons et d'un narguilé que Harro avait sorti pour l'occasion.

Gisela souffla un nuage de fumée odorante vers le plafond orné de moulures en plâtre du siècle dernier.

— Vous auriez dû me dire que vous vous adonniez à la plus ancienne tradition orientale, commenta-t-elle de sa voix légèrement éraillée. Je vous aurais apporté quelque chose de plus intéressant à fumer que du tabac aromatisé.

Libertas faillit s'étrangler avec son gin, prise entre stupéfaction et enchantement. Gisela haussa les sourcils et passa le tuyau à Ricci.

— Si tu me dis que c'est mauvais pour la santé, je pars et je ne reviendrai jamais.

Libertas essuya les larmes qui perlaient au coin de ses yeux.

— Non, ce n'est pas ça, répondit-elle dans un mélange de toux et de rire. Je me demandais simplement comment tu avais pu établir de telles connexions compte tenu de l'administration qui dirige le pays.

Gisela haussa les épaules avec insouciance.

— Comme tout le monde. En prison.

Depuis le pouf sur lequel il était assis, Ricci observait la scène, débordant d'orgueil.

Ce fut au tour de Harro d'éclater d'un rire abasourdi, bien qu'un tant soit peu gêné.

— Je pense qu'on mérite d'en savoir plus sur cette histoire !

— Ça n'a rien de très original, commença Gisela en s'emparant de son verre. La Gestapo m'a arrêtée pour la première fois en 1933, sans même m'expliquer pourquoi. J'avais dû dire quelque chose quant à l'absence de parties génitales d'Hitler à quelqu'un qui m'a signalée, allez savoir. Bref, ils m'ont jetée en prison comme un chien et relâchée deux mois plus tard.

Les mots franchissaient ses lèvres sans accroc, sans grande émotion, mais l'éclat dans ses yeux ne laissait aucun doute quant à l'horreur de ce qu'elle avait vécu.

— La fois suivante, j'ai décidé de leur donner un motif valable. Ils m'ont attrapée après un rassemblement communiste et découvert, cachée dans mes sous-vêtements, une brochure du *Rote Hilfe*, le Secours rouge.

Libertas ne put retenir un ricanement amusé face à une idée aussi ingénieuse pour dissimuler des documents compromettants. Elle en aurait fait autant. Plus Gisela parlait, plus elle appréciait la jeune femme. Elle avait le sentiment que le même sang rebelle courait dans leurs veines.

— C'est un groupe de soutien aux prisonniers politiques, au cas où vous ne connaîtriez pas, continua Gisela après avoir gobé un grain de raisin. Vous savez qu'il n'y a pas de femmes parmi les employés de la Gestapo, n'est-ce pas ? C'est un sale type boutonneux qui m'a palpée dans la cellule d'interrogatoire. En femme offensée que j'étais, je lui ai collé mon poing sur la figure, j'ai déchiré le livret et j'ai mangé les morceaux. Quand ses supérieurs sont arrivés, alertés par ses appels à l'aide, toutes les preuves avaient disparu. Mais ils m'ont quand même passée à tabac et rejetée en prison pendant deux mois.

— Elle est aussi sous le coup d'une interdiction permanente de passer le permis, ajouta fièrement Ricci. Ils ont dit que s'ils lui offraient davantage de mobilité, elle irait semer le trouble partout avec ses discours irréfléchis.

Gisela leva les yeux au ciel et s'esclaffa.

— Comme si j'avais besoin d'un permis pour savoir conduire. La preuve, je conduis la moto de Ricci.

Ricci rayonna, les yeux rivés sur Gisela.

— C'est vrai. Quand je suis trop… fatigué, c'est elle qui me ramène à la maison. Et laissez-moi vous dire qu'elle donne du fil à retordre à mon Américaine !

Tandis qu'il continuait à chanter ses louanges, Gisela concentrait toute son attention sur Libertas, l'étudiant avec la même curiosité que celle que Libertas affichait à son encontre.

— Ton visage m'est terriblement familier, finit par déclarer Gisela en montrant son hôtesse du doigt. Est-ce qu'on ne se serait pas déjà rencontrées ?

Libertas se pencha en avant pour la dévisager d'encore plus près.

— J'étais en train de me poser la même question ! Tu as dit que ton nom de famille était…

— Von Pöllnitz. Et toi, est-ce que je peux te demander quel est ton nom de jeune fille ?

— Haas-Heye.

Gisela secoua la tête, pensive.

— Mais c'est le nom de mon père, précisa Libertas. Le nom de famille de ma mère est zu Eulenburg.

— Non ! s'exclama Gisela, les yeux brillants. Vous avez des terres dans la région, pas vrai ?

— Oui, à Schloss Liedenberg !

— Qui est Fürst Philipp zu Eulenberg, pour toi ?

— Mon grand-père maternel.

— Sa sœur a épousé Friedrich von Pöllnitz ! Mon grand-père paternel ! annonça Gisela d'un air de triomphe.

Ricci bondit sur ses pieds et poussa un cri enthousiaste.

— Tu es en train de nous dire que vous êtes parentes ? Harro, vieux renard, on débouche le champagne !

— Nous n'en avons pas ! répondit Harro au milieu des voix qui se superposaient.

— Dans ce cas, qu'est-ce qu'on attend ? demanda Ricci qui attrapait déjà sa veste sur le canapé. Allons en acheter !

Plus tard ce soir-là, alors qu'ils remontaient le Kurfürstendamm en chancelant, Ricci mentionna que Gisela cherchait une chambre à louer. Il ne fallut qu'un bref regard échangé entre Libertas et Harro avant que tous deux se tournent vers la jeune femme.

— Nous en avons quatre et nous n'en utilisons que deux. Si notre appartement te plaît tant que ça, tu es plus que la bienvenue.

Il ne fallut pas longtemps à Gisela pour prendre sa décision.

— Quand est-ce que j'emménage ?

Au moment où les premières neiges recouvrirent les toits gris de Kurfürstendamm, Gisela était devenue membre à part entière du foyer Schulze-Boysen. Libertas et Harro ne parvenaient plus à imaginer leur vie sans cette sœur adoptive mordante doublée d'une résistante rusée.

Les compartiments secrets du bureau de Harro commencèrent à se remplir de copies de documents volées au ministère de l'Armée de l'air. Invoquant son nouveau statut d'épouse dont l'obligation principale était de se consacrer à son mari, Libertas rendit sa carte de membre du NSDAP. L'officier du parti nazi ne put argumenter contre son affirmation innocente selon laquelle le Führer lui-même avait dit aux Allemandes que leurs maris passaient en premier. *Sa place était à la cuisine et au repassage des uniformes de son époux, pas dans des réunions politiques.*

Avec un sourire triomphant, elle quitta les locaux du Parti pour ne jamais y revenir. La nouvelle année approchait. Ils étaient prêts à l'affronter, ensemble.

Chapitre 16

Berlin. 21 janvier 1937

C'était difficile de s'entendre au milieu du swing assourdissant que déversait le tourne-disque, mais ce petit désagrément remplissait sa fonction, à savoir : permettre d'aborder librement tous les sujets interdits dans un cercle d'amis restreint.

Le groupe s'était agrandi. Au noyau original de quatre membres était venu s'ajouter Werner Dissel, le type de la Wehrmacht qui avait prévenu Harro de l'implication de l'Allemagne dans la Guerre civile espagnole. Il passait chez eux chaque fois qu'il était en permission et ne manquait jamais de fournir de nouvelles informations à Harro et Libertas, « en échange de leur excellent cognac et de cigarettes importées », plaisantait-il toujours. Libertas ne se lassait pas d'entrer dans son salon et de tomber sur les deux hommes en uniforme qui complotaient contre le Reich entre deux gorgées de brandy, le bout de leurs bottes cirées battant la mesure d'un morceau de jazz américain « dégénéré ».

Un jour, alors qu'il attendait le métro, Harro avait croisé par le plus grand des hasards Walter Küchenmeister, un vieux camarade du temps du *Gegner*. Bien vite, non seulement l'ancien journaliste tombé en disgrâce se réfugiait dans la bibliothèque de Libertas, où il se nourrissait avidement de la littérature interdite que Valerie continuait de lui envoyer, mais il ne tarda pas à amener avec lui son amie, la docteure Elfriede Paul.

Cette femme au regard pénétrant et aux cheveux blond foncé attachés en chignon strict sur la nuque sembla d'abord froide et réservée aux yeux de Libertas. Ne s'autorisant jamais un verre ou une danse, Elfriede préférait rester dans son coin pour étudier l'assemblée depuis son fauteuil d'un air ombrageux qui la déconcertait. Néanmoins, dès que Walter lui expliqua qu'Elfriede ne faisait pas facilement confiance aux gens du fait ses activités (« elle se rend à Paris et à Londres tous les deux mois pour aider des juifs avec des visas et autres », murmura Walt avec un respect qui frôlait la déférence), Libertas commença à l'apprécier.

Un soir, quand l'occasion finit par se présenter, Libertas rejoignit Elfriede et posa une main sur son épaule.

— Tu n'as rien à craindre ici, lui dit-elle tout bas même si tout le monde était bien trop saoul pour prêter la moindre attention à leur discussion. Nous sommes tous des amis.

Elfriede la fixa longuement avant de murmurer :

— Ce n'est pas pour moi que j'ai peur, mais pour les autres.

— Les secrets sont bien gardés avec nous, répondit Libertas en regardant Harro.

À l'autre bout de la pièce, il évoquait la situation en Espagne avec Ricci, Gisela et Walt.

— Harro aussi a souffert aux mains de la Gestapo. Ma cousine par alliance Gisela également. Crois-moi, nous ne nourrissons aucune affection à l'égard des nazis.

Elfriede poussa un soupir. Tout à coup, elle avait l'air très fatiguée.

— Ce n'est pas que je ne vous fais pas confiance. Je sais que vous êtes des gens bien. Mais c'est tout ça, expliqua-t-elle avec un vague geste circulaire de la main. Toutes ces fêtes, tous ces nouveaux visages que vous connaissez à peine. Ton mari parle très librement.

— Tous sont des amis de nos amis, tenta d'arguer Libertas.

Mais Elfriede la regarda avec la condescendance d'un adulte face au raisonnement candide d'un enfant.

— Vous devriez faire plus attention avec les gens que vous incluez dans vos cercles immédiats si vous souhaitez vivre assez longtemps pour continuer à aider vos semblables. Morts, vous ne servez à rien.

C'était Elfriede en substance : une praticité déconcertante, logique jusqu'à en être énervante, et prête à tout abandonner (son cabinet florissant et son amant qu'elle adorait) pour se rendre dans un pays étranger afin de venir en aide à de parfaits inconnus.

Gisela la désapprouvait farouchement. Le caractère circonspect d'Elfriede lui rappelait beaucoup trop sa mère.

— Mutti me couvait terriblement quand j'étais enfant, marmonna Gisela un matin.

Elle fouillait dans les placards de cuisine en quête d'aspirine après une énième fête endiablée, tandis que Libertas soignait sa propre gueule de bois dans son lit.

— On voit le résultat. Je n'ai que vingt-cinq ans et je vais bientôt mourir.

Un claquement de porte, suivi d'un juron inintelligible.

— J'aurais préféré qu'elle me laisse vivre pendant que je le pouvais, qu'elle me laisse courir et tomber comme n'importe quel enfant, plonger dans le lac le soir avec les garçons et danser jusqu'à l'aube.

En l'entendant remplir un verre d'eau, Libertas en déduisit que sa cousine avait trouvé les comprimés. D'une voix faible, elle lui demanda de lui en garder.

— Quand notre heure est venue, on y passe, qu'importe à quel point on fait attention, continua Gisela sans lui répondre. Ça ne sert à rien, ce qu'elle fait. Tout ce mouron, ces secrets, ces regards désapprobateurs... Si la Gestapo débarque, on y laissera tous notre peau. Alors si elle tient tant que ça à sauver la sienne, elle ferait mieux de dégager et de garder ses distances.

Là-dessus, Gisela fit claquer une autre porte avec une finalité qui fit sourire Libertas. Soudain, une main écarta les couvertures sous lesquelles elle se cachait pour protéger sa migraine des rayons du soleil. Elle se couvrit les yeux et grogna.

Sans lui laisser le temps de protester, Gisela lui colla deux comprimés dans la bouche.

— Tu ressembles à Nosferatu. Et c'est moi qui dis ça.

— Elfriede n'a pas tout à fait tort, tu sais, nuança Libertas en attrapant à l'aveuglette le verre d'eau que Gisela lui tendait.

— Certes, mais elle n'est pas obligée d'afficher un air de connasse coincée pour autant.

Ils continuèrent à recruter de nouveaux membres dans leurs rangs. Il y avait des chamailleries, des reparties sarcastiques, des disputes quant aux méthodes et aux finalités, mais tous étaient unis par le même objectif : libérer l'Allemagne et mettre la tête d'Hitler au bout d'une pique.

En plus d'Elfriede, Walt invita un vieil ami que Harro et lui avaient connu à l'université.

— Kurt Schumacher, annonça un Souabe à la voix suave et aux traits délicats en serrant prudemment la main de Libertas.

Tout comme Ricci, il avait des mains d'artiste. Des paumes fines avec de longs doigts et la peau aussi douce que celle d'une femme.

Walt donna un coup de coude taquin à son ami.

— Dis à Libs ce que tu viens de finir de sculpter.

Kurt opposa une petite grimace.

— Pourquoi faut-il que tu parles de ça ?

— Hermann Göring, annonça Walt avec triomphe sans se préoccuper de la gêne de l'artiste.

D'après Harro, Walt se délectait des scoops sensationnalistes à l'époque du *Gegner* et cela lui manquait terriblement.

Désormais dépossédé de son porte-voix, Walt ne ratait jamais une occasion de lancer des rumeurs juteuses à quiconque voulait bien l'écouter.

— Kurt le déteste, mais son côté souabe respectueux l'a empêché de dire non à une telle proposition de travail.

— Göring nous a rendu visite à Liedenberg en septembre, répondit Libertas avant de sourire en voyant que Kurt la dévisageait d'un air alarmé. Ne t'inquiète pas, on le déteste aussi, mais Harro avait besoin d'une promotion.

Après quelques éclats de rire, Kurt se tourna vers Harro.

— Walt m'a parlé des sujets que vous abordez. Pour votre gouverne, en tant qu'artiste, je peux me fournir en papier en quantité quasiment illimitée. Je l'achète en gros auprès de différents marchands. Pareil pour l'encre, la peinture, la colle. Tout ce que vous voudrez.

— C'est noté, assura Harro, le regard illuminé par les nouvelles perspectives qui s'offraient à lui.

C'était si libérateur de parler sans retenue avec tous ces vieux amis et ces nouvelles connaissances sur un fond de swing américain… L'atmosphère qui régnait à l'appartement était remarquable, chaleureuse et accueillante en dépit des températures glaciales à l'extérieur.

Lors de leur réunion hebdomadaire suivante, Kurt vint accompagné de son épouse.

— Elisabeth aussi a souffert du régime en place, expliqua-t-il tout bas à Libertas pendant que Harro et Elisabeth échangeaient les plaisanteries réglementaires.

La femme de Kurt était d'une beauté rare, plus italienne qu'allemande, avec la peau mate et des boucles d'ébène brillantes qui encadraient son visage magnifiquement sculpté. Ses yeux d'un noir liquide irradiaient d'intelligence.

— Son père était juif. Un héros qui est tombé au front en défendant son pays pendant la Grande Guerre. Mais ça n'a pas attendri le gouvernement actuel. Elisabeth a l'interdiction de travailler en tant qu'artiste indépendante et peut uniquement être employée comme simple graphiste. Mais c'est une photographe prodigieuse, alors…

Il marqua une pause lourde de sens.

— Si vous avez besoin de reproduire ou réduire quelque chose afin de pouvoir le transporter en toute sécurité à l'étranger, par exemple…

Libertas se contenta de hocher la tête, mais elle grava aussitôt l'information dans un coin de son esprit. Car oui, ils avaient besoin de ce genre de choses. Avec un enthousiasme non dissimulé, elle attrapa la main d'Elisabeth et la serra énergiquement.

— Bienvenue chez nous, Elisabeth.

— Je t'en prie, appelle-moi Lisl.

Le sourire de Libertas s'agrandit.

— Très bien. Moi, c'est Libs. Je suis absolument enchantée de faire ta connaissance.

— Tout le plaisir est pour moi, Libs. J'avais hâte de te rencontrer.

Kurt avait déjà dû confier certains détails à sa femme, car la lueur de défi dans les yeux de Libertas brillait aussi dans ceux de son interlocutrice.

Dans les rues en contrebas, des filles aux longues nattes blondes de la Bund Deutscher Mädel, la Ligue des jeunes filles allemandes, agitaient leurs tirelires devant les passants. Des SS en longs manteaux leur tapotaient la joue lorsqu'ils leur donnaient une pièce. Des gouttes rouges tombaient sur le trottoir depuis les banderoles pourpres détrempées par la neige. Et dans l'appartement du dernier étage qui donnait sur Kurfürstendamm, Lisl examinait déjà les documents roses et bleus que Harro avait dérobés au ministère, en lui expliquant comme il était possible de les réduire aux dimensions d'un timbre-poste.

Dehors, des Berlinois insouciants vaquaient à leurs activités. Dedans, des rebelles se rassemblaient jusque tard dans la nuit, tissant des liens plus forts que ceux du sang, prêtant un serment plus important que la vie elle-même.

Libérer l'Allemagne ou rien.

Il n'y avait plus d'autre solution, à présent.

Chapitre 17

Berlin. Août 1937

Le mois d'août faisait régner sur la ville une chaleur stagnante et suffocante. Même avec toutes les fenêtres grandes ouvertes, il était impossible d'échapper à son étreinte poisseuse. Dans le parc de Tiergarten, tous les endroits ombragés étaient occupés par des mères dont les bébés poussaient des cris suraigus incessants, irrités par la chaleur ; Gisela déclara que si Libertas ne les emmenait pas à Wannsee, là où l'eau était fraîche et où ils pouvaient louer un bateau pour s'éloigner suffisamment des enfants hurlants, elle se jetterait sous le premier tram qui passait pour mettre fin à son calvaire.

Mais même le lac de Wannsee était envahi de Berlinois agités ce jour-là. Après avoir garé la voiture dont le moteur surchauffait et avoir marché pendant une éternité intolérable sur l'asphalte brûlant qui menait à la plage, Gisela et Libertas entreprirent de se frayer un chemin entre les serviettes et autres couvertures, presque invisibles sous les paniers à pique-nique, les sandales et les piles de vêtements soigneusement pliés. Quiconque n'avait pas eu la chance de trouver une place à l'ombre d'un arbre se soustrayait au soleil implacable sous des parasols à rayures colorées, que Gisela regardait avec jalousie. L'air était un mélange de transpiration, de parfum, de crème solaire, de bière renversée et de glaces vendues par des marchands armés de glacières en métal.

Libertas décocha à Gisela une œillade en biais depuis derrière ses lunettes qui glissaient sans arrêt le long de son nez trempé de sueur.

— Arrête de geindre, lui lança-t-elle avec une pointe de sarcasme. C'est bon pour tes poumons de prendre le soleil.

Gisela la fusilla d'un regard meurtrier.

— Un soleil que tu ne verras plus jamais si tu ne la boucles pas dans la minute.

Libertas explosa de rire. En évitant une tape de sa cousine, elle faillit trébucher sur le fauteuil pliant d'un homme à l'allure distinguée qui bronzait d'un air morose.

La plage n'était pas une option envisageable ; bien trop d'enfants en bas âge étaient occupés à s'enterrer dans le sable humide, quand ils n'étaient pas en train d'attaquer les châteaux les uns des autres. Certains comportaient des remparts et même des douves vers lesquelles les plus âgés redirigeaient l'eau du lac, avec des airs sérieux d'ingénieurs de Krupp.

Après avoir étudié le terrain à la manière d'un *Feldmarschall* prusse, les poings sur les hanches, Gisela finit par hocher le menton en direction d'un restaurant doté d'une terrasse extérieure.

— Allons boire une bière. On est dimanche. Les gens travaillent demain et les familles ne vont pas tarder à lever le camp. On se trouvera un coin agréable sous un arbre après.

Libertas ne protesta pas, mais elle grogna et demanda si on pouvait ne pas parler du travail. Sa robe d'été lui collait au dos et aux cuisses comme une seconde peau et elle ne voyait pas en quoi des bières allaient remédier au problème.

— Tu es folle, ma brave dame, c'est officiel ! déclara Gisela après quelques délicieuses gorgées glacées sous l'épais auvent rayé. Depuis combien de temps es-tu à ce poste ?

Gisela porta son verre couvert de condensation à sa tempe, où une veine bleu pâle pulsait sous sa peau translucide.

Libertas grimaça, prête à la remontrance qui l'attendait.

— Un peu plus de quatre ans.

— Un peu plus de quatre ans ! répéta Gisela.

C'était encore pire de l'entendre dans la bouche de quelqu'un d'autre.

— Si tu étais un homme, tu serais chef de service, à ce stade.

Libertas ne la contredit pas sur ce point.

— N'empêche que c'est grâce à mes contacts que je t'ai aidée à décrocher ce poste de sténographe chez United Press, répondit-elle dans l'espoir que Gisela lâche du lest.

Cette dernière lui offrit une révérence pleine de sarcasme.

— Je te remercie bien. On est toutes les deux enchaînées à un bureau, maintenant.

Libertas éclata de rire malgré elle. Elle s'était toujours considérée comme une personne indépendante et en quête d'aventure, mais ce n'était qu'après avoir rencontré sa cousine éloignée qu'elle avait découvert ce qu'était réellement un esprit libre.

Âgée de seulement quatre ans de plus qu'elle, Gisela aurait pu écrire un livre sur ses péripéties. Après s'être échappée d'un foyer aristocratique traditionnel au profit d'une vie de bohème où rien n'était interdit et où tout s'achetait, Gisela était devenue une véritable chasseuse de frisson, une rebelle intrépide qui refusait de voir le danger et riait de ceux qui avaient peur de la mort.

« On mourra tous un jour ou l'autre », telle était sa devise. Elle la proclamait toujours avec un haussement d'épaules insouciant, avant de boire un shooter de quelque chose qui brûlait la gorge. « Et je préfère mourir sans regret. »

Cette attitude l'avait conduite de l'autre côté de la Manche, parce qu'elle avait eu envie de cueillir des framboises en Écosse au lieu du jardin du domaine familial. C'était ce même caractère qui l'avait envoyée dans les Balkans et en Grèce (scandaleusement non chaperonnée), parce que la feta était bien meilleure là-bas et qu'une amie s'était vantée auprès d'elle de son nouvel amant balkan, et que Gisela avait tenu à voir de ses yeux pourquoi on en faisait tout un plat. C'était le même tempérament téméraire qui l'avait fait arrêter pour participations à des activités illégales et pour l'agression d'un officier de la Gestapo, « qui avait collé ses sales pattes où il n'aurait pas dû » pendant la fouille, pour reprendre ses termes.

La maladie de Gisela l'encourageait à vivre chaque jour comme le dernier, mais au lieu d'avoir pitié d'elle, Libertas l'admirait ouvertement. Elles se ressemblaient, avec leurs corps menus de garçonne et leurs traits délicats d'aristocrates, mais à l'intérieur, Gisela était très différente. Quelque chose de sombre et de dangereux bouillonnait derrière ses yeux acier.

À cet instant, alors qu'elles avaient délaissé le restaurant au profit d'un carré de gazon sous l'arbre le plus proche, Gisela lui faisait penser à un chat sauvage, avec ses mouvements empreints d'une paresse gracieuse, en apparence détendue sur sa serviette de plage alors qu'elle se couvrait de crème solaire, mais toujours à l'affût, tendue comme un ressort prêt à jaillir au moindre signe de danger.

— Après quatre ans, qu'est-ce que ça t'a apporté ? poursuivit Gisela en faisant signe à Libertas de se tourner afin de lui appliquer de la crème solaire dans le dos. À part m'avoir trouvé ce poste chez United Press ?

Libertas s'esclaffa de nouveau, entre amusement et reconnaissance. Gisela était la sœur qu'elle n'avait jamais eue, sa meilleure amie, la femme avec laquelle elle parlait de tout, que ce soient les calculs rénaux de Harro (un charmant souvenir des tortures infligées par les SS) ou leurs plans pour renverser le régime de Hitler.

— Ce que ça m'a apporté ? Une Opel décapotable et un ami assassiné.

Les mots franchirent ses lèvres avant qu'elle eût le temps d'y réfléchir. Aussitôt, elle se figea en se demandant d'où venaient cette humeur morose et l'amertume dans sa voix.

Elle croyait avoir digéré cette histoire, mais de toute évidence, ce n'était pas le cas.

— Plus qu'un ami, peut-être ? demanda Gisela derrière elle.

Libertas ne lui avait jamais parlé de Martin, ou seulement dans les très grandes lignes. Elle secoua la tête.

— Non. Ce n'est jamais allé plus loin.

— Mais ça en prenait le chemin ?

Libertas était heureuse que Gisela ne puisse pas voir ses yeux à cet instant.

— Quelle importance ?

— Aucune, je suppose. Enfin bref, que la MGM aille au diable si elle ne te traite pas à ta juste valeur. Tu devrais mettre tes talents à profit ailleurs.

— Où ? Et en faisant quoi ? Tu vois bien comment ça se passe en ce moment. La place d'une femme est à la cuisine. Notre principale fonction est de donner naissance à davantage de soldats pour le Reich. Ils ont bloqué l'accès à toutes les carrières que nous aurions pu souhaiter poursuivre.

Gisela haussa les épaules comme si c'était simple comme bonjour.

— Exerce une activité sur laquelle le gouvernement n'a aucun contrôle, dans ce cas.

— Comme quoi ?

— Musicienne. Artiste. Écrivaine. Ou alors vends ton travail à l'étranger. Personne ne peut t'en empêcher. Simplement, ne te confine à ce bureau où ton talent va pourrir et mourir.

— D'abord on meurt, ensuite on pourrit.

Gisela ne rit pas, cette fois.

— Libs, il faut que tu partes pendant quelques semaines.

— Que je parte ?

— Oui.

— En voyage, tu veux dire ?

— Je pensais plutôt à une traversée. Et seule. C'est de la plus haute importance que tu partes sans Harro. Je sais à quel point tu l'aimes, mais passer du temps sans lui te fera du bien et te permettra de décider ce que tu veux faire de ta vie. Il faut que tu te trouves. Que tu trouves ton vrai toi. Et tu verras que…

Gisela s'interrompit brusquement et fusilla du regard deux jeunes hommes qui s'étaient arrêtés bien trop près de leurs serviettes à son goût.

Libertas connaissait le type par cœur. Grands, blonds, carrures athlétiques… Des officiers de la Wehrmacht ou des SS, probablement. Les Jeux olympiques étaient finis et la mode du pin's du Parti accroché au maillot de bain avait fait son grand retour. Les deux hommes arboraient le leur sur la chemise ouverte qu'ils portaient par-dessus leurs shorts de natation.

Libertas avait déjà en réserve une longue justification quant au fait d'avoir un mari au ministère de l'Armée de l'air, mais Gisela se jeta à l'eau avant même qu'elle pût ouvrir la bouche.

— Du vent, *Herren*. Il n'y a rien pour vous ici. Nous sommes ensemble, si vous voyez ce que je veux dire.

Elle lança une œillade exagérément séductrice à Libertas et passa un bras possessif autour de ses épaules.

— Nous ne sommes pas intéressées par les *knackwurst* que vous avez à offrir, mais merci quand même.

Les hommes battirent en retraite à la hâte, visiblement gênés. Libertas adressa à sa cousine un regard de reproche, pour la forme.

— Qu'est-ce qui t'a pris de leur dire ça ?

— Quoi ? La loi ne dit rien sur les femmes qui préfèrent la compagnie d'autres femmes, protesta Gisela avec un haussement de sourcils suggestif. Ce sont les hommes homosexuels qu'elle persécute.

— Ils pourraient quand même nous signaler.

— Et alors ? De quoi as-tu peur ? s'enquit Gisela avec sa nonchalance coutumière. Ton mari s'apprête à recevoir une promotion à la demande personnelle de Göring. Je doute que tu aies des problèmes à cause d'une blague innocente proférée par ton idiote de cousine. Et s'ils me signalent, je me contenterai d'expliquer à leurs supérieurs qu'ils devraient apprendre les bonnes manières à leurs soldats, au lieu de les laisser importuner des femmes venues prendre le soleil sans rien demander à personne, et qui n'ont pas la moindre envie de les regarder bomber le torse ou d'écouter leurs pitoyables tentatives de faire de l'humour.

Libertas ricana.

— Si seulement je pouvais te ressembler, déclara-t-elle avec, tout à coup, le plus grand sérieux.

Gisela lui offrit un sourire carnassier assorti d'un clin d'œil.

— Rien ne t'en empêche.

— Je crois que je n'ai pas les qualités requises.

— Bien sûr que si. Nous sommes du même sang, je te rappelle. Simplement, tu es plus prudente que moi, moins impulsive. Il y a un peu de cette Elfriede en toi, mais ce n'est pas une mauvaise chose, surtout en ce moment. Quand le moment viendra, tu seras encore plus courageuse que moi.

Le soleil commençait à tremper ses orteils dans le lac. Les genoux ramenés contre elles, Libertas et Gisela admiraient le spectacle, trop paresseuses pour continuer à parler par cette chaleur. L'obscurité tombait sur Berlin, mais elles étaient prêtes à l'affronter.

— Dissel s'est fait arrêter.

Libertas et Gisela étaient en train de mettre la table quand Harro fit irruption dans le salon, échevelé et les yeux écarquillés. À bout de souffle, il les dévisagea tandis que l'horreur muette qui brillait dans son regard apparaissait aussi dans les leurs.

L'annonce fit à Libertas l'effet d'un coup de poing dans l'estomac qui lui coupa la respiration. Le visage de Werner Dissel apparut devant ses yeux, noble et malicieux. Son rire résonna dans son esprit, communicatif et presque musical.

Werner Dissel. L'homme qui avait incité Harro à passer à l'action en lui révélant les projets du haut commandement allemand concernant la Guerre civile en Espagne.

La terreur s'empara de Libertas.

L'instant suivant, Harro jeta sa serviette à terre, les dépassa en trombe et se rendit dans son bureau, là où il conservait tous les papiers compromettants du ministère, volés ou copiés.

Les deux femmes lui emboîtèrent le pas.

La respiration entrecoupée, les mâchoires serrées, Harro ouvrit les compartiments secrets de son bureau et commença à en extraire des piles entières de documents et de plans.

— Sais-tu de quoi il est accusé ? demanda Libertas tout en redoutant la réponse.

— Activités culturelles bolcheviques, subversion communiste de la Wehrmacht… énuméra Harro tout en lui tendant des papiers de ses mains froides et moites.

— Ce n'est pas si grave, interrompit Gisela avec un timide sourire d'espoir.

Harro la fixa. L'expression tragique dans son regard qui glaça le sang de Libertas dans ses veines.

— Trahison de secrets militaires, acheva-t-il tout bas.

L'immobilité de l'instant évoqua à Libertas le moment qui suivait la chute de la lame d'une guillotine.

Elle agrippa la manche de l'uniforme de son mari.

— Est-ce qu'ils savent qu'il venait ici ? Est-ce qu'ils sont au courant pour toi ? s'enquit-elle d'une voix tremblante.

— Je l'ignore, Libs.

Sa prise sur son bras avait la force de l'acier. Il aurait fallu des régiments entiers de SS pour lui faire relâcher son étreinte. Harro. Son courageux Harro. L'amour de sa vie. L'homme pour lequel elle était prête à mourir. Ils l'avaient déjà torturé une fois, simplement parce qu'il était à la tête d'un journal libéral. Quel sort lui réserveraient-ils s'ils le déclaraient coupable de trahison et d'espionnage ? Libertas préférait de pas y penser.

Elle remarqua à peine Gisela qui lui prenait délicatement les papiers des mains.

— Je vais allumer le feu.

— Merci, lui dit Harro. Le charbon est…

— Sous l'escalier, je sais.

La main de Harro se referma autour de celle de Libertas. Il posa sur les plans et autres listes de saboteurs allemands cela un regard plein de détresse, effleura les documents rassemblés au prix de tant de difficultés et conservés avec zèle en attendant de les confier à des personnes capables, des personnes qui pouvaient faire quelque chose de leurs contenus. Des contenus qui auraient pu retourner des pays entiers contre l'Allemagne avant qu'il ne soit trop tard. Des contenus qui auraient pu renverser le régime de Hitler s'ils étaient révélés à temps.

Dans le salon, des crépitements se firent entendre.

Un masque horrifié recouvrit les traits de Harro qui poussa un cri.

— Gisela ! Arrête !

Il traversa la pièce, tomba à genoux devant le poêle et commença à sortir les papiers du feu à mains nues.

Près de lui, Libertas les tapota pour éteindre les flammèches mourantes, sans même remarquer qu'elle se brûlait au passage.

— Tout va bien, répétait Harro en les lissant et en inspectant les dégâts. Je me souviens de presque tout par cœur. Je pourrai tout retaper. Tout va bien.

Abasourdie au début, l'expression de Gisela se radoucit.

— Tu n'as pas réussi à les détruire, constata-t-elle avec compassion.

— Non.

— Ces documents pourraient te coûter la vie.

— Ils sont plus importants que ma vie.

— On ne peut pas les garder ici, murmura Libertas, constatant seulement à cet instant les brûlures superficielles dans ses paumes.

La Gestapo était peut-être en chemin en ce moment même; tous trois étaient conscients de cette possibilité.

— Oui, c'est hors de question, concorda aussitôt Gisela. Harro, est-ce que tu penses que Dissel va parler? demanda-t-elle avec son détachement coutumier.

— Je ne crois pas. Mais il a très bien pu écrire mon nom dans son agenda ou quelque chose comme ça…

— Les gens savent qu'il vient toujours ici quand il est en permission, ajouta Libertas, les lèvres pincées.

— Alors c'est possible qu'ils viennent fouiller l'appartement. Harro, sois gentil, mets tous les papiers dans un sac à pain, ordonna Gisela en se levant.

Il la dévisagea, perplexe.

— Où vas-tu les emmener?

Un sourire sournois apparut sur son visage.

— Ricci a la cachette parfaite. Il a gardé la cabane à la marina après avoir vendu son bateau. Elle est enregistrée au nom du nouveau propriétaire, mais techniquement, c'est lui qui y vit pendant l'été étant donné que le propriétaire travaille pendant ces mois-là. Personne n'aura l'idée d'aller chercher là-bas.

Chapitre 18

Les jours suivants s'écoulèrent à une lenteur insoutenable. Chaque minute était interminable, remplie d'un silence angoissé, à tel point que ce fut presque un soulagement quand le postier leur apporta des convocations un matin.

— Au moins, ils n'ont pas débarqué ici pour m'arrêter, dit Harro avec un rire gêné en se passant une main sur le front. C'est bon signe. Ils souhaitent seulement nous parler.

Le visage de Libertas s'illumina.

— Ce qui signifie que Dissel ne nous a pas trahis.

— Oui, ça veut dire qu'ils n'ont rien de tangible, enchérit Gisela avec l'air de quelqu'un qui avait bien plus d'expérience dans ces sinistres affaires qu'elle voulait bien l'admettre. Peut-être qu'ils souhaitent seulement te demander à quelle fréquence il venait ici et ce qu'il racontait aux autres.

— Au moins, cette fois, je serai armé, plaisanta sombrement Harro en montrant son pistolet de service dans son holster.

Personne ne rit.

— Tu prévois de tirer sur tout le monde pour t'enfuir ? ironisa Gisela.

— J'espère que ça n'ira pas jusque-là.

Libertas songea soudain qu'elle ne savait pas s'il plaisantait ou pas.

Elle conduisit Harro aux bureaux de la Gestapo. Devant l'entrée, elle l'embrassa passionnément, essuya les traces de rouge à lèvres sur la bouche de son mari et le poussa résolument vers la lourde double porte. Celle qui n'avait pas de poignée à l'intérieur. Ça, elle ne l'avait pas oublié.

— Vas-y. Plus tôt ce sera réglé, mieux ce sera.

Harro lança un regard en direction de la voiture.

— Je t'attends ici, répondit Libertas à la question muette dans ses yeux. Aussi longtemps qu'il le faudra. Je ne bouge pas.

— Et si je reste pendant des jours ? murmura-t-il.

Libertas haussa les épaules, pâle mais déterminée.

— Alors j'attendrai pendant des jours. Des semaines. Des mois s'il le faut. Et maintenant, vas-y. Je n'en peux plus de ce suspense.

Un dernier regard passa entre eux, rempli d'une tendresse et d'un amour infinis, puis Harro disparut derrière les portes du château en calcaire qui avait englouti d'innombrables victimes avant lui.

Le souffle court, Libertas retourna à sa voiture.

Elle resta là, appuyée contre le capot, vigilante petite sentinelle dont le regard d'aigle était glué à la porte. La vie suivait son cours autour d'elle comme si de rien n'était, tandis qu'elle était au bord de la crise de nerfs. Des voitures avec des numéros SS se garèrent et des chauffeurs en uniforme et leurs supérieurs vêtus de noir en sortaient. Des passants traversèrent la rue discrètement, mais délibérément, comme un banc de poissons superstitieux qui préfèraient se tenir à distance du repaire du grand requin blanc. Seul un petit groupe de garçons de la *Hitlerjugend*, tous blonds, avec des chemises brunes et des jambes maigres, défilèrent fièrement à côté, les yeux fixés sur l'endroit convoité où les ennemis de la nation payaient pour leurs crimes ; là où ils espéraient gravir les échelons en rossant les traîtres et en leur arrachant des aveux dans le sang. Les poignards qui pendaient à leur ceinture n'étaient pas là pour rien, songea Libertas : ils étaient là pour que la jeunesse allemande s'habitue à leur poids et à l'idée de trancher des gorges avec leurs lames acérées. En grandissant, on leur en donnerait de plus grands. Peut-être même une épée SS, aussi. Libertas ne voulait pas penser à ce qu'ils feraient avec ça.

Après ce qui sembla une éternité, mais qui n'était en réalité qu'une pauvre petite heure, une explosion de lumière vint illuminer ce jour obscur : l'uniforme bleu de Harro, ses cheveux blonds et un grand sourire enchanté. Il la souleva et la fit tournoyer dans les airs jusqu'à ce qu'elle rie avec lui à travers ses larmes de soulagement.

— Tout va bien, lui murmura Harro entre deux baisers. Dissel ne leur a rien dit.

— Et les fêtes à l'appartement ?

— J'ai raconté à l'interrogateur que nous avions une règle : pas de politique chez nous. Il a eu l'air d'y croire.

Ce soir-là, ils allèrent danser au *Lokal* et s'enivrèrent plus que de raison, euphoriques de soulagement et plus amoureux que jamais.

Et dès le lendemain matin, enveloppés dans leurs draps, fumant à la fenêtre et observant les toits voisins qui brillaient au soleil, ils se mirent à comploter et à conspirer, en dépit des brûlures pas encore cicatrisées, en dépit du danger tout proche qui rôdait.

— Je me disais… commença Harro, les yeux plissés tandis qu'il crachait un nuage de fumée. Les Britanniques ne sont pas une option, en tout cas pas ceux que nous connaissons. Ils ne veulent pas être mêlés à nos affaires, ce qui se comprend, j'imagine…

— Mais ? l'encouragea Libertas.

— Mais nous ne pouvons pas nous contenter de garder ces informations pour nous. Ce serait immoral.

Sur son torse nu, ses vieilles cicatrices ressortaient, fines et pâles.

— La légion Condor vient de rayer Guernica de la carte. La ville d'Espagne où les civils qui souhaitaient se mettre à l'abri des troupes de Franco affluaient en quête de protection. Nos soldats sont coupables de l'extermination de civils innocents.

Le courroux brillait dans ses yeux.

— Ce crime ne peut pas rester impuni. On ne peut pas l'ignorer.

— Mais qui pourrait les arrêter ? Les Français ?

— Les Français n'en ont rien à faire. Ils construisent leur propre mur dans l'espoir que, cette fois, les Allemands n'arrivent pas jusqu'à eux. Les souvenirs de la Grande Guerre sont encore trop frais dans leurs esprits. Ils feront tout leur possible pour tenter d'éviter un nouveau conflit.

— Qui, alors ?

— Les Soviets, finit par répondre prudemment Harro après une longue pause.

Libertas le dévisagea, dubitative.

— Les staliniens ? Ne sont-ils pas déjà débordés avec leurs propres purges ?

— Peut-être, mais il n'y a personne d'autre. Leur idéologie est opposée à celle de l'Allemagne. Ils se battent déjà contre les Allemands et contre Franco dans le cadre des Brigades internationales.

Peu à peu, la voix de Harro gagnait en conviction.

— Ils s'y connaissent en espionnage et leur réseau est impressionnant. Ils ont certainement envie de renverser tout régime fasciste qui irait à l'encontre de leur doctrine communiste. Plus j'y réfléchis, plus je suis persuadé que les Soviets sont peut-être notre seule chance.

— Je comprends. Mais comment comptes-tu faire arriver les informations jusqu'à eux ? Tu ne peux pas débarquer dans une ambassade soviétique ; la Gestapo les surveille en permanence.

La porte de l'appartement s'ouvrit et se referma. Un sourire entendu apparut sur le visage de Libertas.

— On dirait bien que notre hardie Gisela a encore fait des folies jusqu'au bout de la nuit.

— Jusqu'au petit matin, plutôt, fit remarquer Harro après avoir consulté sa montre.

Au même moment, Gisela surgit dans l'encadrement de la porte de leur chambre, les joues rosies et les yeux brillants.

— Bonjour, les amoureux. La nuit a été bonne ?

— Oui, et pas seulement pour nous, apparemment, dit Libertas en inspectant la tenue que sa cousine portait déjà la veille.

Gisela rit sans être le moins du monde embarrassée.

— Ricci vous embrasse.

— Je n'en doute pas, répondit Harro en tentant de réprimer un sourire.

— Mêle-toi de tes affaires, Schulze-Boysen, rétorqua Gisela avec un dédain de façade. Je pars à Paris dans deux semaines et cet idiot va me manquer.

— Merci de nous tenir au courant ! fit mine de s'offusquer Libertas.

— On m'a prévenue hier.

— C'est United Press qui t'envoie là-bas ? demanda Libertas.

Gisela entra dans la pièce et s'empara de la cigarette de sa cousine, sans faire grand cas de la mise du couple.

— Hum. Je suis sténographe, pas vrai ?

Harro et Libertas échangèrent un regard et se comprirent sans avoir besoin de prononcer un seul mot.

— Gisela ? lança Harro avec un sourire.

Celle-ci plissa les yeux, méfiante.

— Je ne sais pas ce que tu vas me dire, mais je sais que je n'aime pas cette expression sur ton visage.

— Étant donné que tu vas à Paris…

Gisela grogna.

— Tu veux que j'achète du parfum français pour ta charmante épouse ? Pitié, dis-moi que c'est tout ce que tu veux.

— Je t'en saurais fort gré, répondit Harro en souriant encore plus. Mais est-ce que tu pourrais aussi déposer quelque chose pour nous ?

Elle grogna plus fort, résignée face à la perspective qu'il s'agissait sans doute de quelque chose d'extrêmement illégal.

— De quoi s'agit-il ?

— C'est juste une petite enveloppe.

— Elle ne sera pas si petite, compte tenu de tout ce qu'on a, intervint Libertas.

— C'est vrai, concéda Harro en penchant la tête. Une grosse enveloppe.

Gisela poussa un énorme soupir.

— Laisse-moi deviner. Vous voulez que je mette tout ce que j'ai amené chez Ricci dedans ?

— C'est exactement ce que nous voudrions que tu fasses, confirma Harro avec une petite grimace. Je suis vraiment désolé de te…

Gisela balaya ses excuses d'un revers de main.

— Ne te fatigue pas. Je fais semblant. Tu sais très bien que je ne vis que pour ce genre de frissons. Et à qui faut-il que j'amène ça ?

Il rentra légèrement la tête dans les épaules.

— À l'ambassade soviétique.

Gisela ricana et attendit la chute de la blague. Puis, quand elle comprit que ce n'en était pas une, elle pâlit.

— Tu es sérieux ?

— Aussi sérieux qu'une crise cardiaque.

Gisela regarda Libertas. Elle affichait la même expression coupable que son mari.

— Pourquoi à eux ?

— Parce que personne d'autre ne veut s'en mêler. Et que je ne peux pas, en mon âme et conscience, rester là sans rien faire pendant que nos troupes massacrent des civils innocents.

— Et donc, les bolcheviques.

Gisela tira longuement sur la cigarette et fut prise d'une violente quinte de toux.

Libertas secoua la tête et prit la cigarette de la main de sa cousine.

— Tu devrais vraiment arrêter.

— C'est la Gestapo qui finira par me tuer, pas le tabac, rétorqua Gisela avec une fierté malicieuse. Surtout avec les petites commissions dont me charge ton mari.

— Gisela, rien ne t'oblige à t'en acquitter, s'empressa de lui assurer Harro. Jamais je ne te forcerais à faire quoi que ce soit contre ton gré…

— Laisse tomber, je t'ai dit. J'amènerai ta foutue contrebande à l'ambassade soviétique. Qui sait, peut-être qu'ils me proposeront de faire défection tant que j'y suis. Après tout, c'est parce que j'aidais les bolcheviques du coin que je me suis fait arrêter la dernière fois.

Gisela était partie prendre son bain. Libertas et Harro étaient assis sur le rebord de la fenêtre, ses pieds à elle posés sur ses genoux à lui.

— Je pourrais y aller à sa place, songea Libertas à voix haute.

— Non. Ce serait trop suspect. Avec Gisela, personne ne se doutera de rien. Son bureau l'envoie à Paris. Il n'y a rien de louche là-dedans.

— J'ai peur qu'il lui arrive quelque chose.

— C'est une femme d'une incroyable intelligence, Libs. Elle sait ce qu'elle fait.

— Toi aussi, tu es incroyablement intelligent. Et regarde ce qu'ils t'ont fait, insista-t-elle en montrant ses cicatrices.

— Je suis toujours vivant, pas vrai ?

Libertas le scruta et se demanda pendant combien de temps encore ils le resteraient.

Chapitre 19

Septembre 1937

Sans Gisela, leur appartement était plus calme que de coutume. Par précaution, Harro avait demandé à leurs amis de ne pas leur rendre visite pendant quelques semaines, jusqu'à ce que l'affaire de Dissel soit réglée ; jusqu'à ce qu'ils aient des nouvelles de Gisela ; jusqu'à ce que Libertas et lui soient sûrs que leurs frères d'armes n'atterriraient pas en prison à cause d'eux.

Au cours des dernières années, ils avaient toujours été entourés de monde, de conversations, de musique et de rires. Néanmoins, confinés chez eux avec l'autre comme seule compagnie, Libertas et Harro découvrirent qu'ils appréciaient énormément leur réclusion forcée. Au lieu des fêtes assourdissantes, ils lisaient dans un silence complice avant de discuter des livres qu'ils avaient dévorés. Les yeux brillants, les mains qui gesticulaient en tous sens, ils avaient le sentiment de refaire connaissance et de retomber amoureux, encore plus passionnément qu'auparavant.

À la mi-septembre, alors que les feuilles du Tiergarten se paraient de nuances dorées, ils étaient devenus inséparables. Plus question de faire semblant de ne pas avoir besoin l'un de l'autre, comme le dictait la tendance parmi les derniers bohémiens berlinois.

Sans invités et sans couchers tardifs, ils faisaient l'amour plus souvent ; parfois carrément sur le canapé du salon, l'absence de colocataire leur offrant une liberté dont ils avaient perdu l'habitude. Certains soirs, ils prenaient un bain ensemble, leurs jambes entrelacées, la cire des bougies coulant sur le carrelage, une bouteille de vin à côté de la baignoire.

— C'est comme une seconde lune de miel, déclara un soir Libertas en couvant Harro d'un regard tendre.

Dans sa main, un verre en cristal rempli de merlot brillait d'un éclat rubis assorti à ses lèvres, rougies par le jus des cerises importées auxquelles seuls les hauts gradés avaient accès. En tant que protégé de Göring, Harro avait pu en acheter pour sa femme à un prix exorbitant pour le plaisir de la voir les déguster les yeux fermés, avec ce gémissement séducteur qui faisait bouillonner son sang dans ses veines.

— J'ai l'impression que notre mariage tout entier est une lune de miel sans fin, répondit Harro en caressant la peau soyeuse de sa cuisse. Je t'aime plus que ma vie. Tu le sais, n'est-ce pas ?

Bien sûr qu'elle le savait. Il le lui prouvait chaque fois qu'elle réclamait son affection et que jamais il ne la repoussait, en dépit du prix qu'il payait ensuite. Trop fier pour se plaindre, Harro la tenait dans ses bras jusqu'à ce qu'elle s'endorme puis se rendait à la salle de bains sur la pointe des pieds. Là, il s'allongeait sur le carrelage jusqu'à ce que sa fraîcheur apaise la douleur de ses calculs rénaux. Il devait l'aimer plus que tout s'il lui faisait l'amour malgré ses souffrances uniquement pour lui montrer à quel point il la désirait.

Libertas tentait de feindre l'indifférence et d'assurer Harro que ce n'était vraiment pas grave s'ils allaient tout simplement se coucher tôt (« pas d'ébats ce soir, nous nous levons tous les deux tôt demain »), mais son mari la connaissait trop bien pour gober ces mensonges. Et elle ne cessait de se réveiller dans un lit vide et de voir un rai de lumière sous la porte de la salle de bains, avec la respiration entrecoupée de Harro qui lui brisait le cœur.

Elle finit par ne plus le supporter.

— Qu'est-ce que c'est que ça ?

Confus, Harro retournait la brochure dans ses mains.

— C'est un sanatorium à Bad Wildungen, dans la Hesse. Excellent, d'après ce que j'ai entendu dire. Pour tes reins, clarifia Libertas.

Harro lui offrit un triste sourire.

— Est-ce que je te réveille la nuit ? Je pensais que tu avais le sommeil lourd.

Libertas soupira.

— Je l'avais. Enfin, je l'ai. Mais pas avec toi. Tu vas trouver ça bizarre, mais… dès que quelque chose ne va pas chez toi, je le sens instantanément. Quand tu as mal, je me réveille comme si c'était moi qui étais malade.

Harro ne répondit pas. Il ne trouvait pas ça bizarre, car il ressentait la même chose.

— Tu n'as pas pris de congé depuis un moment, continua-t-elle en ouvrant la brochure pour la lui montrer.

De fait, il s'agissait de l'un des meilleurs sanatoriums du pays, qu'elle avait trouvé par le biais de recommandations très haut placées. Sur les photographies, des patients souriants en peignoir et pyjama luxueux se prélassaient près de la piscine, chouchoutés par des soignants. Dans le fond flottait un drapeau avec une croix gammée, que Libertas couvrit de son pouce.

— Et de mon côté, rien ne me retient au bureau. En fait, j'ai présenté ma démission aujourd'hui. Je leur ai expliqué que j'avais des devoirs envers mon mari et tout le cirque, et ils ont signé encore plus vite que quand j'ai quitté le Parti, expliqua-t-elle, rayonnante. À partir de maintenant, mon travail à plein temps sera de m'occuper de toi. Tu es content ?

Il ne l'était pas. Elle s'en rendit compte à la seconde.

— Non, Libs, ce n'est pas…

Il s'interrompit, secoua la tête.

— Tu n'en as même pas parlé avec moi.

— Du sanatorium ?

— Du fait de quitter ton travail.

— Mais comment pourrais-je t'accompagner autrement ? Le traitement risque de prendre plusieurs semaines, voire un ou deux mois. Jamais ils n'auraient gardé mon poste vacant pendant aussi longtemps.

— Ce n'est pas ce que je…

Harro soupira une nouvelle fois. Il semblait agacé.

— Je ne t'aurais jamais demandé de quitter ton travail pour moi. Tu n'as pas à m'accompagner à Hesse. Il y a dix infirmières et cinq médecins par patient là-bas, à en croire leur brochure.

Il l'agita avant de la laisser tomber sur la table.

— J'aurais préféré que tu en discutes avec moi d'abord.

— Je voulais te faire la surprise, dit Libertas d'une voix étouffée par la déception.

Harro prit une profonde inspiration avant de saisir les mains de Libertas dans les siennes et de les embrasser.

— Pardonne-moi.

— De quoi ?

— D'être un imbécile ingrat.

— Tu n'es pas un imbécile ingrat. Tu as raison. J'aurais dû te demander d'abord.

— Non ! s'exclama Harro, exaspéré. Libs, *Liebchen*, je ne veux pas que tu me demandes la permission de quoi que ce soit.

— Mais tu viens de dire que j'aurais dû t'en parler.

— Oui. En *discuter*. Comme nous discutons toujours de tout. Pas *demander l'autorisation*. J'aurais aimé que nous nous asseyions et que nous en parlions, afin que je puisse te remercier comme il se doit pour ta sollicitude et te dissuader de démissionner pour moi. Voilà ce que je voulais dire, précisa-t-il en la regardant avec une infinie tendresse. Je ne veux pas que tu renonces à tes ambitions pour ton mari. Je ne sais pas ce que j'ai fait pour mériter une femme comme toi. Je ne peux même pas te satisfaire correctement…

Libertas fronça les sourcils.

— Ne sois pas ridicule. Ce n'est pas pour cette raison que je te parle de cette cure. C'est parce que je ne supporte pas de te voir souffrir. Tu me satisfais parfaitement, alors je t'interdis de ne serait-ce que penser le contraire. Et pour ce qui est de mon travail, la belle affaire ! Gisela avait raison : je suis coincée au même poste depuis des années sans la moindre perspective d'avancement. Tu appelles ça de l'ambition ?

Elle ricana avec mépris.

— Harro, mon amour, crois-moi, démissionner n'a rien d'un sacrifice. Pourquoi souris-tu comme ça ?

— À cause de toi.

— Parce que tu es content qu'on discute ? ironisa-t-elle.

— Je n'appellerais pas ça une discussion, plutôt ma femme qui m'explique pourquoi je suis un crétin, clarifia-t-il en se retenant pour ne pas rire. Mais il faut dire que la plupart de nos discussions prennent toujours le même chemin…

La tape malicieuse de Libertas mit un terme à son discours. Ils éclatèrent de rire en même temps, puis Harro la prit dans ses bras et ferma les yeux, tandis que Libertas couvrait son visage de baisers et que tout allait de nouveau pour le mieux.

— Un sanatorium ?

Wend scruta son neveu par alliance avec intérêt.

— C'est une excellente idée.

— C'est une idée de Libertas, répondit Harro en souriant chaleureusement à sa femme.

Ils se trouvaient attablés dans un restaurant fréquenté par les huiles de l'armée, où l'orchestre était en queue-de-pie et où les serveurs portaient des badges de membres du Parti. Libertas avait suggéré à Harro de décliner poliment l'invitation de son oncle, mais Harro avait décidé de s'y coller. Wend avait sous-entendu que Göring serait peut-être présent. Qui savait quels secrets militaires *Herr Reichsmarschall* était susceptible de déblatérer une fois imbibé de brandy importé ?

Mais Göring avait été retenu par d'autres affaires et remplacé par Nicolaus von Below (l'adjudant de la Luftwaffe de Hitler et le supérieur de Harro), qui lançait des regards perçants à l'officier fraîchement promu. Von Below était entouré de Wend d'un côté et d'un pilote de la légion Condor de l'autre. Et c'était lui qui se cachait derrière les difficultés de Harro à grimper les échelons. En bon nazi dévoué, il ne faisait pas confiance à l'ancien rédacteur en chef d'un journal libéral et il ne faisait rien pour s'en cacher. C'était uniquement grâce à l'intervention de Göring que Harro avait obtenu de l'avancement. Si cela n'avait dépendu que de von Below, Harro aurait été davantage à sa place dans un camp de concentration qu'au ministère, et certainement pas au sein de ses Forces aériennes étrangères récemment associées au département des Opérations, où les officiers échangeaient librement bien trop d'informations sensibles.

Wend avait informé Harro de l'attitude de son supérieur entre deux gloussements complices, comme s'il trouvait toute cette affaire follement amusante.

— Ne faites pas attention à ce Pâle Templier, avait-il conseillé à Harro avec un geste nonchalant de la main alors qu'ils approchaient du restaurant. Il voit des conspirations et des machinations partout. Ça ne m'étonnerait pas qu'il m'accuse d'être un espion étranger un de ces jours.

Pour Libertas, néanmoins, une attitude aussi dédaigneuse empestait le danger. Elle ne se rappelait que trop bien comment les choses s'étaient terminées pour le dirigeant SA Röhm après que quelqu'un avait soufflé à l'oreille d'Hitler que Röhm complotait contre lui alors que ce n'était pas du tout le cas. Aux yeux de Libertas, aucune rumeur n'était inoffensive, particulièrement celles propagées par des personnes comme von Below, qui avaient toute l'attention d'Hitler.

Elle prit un morceau de crabe sans grand appétit, le dos raidi par la tension mais un charmant sourire placardé sur le visage, prête à voler à l'aide de son mari à tout moment.

— Vous aussi, vous avez des problèmes de calculs? s'enquit le pilote.

Son nom ne cessait d'échapper à Libertas. Il se redressa sur sa chaise, son asperge oubliée au bout de sa fourchette.

— Je vous en prie, dites-moi si le traitement vous a aidé à votre retour. J'ai développé des problèmes après avoir bu de l'eau insalubre en Espagne. Trop de calcium, a affirmé le médecin de la garnison. Et le poivre noir que ces enfoirés mettaient sur tout... Veuillez pardonner mon langage, s'excusa-t-il aussitôt auprès de Libertas. Mais ça non plus, ça n'a pas fait du bien à mes reins.

— Personnellement, c'est aux SS que je dois mes calculs, répondit tranquillement Harro, les yeux rivés sur la côtelette de veau qu'il était en train de découper.

Von Below se redressa sur sa chaise.

Libertas donna un petit coup de pied à Harro sous la table. *Ne le provoque pas.*

— Aux SS ? répéta le pilote, les yeux écarquillés par la surprise.

— Oui. Ils m'ont arrêté en 1933, l'informa Harro en faisant fi de l'avertissement de sa femme.

— Pour quel motif?

Le pilote semblait de ne pas en revenir que cet officier intègre en tenue d'apparat ait pu être confondu avec une crapule de bas étage.

— Ils l'ont pris pour un communiste, lança Wend en riant. Vous imaginez ?

L'air ravi, il donna une tape amicale dans le dos du mari de sa nièce.

— Peut-être que c'étaient les SA ? suggéra le pilote avec hésitation. À l'époque, ils étaient réputés pour leur tendance à se saouler et à s'en prendre aux braves gens…

— Non, c'étaient bien les SS, corrigea Harro avec le même calme fascinant. Uniformes noirs. Pas bruns.

— Même les SS étaient un peu trop zélés au début, fit remarquer Wend en souriant.

Comme si le sujet n'était qu'une simple anecdote, une vieille histoire qu'on racontait à table telle une plaisanterie entre amis.

Mais Libertas et Harro n'avaient pas envie de rire.

— Je comprends qu'ils aient pu être induits en erreur, intervint von Below en fixant Harro de ses yeux clairs. Vous étiez à la tête de ce journal gauchiste. Comment s'appelait-il, déjà ?

Harro affronta son regard avec une placidité absolue.

— *Gegner*. Et ce n'était pas un journal gauchiste, même si je comprends ce qui peut vous inciter à le croire, concéda-t-il avec une raillerie subtile. C'était simplement une publication qui n'était pas censurée par le gouvernement et qui faisait l'apologie de la liberté d'expression. Nous publiions des articles et des chroniques d'opinions qui offraient différents points de vue sur le nationalisme, le fascisme, le communisme, la démocratie et une foule de questions politiques, mais jamais nous n'avons imposé nos opinions à nos lecteurs. Le but était précisément de les laisser décider, de les inciter à réfléchir par eux-mêmes.

— Ces opinions sont-elles toujours les vôtres ?

Un silence tendu s'abattit sur le petit groupe.

— Bien sûr que non, finit par répondre Harro en regardant son supérieur dans les yeux. Vous le savez bien. J'écris pour le journal du ministère, désormais.

Il accompagna ses mots d'un sourire si charmeur que c'était impossible de ne pas le croire.

— C'est tout aussi bien, rétorqua froidement von Below. La Gestapo n'est plus aussi indulgente qu'avant envers les ennemis du Reich. De fait, ils ont dû abandonner la hache et avoir recours à la guillotine à la place, car les bourreaux n'arrivaient pas à tenir la cadence.

Harro secoua la tête.

— Les pauvres, dit-il avec une empathie mâtinée de sarcasme. Ça ne doit pas être un travail facile.

— En effet, lâcha von Below entre ses dents. Nettoyer le Reich de ses pommes pourries n'est pas une mince affaire. Un de ces vauriens, un bolchevique rouge écarlate, s'est fait prendre alors qu'il transmettait des informations aux Soviets. Il a été exécuté, naturellement, mais la véritable tragédie, c'est que sa charmante épouse, qui avait offert quatre beaux enfants au Reich, les a empoisonnés afin que « le gouvernement ne puisse pas s'emparer d'eux », à en croire la lettre qu'elle a laissé derrière elle. Puis elle s'est empoisonnée, car elle ne voulait pas vivre sans son sale criminel de mari. Nous détestons ce genre d'incident, alors je suis doublement satisfait que vous ayez abandonné vos vues dangereusement gauchistes pour revenir dans les rangs du Reich. Vous êtes un homme marié, à présent, Schulze-Boysen, ajouta-t-il après une gorgée de vin. Vous avez des responsabilités.

Pour la première fois depuis le début du dîner, Harro arbora un air grave.

— Oui, c'est vrai, l'entendit marmonner Libertas.

Harro était étrangement silencieux sur le chemin du retour. Même après avoir pris congé de Wend, il resta muré dans un mutisme sombre.

Quand Libertas lui demanda ce qui n'allait pas, il soupira.

— Il a raison, Libs. C'est dangereux que nous soyons si dépendants l'un de l'autre.

— Qu'est-ce que tu racontes comme bêtises ?

— Ce ne sont pas des bêtises. Réfléchis. Si je me faisais prendre, qu'est-ce que tu ferais ?

Libertas n'eut pas besoin de réfléchir à sa réponse.

— Je mourrais avec toi, rétorqua-t-elle aussitôt.

— C'est justement là qu'est le problème.

— Tu ne voudrais pas mourir avec moi ?

— Si. Et ce n'est pas bon.

— Pour qui ?

— Pour les gens que nous essayons d'aider. L'amour que nous nous portons est très égoïste. Oui, c'est formidable de mourir en nous tenant la main, mais qui va poursuivre notre travail si nous nous suicidons en masse, toi et moi ou Gisela et Ricci, simplement parce qu'ils s'aiment ? Qui restera-t-il pour continuer à livrer bataille ?

Ils restèrent longtemps assis côte à côte sur le lit, toujours vêtus de leurs tenues de soirée, follement élégants et déjà condamnés.

— Nous devons apprendre à fonctionner l'un sans l'autre, déclara Harro.

— Oui, tu as raison, concéda-t-elle, même si cela allait à l'encontre de son instinct.

— Peut-être que tu devrais partir en voyage pendant que je pars en cure.

— Toute seule ?

— Oui.

Dans l'obscurité, sa main trouva la sienne. Il ne la rejetait pas, au contraire. C'était justement parce qu'il l'aimait plus que tout qu'il suggérait cela.

— Tu as raison, répéta Libertas en ravalant ses larmes. Nous devons apprendre à être séparés... À être forts l'un sans l'autre.

— Et à survivre. Nous le devons à notre cause.

— Oui.

— Nous ne pouvons pas être égoïstes.

— Non.

— Qu'importe à quel point je t'aime.

— Qu'importe à...

Malgré elle, sa voix se brisa. Elle sentit les mots s'enrouler autour de son cou tel un fil barbelé.

— Ça ne va pas être facile, mais nous en sommes capables, petite combattante pour la liberté.

Libertas hocha la tête. *Petite combattante pour la liberté.* Elle avait presque oublié le mot que lui avait écrit Fritz Lang sur ce quai plongé dans l'obscurité. Elle avait eu le sentiment qu'ils étaient seuls au monde ce jour-là, qu'il ne restait qu'eux deux : celui qui prenait la fuite et celle qui restait pour se battre.

Elle se reprit et se redressa.

— Oui. Nous en sommes capables. Pour le peuple allemand.

— Pour la liberté.

— Et l'un pour l'autre.

Chapitre 20

Mer Noire. Octobre 1937

Les vagues clapotaient doucement contre les flancs du navire qui se dirigeait vers la côte de Crimée. L'*Ilona* était un convoyeur de charbon opéré par des marins au langage grossier et à la peau mate. Et pour être franche, Libertas n'aurait pour rien au monde échangé leur compagnie contre celle des laquais à gants blancs bien entraînés de l'armée qui l'auraient servie si elle avait choisi de voyager en première classe.

Au début, les matelots avaient observé avec méfiance cette petite blonde qui avait embarqué armée d'un accordéon, d'une valise pleine de livres et de carnets, et un appareil photo Leica autour du cou. Mais à la minute où elle s'était installée avec eux à la table commune au lieu de dîner dans sa cabine et où elle avait avalé le premier *Stein* de bière sans ciller, leur méfiance s'était dissipée. Avant de disparaître entièrement lorsqu'elle avait attrapé son accordéon pour leur entonner de sa voix claire des chants marins que Ricci lui avait appris pendant l'une de leurs soirées alcoolisées.

Alors qu'ils voguaient sur les eaux de la mer Noire, Libertas les prenait en photos et annotait par écrit les épreuves et les petites joies qu'ils lui confiaient, assise en tailleur et la peau couverte d'une généreuse couche de crème solaire sur le pont réchauffé par les rayons du soleil. Elle écrivait à Harro chaque fois qu'elle le pouvait et envoyait ses lettres par paquets dès qu'ils accostaient quelque part. Elle lui racontait ses journées, les anecdotes et aventures dont elle savait qu'elles l'amuseraient, et aussi les nuits peuplées de nostalgie pour son seul et unique amour, dont les étreintes lui manquaient si cruellement.

« Une chose m'est apparue clairement pendant ce voyage », écrivit Libertas à Harro au cours d'une nuit d'orage, quand les vagues étaient trop agitées et que le sommeil refusait de la gagner. « Je déteste être séparée de toi. Oui, je peux survivre dans toi, bien sûr ; tu seras infiniment fier d'apprendre que je sais désormais effectuer toutes sortes de nœuds et pourrais devenir un excellent matelot. Mais c'est précisément ça, le problème : sans toi, ce n'est pas une vie. C'est de la survie. Et je veux vivre, Harro. Désespérément. Avec toi à mes côtés, ou pas du tout. Excuse mon humeur morbide ; le temps est à la mélancolie ce soir et j'ai bu trop de brandy. Dans tous les cas, j'en ai assez. Je rentre à la maison. Je te vois bientôt. À toi, éternellement et irrévocablement. Libertas. »

Elle ne s'était pas attendue à recevoir une réponse ; du fait du plan de route de l'*Ilona*, ils avaient décidé qu'il était inutile que Harro lui écrive, car ses lettres ne lui parviendraient pas. Néanmoins, quand elle débarqua sur le quai à Hambourg, Harro l'attendait, avec le sourire éclatant qu'elle aimait tant, les bras grands ouverts et les yeux brillants d'un infini dévouement. Quelques semaines de repos et de traitement médical avaient fait des merveilles : ses cernes avaient disparu, de même que son teint jaunâtre et souffreteux. Il respirait la santé, pour la plus grande joie et le plus grand soulagement de Libertas.

— Ne m'envoie plus jamais à l'étranger, marmonna Libertas en blottissant son visage dans les plis de l'uniforme de Harro.

— Promis, assura Harro. Je te le jure.

Berlin. Janvier 1938

Noël fut une bien triste affaire à Schloss Liedenberg. Toutes les chansons traditionnelles étaient désormais mal vues et quasiment interdites par les derniers décrets du secrétariat de la Culture et de la Propagande, au profit d'une tradition païenne « aryenne » de la célébration du solstice. Puis vint le mois de janvier, qui traînait et s'éternisait à la manière d'un mois de janvier typiquement berlinois, boueux, sans neige et avec un ciel couleur de plomb. Après le rapport de Gisela annonçant qu'elle avait mené à bien leur mission et confié l'enveloppe à un fonctionnaire soviétique austère, ils n'eurent plus de nouvelles, jusqu'à ce qu'elle revienne et déménage. Comme sa cousine, elle s'était rendu compte que Ricci lui manquait terriblement pendant qu'elle était seule à Paris, et elle avait décidé d'emporter le peu d'affaires qu'elle possédait dans le hangar à bateaux, où ils vivaient désormais comme deux vagabonds, dans une cabane mais fous amoureux.

Sans emploi et débordante d'énergie, Libertas se mit à faire de l'exercice au Tiergarten. Elle courait jusqu'à ce que le train effréné de ses pensées ralentisse et que l'épuisement remplace la vague anxiété qui envahissait son esprit. Seule à la maison, elle organisait les notes prises sur le bateau dans un semblant d'ordre, les dactylographiait sous différentes sections, chiffonnait les pages et les jetait, agacée, dans une corbeille sous son bureau, puis elle les tapait à nouveau, afin que Harro ait autre chose à lire le soir que les comptes rendus du ministère qu'il détestait et les romans allemands populaires remplis de sang et de race qu'il exécrait tout autant.

Un soir, alors que Libertas écoutait la BBC, la radio réglée au volume le plus bas, Harro releva soudain les yeux des notes qu'il était en train de lire.

— Est-ce que je t'ai dit que j'avais rencontré un vieil ami du *Gegner* à l'arrêt de bus ?

Libertas éteignit le poste.

— Non. Qui ça ?

— Günther Weisenborn. Je n'ai pas la moindre idée de comment il a réussi à échapper aux nazis jusqu'à maintenant, mais…

Harro gloussa, pris entre émerveillement et souvenirs.

— Il était dramaturge au théâtre Volksbühne et c'était un bon ami de Bertolt Brecht, ce communiste fou qui s'était auto-baptisé le directeur du peuple. De fait, l'un des romans de Weisenborn a été brûlé pendant les autodafés de mai 1933, tu te rappelles ?

Libertas ne se les rappelait que trop bien. L'odeur de la liberté brûlée, les cendres sur ses joues telles des larmes.

— Enfin bref, j'aimerais bien lui montrer tes notes, reprit Harro.

Libertas le scruta, abasourdie.

— Mes carnets de voyage ?

— Oui. Ça t'embête ?

— Non. Simplement, je… Pour quoi faire ?

— Parce que je pense que c'est très bien écrit et qu'il pourrait t'aider à en faire un livre, ou à les proposer à un magazine ou quelque chose dans la même veine.

Libertas se mit à rire, mais elle ne tarda pas à s'arrêter en voyant l'expression de Harro.

— Tu es sérieux ?

— Bien sûr.

— Mais ce ne sont que des notes personnelles. Ça ne vaut rien. Je les ai écrites pour toi et moi, peut-être pour Gisela et Ricci, mais pas pour qu'elles soient lues par le grand public.

— Et pourquoi pas ?

— Parce que je ne suis pas écrivaine.

Un sourire apparut sur les lèvres de Harro.

— Et peut-on savoir qui décide de ces choses-là ?

Le 12 janvier, Günther Weisenborn frappa à leur porte, armée d'un bouquet de roses destinées à Libertas. Avec son manteau noir, ses yeux noirs derrière des lunettes à monture en écailles et ses gants en cuir noir, il ne ressemblait en rien à ce qu'elle avait imaginé. Sans autre forme de procès, il demanda à voir le « manuscrit », que Libertas lui tendit avec une grande hésitation ; il le feuilleta tandis qu'elle se réfugiait dans la cuisine pour s'affairer autour du thé et du dessert, afin de dissimuler une gêne et une anxiété qui confinaient au vertige. Lorsqu'elle revint avec un plateau qui tremblait légèrement entre ses mains, Harro et leur invité étaient déjà en train de discuter du format qui conviendrait le mieux à ses carnets.

— Merveilleux ! la félicita Günther en brandissant les notes telles un trophée. Tout simplement merveilleux. Quel sens du détail, quel style unique ! Rien que dans les quelques pages que j'ai lues, j'ai l'impression d'être là-bas avec vous, sur ce bateau. Votre délicieux sens de l'humour, vos remarques sarcastiques et pince-sans-rire, votre esprit affûté… je suis sous le charme. Ce serait un crime de ne pas montrer ça à mon éditeur Ernst Rowohlt.

Rougissante, Libertas regardait Günther et Harro chacun leur tour, une colonie entière de papillons s'envolant dans sa poitrine face à l'espoir que tout n'était pas encore perdu. Peut-être qu'elle laisserait une trace, au final. Et ce même si elle était née femme.

Février 1938

Il était tard, bien après le dîner, quand Ricci fit irruption chez Libertas et Harro, blanc comme un linge.

— Gisela a été arrêtée, annonça-t-il d'une voix d'homme mortellement blessé.

Harro pâlit à son tour, pendant que Libertas dévisageait Ricci. Une centaine de scénarios se formaient déjà dans son esprit, tous plus affreux les uns que les autres.

— Quand ? demanda Harro.

— Aujourd'hui.

Le visage de Ricci était trempé de neige fondue. Ou étaient-ce des larmes ? Dans la lumière tamisée du couloir, Libertas n'en était pas sûre. Ricci semblait collé au mur contre lequel il était appuyé, paralysé par la détresse.

— Ils sont venus au hangar à bateaux. Je ne comprends même pas comment ils ont entendu parler de cet endroit.

— Ont-ils dit de quoi ils l'accusaient ? s'enquit Libertas d'une voix qu'elle-même eut du mal à reconnaître.

— Non, répondit Ricci, le visage dans les mains. Seulement qu'elle était en état d'arrestation. Quand j'ai essayé de protester, ils m'ont fermement conseillé de me mêler de mes affaires si je ne voulais pas finir en cellule aussi pour obstruction à la justice.

Libertas et Harro échangèrent des regards angoissés. Était-ce possible que la Gestapo ait observé Gisela pendant tout ce temps ? Étaient-ils au courant pour Paris ? L'avaient-ils suivie jusqu'à l'ambassade soviétique ? Étaient-ce les Soviets eux-mêmes qui les avaient avertis, considérant le contenu des documents comme une provocation de la part d'Allemands indisciplinés ?

— Qu'est-ce qu'on fait, maintenant ? murmura Libertas sans s'adresser à personne en particulier.

Harro soupira et se passa une main dans les cheveux.

— Rien de précipité. La pire réaction dans un moment comme celui-ci, ce serait de paniquer et de faire quelque chose de stupide.

Son regard passa de Libertas à Ricci.

— Asseyons-nous, buvons un verre et discutons.

Ricci se traîna derrière eux jusqu'au salon et se laissa choir sur le canapé. Épuisé et au désespoir, il semblait avoir pris dix ans d'un coup.

Tandis que Harro leur préparait à boire – dans le seul but d'occuper ses mains tremblantes et glacées – Libertas se colla à la fenêtre, les yeux rivés sur la rue en contrebas. À travers la vitre embuée par son propre souffle, chaque ombre, chaque voiture qui roulait au ralenti devenait une menace ; le moindre passant avec un chapeau mou sur la tête était un agent de la Gestapo ; le moindre sifflement pour un taxi était un signe d'entrer dans leur immeuble. Elle sursauta quand Harro pressa un verre de brandy dans sa paume.

— Pardon, murmura-t-elle. Je suis nerveuse.

Il l'embrassa sur la tempe et s'attarda plus que de coutume, réticent à l'idée mettre fin à ce baiser. Cela devait profondément l'affecter de voir Ricci plongé dans la tourmente qui le frapperait à son tour si leurs pires craintes devenaient réalité. Une fois que le premier accès de peur pour leur propre vie fut apaisé par quelques généreuses gorgées de brandy, un sentiment de vide le remplaça.

Gisela. Leur Gisela, si courageuse et téméraire.

Libertas essuya discrètement les larmes sur ses joues. Inutile que Ricci la voie pleurer. C'était mauvais pour le moral.

Depuis les profondeurs du salon, la voix de Harro s'éleva, d'un froid réservé et d'une logique rassurante.

— Si les manteaux de cuir étaient au courant pour les documents et l'ambassade, ils l'auraient arrêtée bien avant. Ils l'auraient interceptée avant même qu'elle ne confie les papiers aux Soviets, pour ne pas prendre le risque que ces derniers mettent la main dessus. Ils ne t'ont pas convoqué pour t'interroger, ce qui signifie qu'ils ne soupçonnent pas une conspiration.

Il y eut une pause, un silence chargé de tension, tel un élastique sur le point de céder.

— Ricci, j'ai besoin que tu réfléchisses, continua Harro. Est-ce que Gisela s'est impliquée dans autre chose dernièrement ? N'importe quoi qui aurait pu provoquer son arrestation ?

Ricci n'eut pas à réfléchir bien longtemps.

— Non, pas depuis qu'elle est rentrée de Paris. Elle est tout le temps avec moi, alors je l'aurais su si…

Un autre soupir exaspéré.

— Non. Il n'y avait rien d'illégal… Uniquement ça.

Ça. Un seul mot, presque lancé comme une accusation même si ce n'était pas dans les intentions de Ricci. Un seul mot qui fit à Libertas l'effet d'un coup de poignard qui la transperçait de culpabilité et de remords.

— J'aurais dû y aller à sa place, dit-elle tout bas. Nous n'avions pas le droit de demander à Gisela de risquer sa vie pour nos affaires. Mon père vit à Paris avec mon ancienne gouvernante. J'aurais pu les utiliser comme une excuse.

Elle secoua la tête, agacée par sa propre stupidité, par une imprudence qui pourrait très bien coûter la vie à Gisela. Ou en tout cas sa liberté.

— Oui, j'aurais dû m'en charger moi-même, au lieu de…

— Ne te blâme pas, Libs, intervint Ricci d'un ton plus doux. Tu n'as pas forcé Gisela à quoi que ce soit. Elle voulait y aller. Elle était même complètement emballée à cette idée. Pour elle, c'était une grande aventure.

Il laissa échapper un petit rire à peine audible.

— Tu sais comment elle est. Une rebelle, un esprit sauvage qui lit trop de romans d'espionnage. Elle a pris ça comme un jeu.

Sauf que ce n'était pas un jeu. C'était la vie. Une vie qui ne tenait plus désormais qu'à un fil.

Chapitre 21

Le cinquième jour, à bout de patience, Libertas appela son oncle et convint d'un déjeuner avec lui. Elle arriva en premier, anxieuse et éreintée par les nuits sans sommeil. Elle consultait sa montre toutes les deux minutes, en dépit de ses vingt minutes d'avance. Wend arriva à midi moins cinq, avec sa ponctualité habituelle.

Après l'avoir embrassée cérémonieusement sur les deux joues, son oncle tint Libertas à bout de bras et la regarda avec préoccupation.

— Est-ce que tu vas bien, Libby ? Tu es affreusement pâle. Pardonne-moi de t'en faire part, c'est uniquement parce que je suis inquiet.

Elle essaya de sourire.

— Je suis toujours pâle, *Onkel.* Tout le monde l'est dans notre famille, à l'exception de Vati qui est toujours rouge comme une tomate.

Wend sourit poliment face à sa tentative de faire de l'humour et recula lui-même une chaise pour sa nièce, sans s'occuper du serveur. Il se livra à ses litanies habituelles : consulter la liste des vins, commander le meilleur Riesling, parler de la pluie et du beau temps et de l'enfer qu'étaient les travaux. Mais dès qu'on leur eut apporté leurs entrées et que le ballet des serveurs autour d'eux cessa, Wend croisa les mains et fixa sa nièce avec insistance.

— Alors, que se passe-t-il ? Je suppose que ce n'est pas parce que je te manque terriblement que tu m'as fait venir ici.

— Vous m'avez manqué, pourtant, répondit Libertas.

Elle tenta de sourire, mais ses lèvres tremblotaient malgré elle. Elle ne savait pas comment entamer la conversation.

— Qu'y a-t-il, Libs ? Est-ce au sujet de Harro ? Est-il de nouveau malade ?

— Non, ce n'est pas Harro. C'est Gisela.

— *Ach*, une fille très enjouée, un peu fofolle, peut-être.

Il rit affectueusement.

— Elle vit avec vous, n'est-ce pas ?

— Elle louait une chambre chez nous, mais elle a emménagé chez son galant juste avant Noël.

— Cet artiste ?

— Oui, Ricci.

— Et donc ? Qu'arrive-t-il à ton amie ?

Libertas le dévisagea en quête d'indices. Faisait-il très bien semblant, ou n'était-il réellement au courant de rien ? La possibilité que son oncle feigne l'ignorance alors que la vie d'une parente était en danger perturbait Libertas au plus haut point, mais c'était une possibilité. Wend avait prouvé à maintes reprises sa loyauté envers le Parti. Mais serait-il prêt à trahir sa propre famille par appât du gain et du pouvoir ?

— Elle a été arrêtée il y a quelques jours, annonça Libertas d'une voix neutre.

La surprise dans les yeux de Wend était visible et semblait sincère. Il marqua une pause au beau milieu d'une gorgée, posa son verre sur la table et se tamponna la bouche de sa serviette.

— Pour quel motif?

— C'est ce que j'aimerais découvrir.

— Tu veux dire qu'ils ne l'ont accusée de rien lors de son arrestation ?

— Non. Ricci était présent et a demandé une explication. Ils lui ont simplement répondu de se mêler de ses affaires et ils l'ont emmenée. Depuis, nous n'avons aucune nouvelle.

— Ce n'est pas bon signe, grommela Wend en tapotant le rebord de la table du bout des doigts. Je suppose que c'était la Gestapo, pas la police ?

Libertas hocha la tête sans un mot.

Wend acquiesça à plusieurs reprises, perdu dans ses propres pensées. Face à son air inquiet et à son expression de réflexion intense, Libertas comprit qu'il n'était vraiment au courant de rien, en dépit de sa proximité avec von Below et Göring.

À moins qu'ils le maintiennent volontairement dans l'ignorance, songe-t-elle. *Et si, à la place de Röhm, le dirigeant SA assassiné, c'était son oncle Wend qui était tombé en disgrâce pour une raison quelconque ? Et si les dirigeants du Parti décidaient de se débarrasser de toute la famille, les accusant tous de trahison et utilisant Gisela comme excuse ?*

Son verre d'eau gazeuse faillit glisser de sa main moite. Elle en but plusieurs gorgées dans l'espoir de calmer son cœur qui battait la chamade ; les idées tourbillonnaient dans son esprit, plus sombres à chaque instant. Une sueur froide perlait sur sa peau. Ses oreilles bourdonnaient.

La voix de Wend lui parvint comme s'ils étaient sous l'eau.

— Libs ? Je t'ai demandé si tu voulais que je me renseigne ?

Au prix d'un effort surhumain, elle réussit à reprendre une contenance.

— Oui, s'il vous plaît. Si cela ne vous dérange pas.

— C'est bien dommage que Göring ne soit plus à la tête de la Gestapo, autrement, j'aurais pu te donner une réponse rapidement. Mais désormais, c'est le domaine de Himmler et Heydrich.

L'expression de Wend était acerbe. De toute évidence, il ne portait ni l'un ni l'autre en haute estime et préférait ne pas avoir affaire avec eux s'il pouvait l'éviter. Néanmoins, il adressa un sourire encourageant à sa nièce.

— Mais ne t'en fais pas. Il y a des gens qui me doivent quelques services. J'aurai des nouvelles dans quelques jours tout au plus. Et maintenant, mange. Si tu maigris davantage, tu vas te faire emporter par le vent.

Un sourire triste passa sur les lèvres de Libertas. Parfois, elle aurait bien aimé. Quelque part très loin de l'Allemagne.

Wend tint parole. Il se présenta chez eux en milieu d'après-midi, alors que Harro était au travail, et refusa d'un revers de main l'offre de Libertas de lui faire un café.

— Non, non, pas la peine de prendre mon manteau non plus. Mon chauffeur m'attend en bas. Il semblerait que notre petite rebelle ait été arrêtée à cause d'un incident idiot qui date d'il y a des années. Ça remonte à 1934, une histoire de diffusion de propagande anti-gouvernementale dont elle ne comprenait pas la moitié, et dont elle ne se souvenait même pas, comme l'a montré l'interrogatoire.

Wend leva les yeux au ciel.

— Enfin bref, ils l'ont condamnée à seulement cinq mois de prison, et encore, uniquement pour me rendre service. Elle sera ressortie en un rien de temps. Juste à temps pour que Harro et toi les rameniez à la marina, Ricci et elle. À présent, si tu veux bien m'excuser, il faut vraiment que je file. Toutes ces histoires avec l'Autriche...

Nouveau soupir dramatique ; après le baiser obligatoire sur le front, Wend partit, laissant Libertas étourdie et souriante de soulagement en dépit de son épuisement.

Seulement cinq mois. Un incident idiot. Ils étaient en sécurité. D'ici l'été, tout ira bien.

Mais ensuite, le mois de mars arriva, les troupes allemandes franchirent les frontières autrichiennes et les paroles de Wend – *toutes ces histoires avec l'Autriche* – auxquelles Libertas n'avait pas prêté attention, revêtirent une nouvelle signification menaçante.

Le Grand Reich allemand venait d'engloutir un énième territoire voisin et personne n'avait sourcillé. L'été viendrait, mais rien n'irait bien. Dans l'air se répandait le parfum discret mais âcre de la guerre.

Juillet 1938

Libertas remit une mèche de cheveux en place pour ce qui semblait être la centième fois.

— De quoi ai-je l'air ? demanda-t-elle à Harro, anxieuse.

Elle était trempée, davantage à cause de la nervosité que de la chaleur. Pendant le trajet, c'était encore tolérable avec la capote baissée, mais à présent qu'ils faisaient le pied de grue sur le trottoir, des gouttes de sueur glissaient le long de son dos sous sa fine robe en satin.

— Tellement belle que ça devrait être illégal. Comme toujours, ajouta-t-il avec un grand sourire.

Libertas lui offrit un faible sourire de gratitude et prit des mains de Harro le bouquet de lys qu'ils avaient acheté avenue Linden. *Des lys tigrés. Les préférés de Gisela.*

Enfin, les grilles du bastion de la Gestapo gémirent. Le cœur battant et la gorge nouée, Libertas tendit le cou, sans se rendre compte qu'elle retenait son souffle. Mais ensuite, la déception l'envahit quand une vieille femme émaciée sortit en traînant les pieds, avec un sac en toile qui renfermait ses maigres possessions.

Elle soupira et consulta de nouveau sa montre (le gardien avec lequel ils avaient parlé avait pourtant bien dit 16 heures), puis elle se remit à triturer les fleurs.

Harro la poussa légèrement, étrangement pâle en dépit de son hâle estival qui respirait la santé. Sa main était glacée.

Libertas le fixa d'un air interrogateur. *Quoi ?*

Alors il passa son bras autour de ses épaules et la fit pivoter, délicatement mais fermement, en direction des portes qui se refermaient. Un sourire figé artificiel qui ressemblait davantage à une grimace lui déformait le visage.

— Quoi que tu fasses, Libs, surtout, ne pleure pas, lui marmonna-t-il à travers ses dents serrées tout en étreignant son épaule.

Pourquoi est-ce que je pleurerais? faillit lui demander Libertas, encore dans le déni, refusant encore de croire que cette coquille fragile qui les attendait devant l'entrée était Gisela.

Les yeux fixés sur ses sandales (Seigneur, que son vernis rouge était inadéquat, réalisa-t-elle avec une horreur grandissante), Libertas ne pouvait se résoudre à assimiler la terrible transformation.

Seuls cinq mois s'étaient écoulés…

Comment une telle chose était-elle possible ?

— Gisela !

La gaieté forcée dans la voix de Harro la fit sursauter.

— Comment vas-tu, ma grande ? Tu nous as sacrément manqué !

Il lui donna un petit coup de coude.

Libertas obligea ses lèvres tremblantes à s'étirer en un sourire.

— Sacrément… parvint-elle à murmurer tandis qu'elle brandissait les fleurs devant elle comme un bouclier.

Mais ensuite, honteuse de sa propre peur, Libertas releva la tête, planta ses yeux dans ceux de sa cousine et sourit plus franchement, réprimant une exclamation horrifiée qu'elle ravala en même temps que ses larmes.

C'était impossible de se dire que cette apparition à la peau quasiment translucide parcourue de veines bleues n'avait que vingt-sept ans. Une robe en laine, dans laquelle elle avait dû être arrêtée, flottait autour de ses membres squelettiques, perdus dans ses plis. Les demi-lunes violettes sous ses yeux avaient la même couleur cadavérique que ses lèvres, qui s'étiraient en un sourire incertain et exsangue. Ses pommettes brillaient d'un rose contre nature et ses iris étincelaient d'un éclat fiévreux sous ses paupières lourdes. C'était comme si un feu invisible brûlait en elle, un feu qui la réduisait doucement mais sûrement en cendres.

Frémissant à cette pensée, Libertas attrapa sa cousine par les épaules et l'embrassa sur les deux joues.

Gisela protesta. Sa maladie n'avait pas progressé au point de devenir contagieuse, les médecins de la prison l'en avaient assurée, mais il valait tout de même mieux que Libertas garde ses distances. En outre, elle ne reviendrait pas vivre chez eux. Ni chez Ricci, même s'il n'avait de cesse de la supplier…

Harro fut le premier à se ressaisir.

— Viens, dit-il doucement en lui prenant son sac des mains. Installe-toi dans la voiture. Tu dois être épuisée…

— Épuisée de quoi ?

Un aperçu de l'ancienne Gisela était encore discernable dans le sourire de sa nouvelle version.

— J'ai passé les cinq derniers mois sur le dos. Je me suis assez reposée pour une vie entière.

— Ce soir, tu restes avec nous, continua Harro tandis qu'il l'aidait à s'asseoir. Et demain, nous te chercherons un bon sanatorium.

C'était sa façon à lui de contrôler ses émotions, en s'occupant de la logistique.

Libertas borda les jambes de Gisela sous une couverture,

— Le meilleur ! ajouta-t-elle, retrouvant enfin la parole. L'air de la montagne, c'est exactement ce qu'il te faut. Ça va te remettre d'aplomb en quelques semaines, tu verras.

En voyant que Libertas la fixait désespérément, comme dans l'attente d'encouragements, Gisela eut pitié. Elle hocha la tête et serra la main de Libertas dans la sienne.

Libertas lut dans les yeux de Gisela une condamnation à mort non annoncée. Elle sentit l'haleine putride de la Grande Faucheuse tandis qu'elle se blottissait contre elle. Ils étaient à trois sur la banquette avant, mais c'était à peine si Libertas sentait la hanche de Gisela contre la sienne. Néanmoins, elle ne pleura pas, se mordant violemment l'intérieur des joues pour retenir ses larmes. Harro avait raison : Gisela n'avait pas besoin de ça.

— Ils ne se doutent d'absolument rien concernant notre affaire parisienne.

Alors qu'elle avait déjà un pied dans la tombe, Gisela arborait un sourire triomphant, les paupières closes dans le vent chaud de l'été.

— Ils m'ont offert une remise en liberté immédiate en échange de toute information de valeur que j'étais susceptible de fournir. Un gros bonnet de l'office central de la sécurité du Reich est venu me voir en personne, pâle comme un mort et avec le regard le plus perturbant que j'avais vu de ma vie. Entièrement vide. Froid comme de la glace. Comme s'il n'avait pas d'âme.

Un râle naquit dans sa gorge. Un mouchoir pressé contre la bouche, Gisela s'écarta autant que possible de Harro et Libertas jusqu'à ce que sa quinte de toux s'arrête. Alarmée, Libertas écouta sa respiration entrecoupée, observa les gouttes de sueur qui se formaient sur les tempes de Gisela, rondes et lourdes comme des perles, la vit serrer le mouchoir dans son poing pour cacher les taches rouges qui le maculaient.

— … Il m'a dit qu'il signerait personnellement ma libération si je lui donnais quelque chose sur Harro, reprit Gisela. Tu es sur une de leurs listes.

Elle lui tapota le genou. À bout de souffle, elle fronçait les sourcils, comme si elle voulait leur communiquer tout ce qui était important le plus rapidement possible…

Pendant qu'elle le pouvait encore, songea Libertas. Au prix d'un immense effort, elle ignora le nœud dans sa gorge.

— Bref, il voulait savoir si tu tramais quelque chose, continua Gisela d'une voix rauque et épuisée. Je lui ai répondu qu'à ma grande déception, tu étais un citoyen du Reich exemplaire et que ton seul vice illégal était ton obsession malsaine pour le swing américain.

Harro éclata de rire à travers des larmes de gratitude. Gisela rit également et s'étrangla de nouveau, frottant sa poitrine dont un bruit inquiétant s'échappait.

— Gisela, peut-être que tu ferais mieux de ne pas trop parler, suggéra Libertas tout en massant délicatement le dos de sa cousine dans l'espoir de pacifier la bête qui se déchaînait en elle.

Gisela balaya son conseil d'un revers de main.

— Il faut que je raconte tout ça tant que j'en suis encore capable. Où en étais-je ? Ah oui, le gros bonnet blanc comme un cachet. Apparemment, il manquait aussi sévèrement de sens de l'humour. Non seulement il n'a pas apprécié ma plaisanterie, mais il m'a fait transférer dans la cellule la plus moisie de tout le sous-sol, avec tous les cas de tuberculose confinés dans la même aile. Un sacré connard.

Elle ricana dans un mélange de sarcasme et de dédain.

— Tu es hors de cause pour le moment. Ils n'ont rien sur toi, à part les vieux dossiers du *Gegner*, mais c'est de l'histoire ancienne. As-tu des nouvelles des Soviets ?

— Pas encore. Mais j'imagine que nous allons en avoir, répondit Harro.

Un éclat lointain brillait dans le regard de Gisela et un faible sourire rêveur dansait sur ses lèvres craquelées.

— J'aimerais vivre jusque-là. Alors je saurais que je n'ai pas vécu en vain. Que j'ai fait quelque chose de… remarquable.

— C'est le cas, interjeta Harro.

— Quelque chose d'incroyablement remarquable et courageux, enchérit Libertas en serrant la frêle main de Gisela dans la sienne. Tu es une héroïne, Gisela. Et tu le resteras à jamais.

— Est-ce que tu écriras sur moi ? demanda Gisela d'une voix où toute trace d'humour avait disparu. Maintenant que tu as enfin démissionné de ce travail idiot et que tu as décidé de devenir écrivaine.

— Oh, j'en suis très loin ! protesta Libertas.

— Ah non, ça suffit, l'interrompit Gisela. J'ai lu des extraits de tes carnets de voyage. Ils m'ont rendu ma liberté, même derrière ces murs de pierre. J'étais peut-être enfermée dans un donjon, mais si tu savais dans quelles aventures tes mots m'ont embarquée, Libs ! Ton travail pourrait avoir un impact que tu ne soupçonnes pas le moins du monde. Écris. Tu ne sais pas qui peut avoir besoin d'entendre tes récits, quelle vie ils sont susceptibles de transformer. Je t'en prie, n'abandonne pas. Tu me le promets ?

Libertas hocha la tête.

— Je te le jure.

— Bien.

Gisela poussa un soupir rocailleux, se laissa aller contre la banquette et ferma les yeux. Ses affaires étaient en ordre, ses dernières volontés exprimées, et Libertas et Harro entre de bonnes mains.

Chapitre 22

Zurich, Suisse. Août 1938

Assise en terrasse, Libertas touillait un café qui avait depuis longtemps refroidi. Autour d'elle, c'était un tourbillon de femmes en robes d'été, de rires insouciants, de chants d'oiseaux, de la musique qui se faufilait par des fenêtres ouvertes. Et pourtant, à l'intérieur de Libertas, c'était une véritable tragédie qui déployait ses ailes sombres. Devant ses yeux rougis et vitreux perdus dans le vide flottait l'image translucide de Gisela qui se dissolvait déjà dans le néant.

Libertas lui avait rendu visite le matin même, comme elle l'avait fait religieusement chaque jour au cours des dernières semaines, depuis qu'elle l'avait conduite au meilleur sanatorium que Harro et elle avaient été en mesure de trouver. Elle aurait passé ses journées entières avec Gisela si les médecins ne lui avaient pas expliqué qu'elle avait par-dessus tout besoin de repos.

— Mais il doit bien y avoir un traitement, continuait d'insister Libertas, toujours animée d'un espoir inutile, refusant toujours d'abandonner. Vous devez bien pouvoir faire quelque chose ?

Éclaircissements de gorge ; sourires polis et aseptisés ; regards navrés qui évitaient le sien.

— Nous ferons tout ce qui est en notre pouvoir pour que Fräulein von Pöllnitz soit installée aussi confortablement que possible, lui répondaient-ils d'un ton compatissant en évitant de nouveau soigneusement son regard.

Confortablement installée. Elle haïssait cette expression !

Dans un grognement, Libertas ferma les yeux et se frotta vigoureusement les paupières.

Qu'est-ce qui pouvait bien être confortable pour une femme mourante qui dépérissait non pas de jour en jour, mais d'heure en heure, et qui se fardait compulsivement le visage pour se faire jolie avant les visites quotidiennes de Libertas ?

Il n'y avait rien de confortable dans le fait de voir les lèvres pâles de Gisela trembler et de grosses larmes rouler sur ses joues tandis qu'elle se plaignait à Libertas avec amertume que « cette connasse d'infirmière avait confisqué son miroir ».

Il n'y avait rien de confortable dans le fait d'éclater en sanglots et de s'enfuir de la chambre comme une lâche pathétique, pour revenir trente minutes plus tard avec un sac à main rempli de maquillage, qu'elle appliquait elle-même sur le visage cireux de sa cousine, dont les paupières étaient violettes et les pommettes brûlantes.

— Voilà. Jolie comme un cœur.

Libertas grimaça en se remémorant avoir prononcé ces mots un peu plus d'une heure auparavant. Elle réprima un sanglot en se rappelant comment les traits de Gisela s'étaient illuminés lorsque Libertas lui avait enfin tendu le miroir. Sa cousine irradiait de gratitude et d'autre chose… Du soulagement, peut-être ? Elle lui avait ensuite demandé une cigarette, que Libertas lui avait donnée et allumée sans l'once d'une hésitation. Le médecin de Gisela était apparu sur le seuil de sa chambre, sans doute alerté par la fumée. Il avait commencé à dire quelque chose, mais en voyant l'expression de Libertas, il s'était tu et avait tourné les talons, refermant silencieusement la porte derrière lui.

Même les personnes envoyées à la potence avaient droit à une dernière cigarette. Refuser ce petit plaisir à Gisela aurait été cruel. Libertas avait constaté avec une ironie amère que pour la première fois depuis sa sortie de prison, pour la première fois depuis son arrivée au sanatorium, c'était tandis qu'elle prenait une longue bouffée que Gisela avait enfin l'air confortablement installée.

Apaisée.

Quand Libertas rentra à Berlin, elle retrouva une ville triomphante noyée sous les banderoles rouges et les couronnes de fleurs victorieuses. Parmi les foules en liesse qui applaudissaient leur Führer d'avoir gagné pour eux une nouvelle guerre sans tirer le moindre coup de feu, elle était la seule entièrement vêtue de noir. Pas seulement à cause de l'enterrement de Gisela, qu'elle avait organisé toute seule, mais à cause de la mort de la Tchécoslovaquie indépendante.

— Tu es au courant, je suppose ? lui demanda Harro tandis qu'il la serrait dans ses bras.

Il lui avait terriblement manqué.

— La Wehrmacht vient juste d'annexer les Sudètes. C'est notre *Protectorat*, désormais, annonça-t-il avec un dédain amer et moqueur. Offert par Herr Chamberlain à Hitler sur un plateau d'argent pour « préserver la paix » dans la région.

Libertas se contenta de hausser les épaules, trop fatiguée par la route et les événements des deux derniers mois. Cela avait été dur d'être la seule personne présente aux funérailles de Gisela à l'exception du prêtre et des deux fossoyeurs, mais c'était la dernière volonté de celle-ci : être enterrée dans la paisible Suisse et que l'on se souvienne d'elle pour la façon dont elle avait vécu, et non pas celle dont elle était morte. Elle n'avait pas souhaité qu'on la voie étiolée et malade ; à la place, elle avait espéré rester éternellement jeune et rebelle dans les esprits de ses amants, de ses amis et de sa famille. Libertas l'avait comprise on ne peut mieux et n'avait pas protesté.

— Pour être honnête, je ne m'attendais pas à un coup d'éclat héroïque de la part des Britanniques, répondit-elle dans un soupir. Souviens-toi de ce qu'a dit Evan quand nous lui avons demandé de remettre nos rapports à son gouvernement. *Ce que Hitler fait en Europe ne nous regarde pas. Nous en avons eu assez avec la Grande Guerre ; nous n'en voulons pas d'une seconde.*

— Et souviens-toi de ce que j'ai répondu. L'apaisement ne fonctionne pas avec les dictateurs. Maintenant que nous l'avons autorisé à engloutir les Sudètes sans même inviter le président tchécoslovaque à la table des négociations, Hitler va en vouloir encore plus. Il doit se sentir absolument omnipotent et inarrêtable. Voilà ce qui se passe quand le pouvoir s'exerce n'importe comment et quand l'homme qui en abuse ne fait face à aucune répercussion. C'est comme ça que naissent les dictateurs. Et c'est comme ça que meurent les nations.

Ce soir-là, ils restèrent à l'appartement et broyèrent du noir en silence. Le lendemain matin, alors que les rues jonchées de confettis, de petits drapeaux rouges et de fleurs fanées dormaient encore, ils se levèrent tôt et se mirent à comploter.

Car quelqu'un devait rester en arrière pour se battre.

Car quelqu'un devait arrêter le dictateur assoiffé de sang avant qu'il soit trop tard.

Parce que face à l'injustice et au nom de la liberté, même le plus infime acte de rébellion avait de l'importance.

Ils se mirent à comploter, au nom de Gisela.

Chapitre 23

Octobre 1938

Le soleil avait disparu derrière les toits depuis longtemps. Les rues n'étaient plus qu'un labyrinthe d'ombres ensommeillé. Et au milieu de cette obscurité, un rai de lumière, un éclat tamisé brillait doucement dans la nuit : un salon boulevard Kurfürstendamm, l'artère la plus bohème de tout Berlin, où des conspirateurs étaient rassemblés, déterminés à se battre contre le régime qui venait de leur prendre l'une des leurs. Et qui risquait de leur en prendre beaucoup d'autres.

Pas de musique ce soir : ils étaient encore en deuil. Pas de rires non plus ; le moment était bien trop grave. Pas de connaissances en commun ou d'amies ou de petits copains de passage : rien qu'un petit cercle d'amis intimes qui se faisaient entièrement confiance et auraient donné leur vie pour se protéger les uns les autres, tout comme Gisela l'avait si altruistement fait.

— Je pense que je n'ai pas besoin de vous expliquer la gravité de la situation, commença Harro une fois tout le monde installé sur le tapis devant la cheminée.

Tous les yeux étaient rivés sur la carte de l'Europe, une carte neuve, fraîchement imprimée, avec les frontières du Grand Reich qui s'étalaient de plus en plus loin, comme une tache d'huile dans de l'eau claire.

— Qu'importe combien de fois il a promis le contraire, Hitler ne va pas s'arrêter là. S'attribuer un morceau de la Tchécoslovaquie ne suffit pas : il veut dominer le monde, soumettre toutes les nations qui présentent ne serait-ce qu'une vague menace, annihiler totalement toute race qu'il considère inférieure. Il faut l'arrêter.

Un silence tendu flottait dans la pièce. Une par une, Harro regarda les personnes présentes, assises épaule contre épaule. Walter Küchenmeister et la docteure Elfriede Paul, le couple inséparable qui aidait les personnes persécutées à émigrer ; Kurt Schumacher avec son regard bleu honnête, ses cheveux blonds comme les blés et ses mains d'artiste ; sa femme Lisl, elle-même *Mischling*, une sang-mêlé d'après les lois de Nuremberg et qui avait aidé Harro à miniaturiser une foule de documents pour les réduire à la taille de timbres que Gisela avait à son tour fait passer aux Soviets dans une petite enveloppe. Dans leurs yeux brillait la même détermination féroce que celle qui brûlait dans ceux de Harro et de Libertas.

Trois couples, fermement résolus à changer le cours de l'histoire.

Quitte à y laisser leurs vies.

— Nous avons discuté, avec Harro, continua Libertas. Notre problème majeur à ce stade est la désinformation. J'ai travaillé à la MGM et je connais plutôt bien la manière dont le ministère de la Propagande de Goebbels fonctionne. Depuis que le *Mipro* a acquis le contrôle intégral des médias, le peuple allemand n'est informé que par ce biais. Je ne crois pas avoir à vous expliquer que Goebbels est loin d'être une source impartiale et objective. Par conséquent, la nation entière ne fait que consommer les soi-disant informations dont Goebbels la gave. Toutes les autres sources ont été réduites au silence de manière fort à propos.

Une autre pause, presque une minute de silence pour Martin, pour Henry, et même pour Harro qui en avait à peine réchappé et porterait à jamais les cicatrices de sa rencontre avec la Gestapo.

— Si on écoute les informations nationales, l'Allemagne se porte comme un charme, enchaîna Harro.

Dans les ombres dansantes projetées par les flammes, ses traits étaient immobiles. Nobles, sérieux.

— Le chômage atteint des taux remarquablement bas, celui des naissances crève le plafond, l'industrie est en plein essor et notre force grandit de jour en jour. Ce que l'on omet de nous dire, naturellement, c'est que le chômage est faible car quiconque n'a pas été recruté au sein de la nouvelle Wehrmacht est occupé à construire les autoroutes pour l'Armée allemande, et que les naissances augmentent parce que les femmes ont été exclues du marché du travail et de nouveau reléguées à la cuisine.

— Quant à l'industrie, elle est en plein boom uniquement parce que nous nous réarmons activement, offrit Walt. Même si ça va directement à l'encontre du traité de Versailles.

Journaliste jusqu'à la racine des cheveux, il mettait un point d'honneur à rester informé des actualités, même si la nouvelle administration lui avait interdit l'exercice de sa profession du fait de ses vues « gauchistes ».

— Exactement, confirma Harro. Mais les gens normaux ne sont pas au courant de ces choses-là.

— Et ça leur est égal, pour la plupart, ajouta Libertas. Tant que Hitler les emploie, les nourrit et les fait se rengorger de fierté vis-à-vis de leur héritage, ils se fichent bien de savoir qui en paie le prix. C'est plus facile de détourner le regard quand leurs voisins juifs se font embarquer ou que leurs collègues sociaux-démocrates se font arrêter pour avoir osé dire ce qu'ils pensent.

— C'est pour cette raison que nous devons d'abord et avant tout cibler les intellectuels. Les gens qui ont déjà tendance à pencher à gauche et qui remettent les choses en question, mais qui n'ont simplement pas les moyens d'accéder à des sources indépendantes d'information.

— Comment allons-nous nous y prendre ? s'enquit Elfriede, pratique comme à son habitude.

— En distribuant une brochure, annonça Libertas.

Incapable de dissimuler son enthousiasme, elle bondit sur ses pieds. Quelques instants plus tard, elle revint avec un prototype qu'elle étala au-dessus de la carte de l'Europe.

— *Der Strosstrupp*, lut Kurt. L'équipe de choc ?

— Ça ne te plaît pas ? demanda Harro.

— Au contraire. C'est accrocheur.

Penché sur le fascicule, Kurt souriait, fixant le titre avec intérêt.

— Audacieux, convint Lisl avec un sourire tout aussi facétieux. Je vote pour.

— … L'annexion des Sudètes est en soi un acte d'agression, commença à lire Elfriede tout bas. Rien n'indique que les Allemands ethniques qui y vivent aient été persécutés et tourmentés par la population locale. Tout ce conflit a été inventé de toutes pièces par le ministère de la Propagande allemande, avec le ministre Goebbels comme tête pensante…

— On cite des noms ? C'est un véritable crime contre l'État.

Les yeux de Walt brillaient carrément d'excitation à ce stade.

— Seulement pour qui se fait prendre en train de le commettre, rétorqua platement Libertas avec un léger haussement d'épaules.

— Et donc, comment faisons-nous pour l'imprimer en toute discrétion ? demanda Walt.

À la façon dont il se frottait les mains, il semblait prêt à se rendre en personne dans une imprimerie.

Aussitôt, Kurt, le seul artiste du groupe, s'anima.

— Il va nous falloir beaucoup de papier. J'en ai plein dans mon studio, mais je peux toujours en acheter davantage auprès de mon grossiste habituel sans éveiller le moindre soupçon.

Harro hocha la tête.

— Voilà qui est réglé. Reste la distribution.

— Qu'est-ce que vous aviez en tête ? s'enquit Lisl.

— Nous pouvons nous procurer le nom de nos cibles dans l'annuaire, expliqua Libertas. Tous les médecins, avocats, écrivains et autres professeurs y figurent. Et nous pourrions déposer les brochures nous-mêmes, à condition de porter des gants bien sûr, afin de ne pas laisser d'empreintes.

— Ou nous pouvons les expédier par la poste, poursuivit Harro. Nous ne savons pas trop quelle option est la plus sûre.

— Je dirais que c'est plus dangereux de les délivrer en personne, hasarda Walt. Il y a tellement d'informateurs de nos jours, on ne sait jamais vraiment qui nous observe. Bientôt, une grand-mère inoffensive passera un coup de fil après nous avoir vus entrer dans un immeuble et nos têtes sauteront dans la minute.

— Walt a raison, décréta Elfriede. Ce sera plus discret de les envoyer par voie postale.

— Et les timbres ? Comment nous en procurer autant sans éveiller les soupçons ?

— Chacun de nous en achètera dans différentes stations de métro. Il y a toujours tellement de monde que personne ne se souviendra de nos têtes tant que nous n'en prenons pas trop d'un coup.

— Et je peux poster le tout tandis que j'effectue mes consultations, suggéra Elfriede. Je rends visite à plusieurs patients par jour dans plusieurs quartiers de la ville. C'est facile pour moi de poster les enveloppes en chemin.

Ce fut au tour de Harro de se frotter les mains d'impatience.

— Bien. C'est très bien. Nous commencerons petit. Quelques dizaines au début. Mais ces quelques dizaines se répandront comme une traînée de poudre parmi les amis et connaissances animés des mêmes valeurs que ces intellectuels que nous ciblons. Certes, quelques-uns seront peut-être signalés, mais si nous faisons attention, que nous portons toujours des gants et que nous ne laissons aucune trace, nous ne devrions avoir aucun mal à éviter la détection.

— Est-ce que tout le monde est partant? demanda Libertas.

À en juger par les grands sourires qui l'entouraient, la question était superflue.

Des journées dorées d'octobre s'ensuivirent. Des journées pendant lesquelles les six travaillèrent comme une machine bien huilée: des journées pendant lesquelles le tract de l'Équipe de Choc envahit la ville de Berlin dans un tourbillon de feuilles d'un rouge révolutionnaire saignant de vérité.

Noyant le manque de sommeil dans des litres de café, Libertas tapait et retapait le même texte sans relâche, jusqu'au milieu de la nuit, afin que Lisl passe les prendre tôt le matin et les apporte à son mari Kurt pour la touche finale: le titre qu'il peignait sur chaque brochure et qui accusait et exhortait à passer à l'action, avec ses lettres rouges furieuses. Chaque jour sans exception, c'était Walt qui fournissait les timbres et les enveloppes que Lisl et lui achetaient à différents endroits, remerciant sarcastiquement le régime qui leur avait interdit d'exercer leurs professions respectives et leur offrait par conséquent tout le temps de se livrer à leurs activités anti-gouvernementales. C'était ensuite Elfriede qui les fourrait dans sa sacoche en cuir de praticienne et partait faire sa tournée, inondant la ville d'enveloppes qui renfermaient la vérité gênante et amère : l'agression allemande, la guerre imminente, toutes les victimes du régime qui avaient déjà souffert à cause de leurs croyances, et toutes celles qui souffriraient encore.

À la fin de la semaine suivante, ils se retrouvèrent à court de papier. Kurt proposa d'en acheter davantage, mais Harro refusa catégoriquement de prendre un tel risque.

— Nous commençons à peine, expliqua-t-il en posant une main sur l'épaule de Kurt pour tempérer la déception de l'artiste. Ce serait idiot d'attirer l'attention sur nous dès maintenant et de tout gâcher.

— Elfriede a raison, ajouta Libertas avec un sourire à l'attention de la médecin. Morts, nous ne servons à rien. Attendons et voyons comment les gens réagissent.

Elfriede hocha la tête.

— Oui. Voyons si tout ceci sert à quelque chose.

— À en juger par les journaux, c'est le cas, annonça Walter. Jusqu'à maintenant, seules douze brochures ont été signalées à la police. Je l'ai lu ce matin dans le *Beobachter*.

— Ce qui signifie que des centaines d'autres sont actuellement en circulation partout dans Berlin, murmura Harro, comme s'il avait peur de croire à une telle veine.

— Les gens les gardent, les partagent.

Dans son enthousiasme, Lisl s'empara de la main de Kurt et la serra. Un éclat ambré chaleureux illuminait son visage, une lueur joyeuse dansait dans ses yeux noirs.

— Peut-être qu'ils en parlent en ce moment même, comme nous.

— Espérons-le, conclut Harro. *Damen und Herren*, étant donné que nous sommes tous encore vivants et pleins d'entrain, j'annonce que l'opération « Équipe de Choc » est un succès, plaisanta-t-il sombrement en levant son verre pour trinquer.

Ils firent la fête ce soir-là. Dans la nuit, Libertas se réveilla de nouveau seule dans le lit, à côté de l'oreiller froid de Harro. Leur dangereuse entreprise avait des conséquences négatives sur sa santé. Les vieilles blessures infligées par la Gestapo s'étaient rouvertes, comme pour lui rappeler le coût de la résistance, le prix à payer lorsqu'on décidait de se battre.

— Harro ?

Pieds nus et tremblante dans la fraîcheur nocturne, Libertas frappa délicatement à la porte de la salle de bains.

— Est-ce que tu as besoin de quelque chose ? J'ai encore de la morphine que Gisela m'a laissée.

Elle l'entendit rire tout bas de l'autre côté.

— Je ne suis pas encore en train de mourir.

— J'espère bien que non. J'ai encore des projets pour toi.

Le cliquetis du verrou résonna.

Aveuglée par la lumière, Libertas plissa les yeux tout en souriant qu'il la laisse entrer. D'habitude, Harro souffrait en silence, à l'abri des regards, mais quelque chose avait changé depuis la disparition de Gisela. Il n'avait plus honte d'afficher sa faiblesse. Gisela avait été réduite à l'ombre d'elle-même après son incarcération et pourtant, Libertas et Harro l'avaient trouvée plus forte et courageuse que quiconque.

Harro voyait désormais la douleur comme un insigne d'honneur qu'il arborait avec fierté.

— Tu as besoin de vacances, mon cher mari, décréta Libertas en s'asseyant sur le tapis près de la baignoire à pieds.

Allongé sur le carrelage, les bras croisés sur son ventre zébré de cicatrices, Harro parvint à esquisser un sourire.

— Je serais complètement idiot de te contredire sur ce point, ma chère épouse.

— Nous en avons besoin tous les deux, ajouta-t-elle.

Il la regarda tendrement et lui prit la main.

— C'est vrai. Pardonne-moi, je t'en prie. Je ne t'ai jamais remerciée d'être restée avec Gisela jusqu'à la fin.

— C'était le moins que je puisse faire.

— Ça a dû être difficile de la voir dans cet état.

— Oui.

Ça lui avait déchiré le cœur en lambeaux, à vrai dire.

— Elle mériterait qu'une statue soit érigée en son honneur.

— C'est vrai. Elle en aura peut-être une un jour. Quand les gens auront repris leurs esprits.

— Penses-tu que nous serons encore là pour assister à ça?

Libertas resta longtemps silencieuse, hésitante entre espoir absurde et sombre réalité.

— Je n'en sais rien, finit-elle par admettre en caressant les doigts de Harro. Mais tant que tu es avec moi, tant que nous nous battons côte à côte, ça n'a pas vraiment d'importance. Parfois, le voyage compte autant que la destination. Et je serais honorée d'entreprendre ce voyage avec toi, mon courageux combattant pour la liberté.

Harro se redressa sur un coude et embrassa le genou de Libertas.

— Je veux faire un vrai voyage avec toi. Je veux tout voir avec toi. Pendant que nous sommes encore en vie.

Une pointe acérée transperça violemment la poitrine de Libertas à ces mots. Le souvenir de Gisela les hantait bien plus profondément qu'ils le croyaient. Sa mort avait changé beaucoup de choses, mais elle les avait surtout changés eux.

— Allons en Italie. Traversons les Alpes, continua Harro d'une voix plus forte et passionnée. Tenons-nous la main tandis que nous voguons à bord d'une gondole. Faisons l'amour dans un pré sous le ciel étoilé. Faisons tout ça avant qu'il soit trop tard.

Le cœur battant d'un amour infini, Libertas l'embrassa.

— Alors, va pour l'Italie, mon époux. Avant qu'il ne soit trop tard.

Venise. Octobre 1938

Dans le crépuscule grandissant, la vieille cité respirait les rêves et la magie. Tout autour d'eux, des vitraux leur offraient une explosion de couleurs dans les derniers rayons du soleil couchant. De vieux palazzos croulants encore parés de leur ancienne grandeur revenaient à la vie, enveloppés dans des ombres qui dissimulaient les craquelures dans leurs murs. Des notes de guitare mélancoliques se déversaient depuis les balcons. Dans l'air chaud à l'odeur de renfermé flottait un vague sentiment d'exaltation et quelque chose d'inconnu et d'exotique.

Alors que Libertas regardait autour d'elle, émerveillée, Harro conduisait lentement dans une ruelle étroite, un plan de la ville étalé sur les genoux.

— Il y a un garage à deux rues d'ici, annonça-t-il. Nous pouvons laisser la voiture là. Ce sera plus simple d'utiliser les moyens de transport locaux, je suppose, plaisanta-t-il.

Il hocha la tête vers le canal qu'ils apercevaient entre les bâtiments. À la surface de l'eau glissaient des gondoles, habilement gouvernées par des hommes aux bras musclés et bronzés dont les visages étaient obscurcis par des chapeaux. Nichés dans les embarcations, des couples étaient blottis dans les bras l'un de l'autre. C'était une terre qui sentait la mer et la romance, suspendue dans le temps et dans l'espace, un coin de paradis traversé de ponts arqués et surveillé par des gargouilles aux visages de pierre. Tout à coup, Libertas eut envie de s'y mêler et de se dissoudre à jamais dans cette félicité.

Ils se perdirent dans les charmes de cet endroit pendant des jours qu'il leur était égal de compter, errant dans le labyrinthe des rues main dans la main, trempant du pain frais dans de l'huile d'olive aux terrasses des cafés et buvant du vin rouge aux éclats de rubis non pas au verre, mais à la bouteille, ivres d'amour et de pinot noir.

Sur un coup de tête, ils achetèrent des billets en première classe pour une croisière à travers l'Adriatique et atterrirent à Dubrovnik, une ancienne cité encore plus exotique que Venise du fait de ses influences orientales, palpables dans son architecture et son dialecte qu'ils ne comprenaient pas. Grâce à un vieil émigré autrichien, ils découvrirent le quartier commerçant de la ville, où un choix éclectique d'antiquités se mélangeait avec des articles artisanaux vendus pour quelques dinars, dont ils ignoraient totalement le taux de change.

— On ne vit qu'une fois, déclara Harro en tendant à un vendeur ridé à qui il manquait plusieurs dents de devant des Reichsmarks allemands, pour une ceinture en cuir et un tricot que la femme du marchand avait tricoté elle-même.

— C'est bien vrai, concorda Libertas en sortant davantage de billets pour une broche ancienne qui irait à merveille avec la robe en soie noire qu'elle avait achetée à Wertheim.

Elle poussa une exclamation admirative en remarquant alors un ancien écusson familial accroché sur le mur du fond. Il se perdait presque parmi les têtes d'animaux empaillées et les vieilles horloges et les masques tribaux africains. Mais tous les masques du monde n'auraient pas suffi à dissimuler le fier éclat de l'argent croisé de rouge et de noir, orné une inscription audacieuse et intrépide de la devise qui était aussi son nom : *Libertas*.

— Harro ! cria-t-elle, frémissante d'émotion. Regarde !

La lumière qui s'alluma dans les yeux de son mari ne lui échappa pas.

— Oh, Libs. Nous devons absolument l'acheter.

— Nous l'accrocherons au mur du salon.

Là où le portrait du Führer était supposé trôner.

— Oui, acquiesça Harro. Absolument.

Ils emportèrent l'écusson avec eux sur le bateau à vapeur à destination de l'île de Korcula, trop effrayés à l'idée de le laisser dans leur chambre à Dubrovnik. Ils posèrent leurs vêtements par-dessus quand ils allèrent se baigner la nuit dans les eaux encore chaudes, après avoir bu trop de vin yougoslave.

Sur cette île, c'était impossible de croire que c'était déjà l'hiver en Allemagne. Impossible d'imaginer que les arbres dans le Tiergarten avaient perdu leurs dernières feuilles, que les officiers avaient revêtu leurs manteaux en laine et que les premiers flocons de neige constellaient les rues pavées, pour disparaître aussitôt écrasés sous les bottes militaires des soldats. Ils n'avaient pas vu un seul uniforme ici. Pas entendu un seul discours politique.

Ici, ce n'était que chansons et cigales et eau qui clapotait doucement à leurs pieds nus.

Ici, l'Allemagne avec ses bannières sanglantes et ses lois encore plus sanglantes avait acquis un caractère lointain, cauchemardesque. Un mauvais rêve qui se dissolvait déjà avec les premiers rayons du soleil levant et serait oublié après un petit déjeuner de ravioles et de crème aigre.

Libertas finit par prononcer tout haut les mots dont elle savait que Harro les pensait tout bas.

— On pourrait rester ici. Ne pas rentrer.

— On pourrait, concéda-t-il aussitôt.

Il avait l'air d'y avoir réfléchi depuis un certain temps.

— Le climat a fait des merveilles sur ton état de santé.

— C'est vrai. Et les gens sont charmants. Et puis nous ne serions pas les premiers à partir. Thomas Mann est parti. Erich Maria Remarque est parti. Fritz Lang est parti. Et encore, ce sont des gens connus. Combien de personnes ordinaires ont émigré ? Elfriede ne compte plus le nombre de faux passeports qu'elle fournit.

— C'est vrai, s'empressa d'acquiescer Libertas.

Ils avaient besoin de s'en persuader, d'apaiser leurs consciences. Il n'y avait rien de honteux à quitter un pays devenu diabolique. Ils avaient tenu bien plus longtemps que beaucoup d'autres ; ils avaient fait leur possible, risqué leurs vies et perdu des amis au nom de la cause en laquelle ils croyaient si férocement. Personne ne pourrait leur reprocher de jeter l'éponge. Après tout, que pouvaient-ils bien faire contre le régime ?

Mais alors, leurs regards se posèrent simultanément sur l'écusson et son inscription.

Libertas.

La liberté ou la mort.

— Mais si nous partons tous, qui va rester pour se battre ? murmura Libertas.

Harro ne répondit pas. Il contempla avec une infinie mélancolie le ciel azur qui se fondait dans l'eau turquoise dorée par le soleil, comme pour graver tout cela dans sa mémoire.

Le lendemain, ils rassemblèrent leurs modestes affaires, embarquèrent en silence dans le bateau à vapeur et repartirent à Venise pour récupérer leur voiture.

Le 8 novembre, ils traversèrent la frontière suisse et pénétrèrent en territoire allemand, d'humeur sombre et mutique. Immergés dans leur morosité, ils ne remarquèrent pas les lumières éteintes le long de Kurfürstendamm, les rideaux fermés des appartements, l'abondance de chemises brunes amassées aux intersections, armées de matraques en bois qu'ils faisaient impatiemment tapoter contre leur cuisse, avec leurs regards d'aigle fixés sur les passants,

Ce ne fut que quand les premiers bruits de verre brisé atteignirent leur appartement au dernier étage qu'ils comprirent dans quoi ils étaient revenus exactement. La foule sauvage déchaînait sa haine vicieuse contre les juifs de Berlin, lançant des cailloux dans les vitrines de leurs commerces et traînant les propriétaires dehors pour les rouer de coups. Libertas et Harro observèrent la scène, bouillonnants d'une colère impuissante et refusant de détourner le regard. Ils devaient voir de leurs yeux les atrocités perpétrées afin de pouvoir les décrire, afin d'en faire un texte puissant et courroucé dans le prochain tract qu'ils distribueraient par milliers pour témoigner contre le régime assoiffé de sang. Et pas seulement à Berlin cette fois, mais dans toute l'Allemagne, dans toute l'Europe si possible, grâce aux connexions établies avec des gens qui, eux aussi, refusaient de détourner le regard en déclarant que la souffrance des autres n'était pas leur problème.

Dans l'obscurité de leur appartement, un éclat argenté brillait sur le mur, un cri de guerre contre l'injustice, un appel à la résistance contre le dictateur.

Libertas.

La liberté ou la mort.

Chapitre 24

Berlin. Octobre 1939

Aux prises avec une nouvelle insomnie, Libertas était assise sur le large rebord de fenêtre, sous lequel le radiateur sifflait doucement. Elle en était à sa troisième cigarette d'affilée. De temps en temps, elle faisait rouler ses épaules, encore endolories d'avoir bougé les meubles (ceux qu'elle avait réussi à déplacer elle-même, du moins) et déballé d'indénombrables cartons remplis de livres, de linge et de vaisselle qu'ils avaient apportés de l'ancien appartement.

Leur nouvelle résidence, au numéro 19 de l'Altenburger Allee, était encore plus grande que la précédente. Un penthouse vaste et aéré qui donnait sur l'ancien stade olympique, équipé de tout le confort moderne, eau chaude et chauffage central. Avec la dernière promotion de Harro, il semblait tout naturel de laisser le Kurfürstendamm bohémien derrière eux et de s'installer dans un endroit plus adapté à un officier affecté aux quartiers personnels du Reichsmarschall Göring, eux-mêmes sis à Wildpark-Ouest, une forêt près de Potsdam. Libertas était consciente qu'elle aurait dû être reconnaissante que Harro n'ait pas été envoyé au front et qu'il puisse encore rentrer à Berlin tous les week-ends. Mais elle souffrait énormément de son absence, en particulier la nuit quand le sommeil lui échappait et que le silence l'écrasait de son poids intolérable, dans le lit dont l'un des deux côtés restait glacé en dépit du chauffage.

Plus d'une année s'était écoulée depuis leur retour en Allemagne. Une année épouvantable, longue comme une vie entière. Libertas passait ses nuits tourmentée par des pensées plus sombres les unes que les autres. Elle n'avait de cesse de se demander s'ils avaient bien fait de revenir à Berlin, juste avant que l'enfer se déchaîne et libère à la suite de la *Kristallnacht* les démons vêtus de noir, encore plus dangereux et assoiffés de sang qu'auparavant.

À l'extérieur, des projecteurs sondaient le ciel nocturne en quête d'avions ennemis ; pour le reste, Berlin était plongée dans l'obscurité. C'était étrange et déconcertant d'imaginer que quelque part à l'est, la guerre déployait ses ailes noires tandis qu'ici, à la capitale, seuls de vagues échos du conflit résonnaient dans le labyrinthe des rues. Dans l'ancien stade olympique, des matches de football continuaient de se dérouler comme prévu. Les boutiques débordaient toujours de marchandises, mais au lieu des Reichsmarks, des cartes de rationnement avaient été mises en place et tout à coup, Libertas ne pouvait plus acheter deux paires de bottes en cuir, mais une seule. Impuissante, terriblement esseulée sans Harro, elle fumait à la chaîne, maudissait les restrictions et bénissait le marché noir de nouveau florissant qui fournissait à tous ceux pouvant se le permettre les luxes d'avant-guerre. Écrire était hors de question désormais. Même le papier était rationné. Par conséquent, Libertas devait affronter tous ses démons sans possibilité de les coucher sur papier pour les libérer. Tout était lugubre, assourdi, désespéré.

Mais alors que Libertas était agitée et perdue, Harro semblait s'épanouir dans cette atmosphère pesante de danger et de mort. Les épaules bien droites, il marchait d'un pas assuré, les yeux brillants d'une détermination féroce dans son visage aux traits ciselés. Grâce au numéro de charme de Libertas pour que Göring le prenne sous son aile, il avait bien vite grimpé les échelons de la hiérarchie de la Luftwaffe. Jouer les nazis dévoués depuis des années payait. Il était dans l'antre même du mal à présent. Il observait, écoutait attentivement, rassemblait des informations et se préparait à frapper au premier moment opportun.

C'était à contrecœur que Libertas desserrait son étreinte quand Harro partait à une réunion clandestine ou une autre, alors qu'il venait d'arriver pour la fin de semaine. Il avait l'air profondément malheureux de l'abandonner de la sorte, mais il n'avait pas le choix : l'opération de leur Équipe de Choc avait porté ses fruits et Harro passait ses courts week-ends à traverser la ville afin d'organiser les connexions soigneusement établies, de recruter davantage de combattants pour la liberté, d'extraire des profondeurs de sa mémoire photographique davantage de positions stratégiques de la Luftwaffe et de la Wehrmacht pour les marquer sur la carte. Pas une minute n'était consacrée au loisir. Pas un mot n'était prononcé sans objectif. Pas une seule invitation n'était lancée à des personnes qui ne s'avéraient pas utiles à la cause.

Libertas ne se plaignait jamais et prenait bien soin de dissimuler sa déception lorsque Harro s'habillait à la hâte aux premières lueurs du jour. Le devoir d'abord, elle était suffisamment mature pour le comprendre. Mais Harro lui-même ne supportait plus la douleur de la séparation. Un jour, il fit brusquement volte-face, regarda Libertas et lui demanda avec gravité et espoir :

— Est-ce que tu veux venir avec moi ?

Un sourire de joie extraordinaire fleurit sur le visage de Libertas. Sans une once d'hésitation, elle attrapa son manteau, mit ses grandes bottes de pluie, enroula une écharpe autour de son cou et passa le bras sous celui de son mari. Là où avait toujours été sa place, depuis le tout début.

À partir de ce jour, ils prirent le train ensemble. Ils rencontraient ensemble des gens sous le couvert des allées de Grunwald. Ils sélectionnaient ensemble de nouvelles recrues et acceptaient des invitations de la part d'« indécis », comme les appelait Harro sur le ton de l'humour. Des personnes de la classe moyenne supérieure qui avaient beaucoup à perdre, mais dont la bonne conscience les empêchait de trouver le sommeil ; des gens qui avaient été exposés aux brochures de l'Équipe de Choc et n'étaient plus les mêmes depuis. Des gens qui désiraient savoir s'il était possible d'agir et comment s'y prendre exactement.

Ce fut par l'intermédiaire de son mari que Libertas en vint à rencontrer Heinrich Scheel, un social-démocrate issu d'une famille progressiste qui avait commencé à écrire des tracts pendant la Nuit des Longs Couteaux, « bien avant que ça devienne une mode risquée, pour le coup », comme aimait plaisanter Heinrich pendant qu'ils se promenaient sur les berges de la Spree ou empruntaient les allées du Tiergarten, désertes même pendant les week-ends.

Ce fut aussi par le biais de Harro qu'elle fit la connaissance du meilleur ami de Heinrich, Hans Coppi. Il ressemblait encore à un enfant, avec son duvet sur les joues, ses yeux rêveurs derrière ses verres épais comiques et ses lèvres qui souriaient trop vite. Mais Libertas ne tarda pas à découvrir que cette apparence innocente était trompeuse : communiste radical, Coppi avait été arrêté à dix-huit ans et avait déjà vu de l'intérieur le camp de concentration d'Oranienbourg. Les fouets des surveillants SS lui avaient laissé des cicatrices sur la peau, et leurs matraques en bois des fêlures au niveau des côtes. Mais en espérant le briser, les SS avaient par mégarde créé un être formidable et légèrement terrifiant. Coppi s'était retrouvé face à face avec le diable et lui avait ri au nez, il avait connu l'enfer et en était revenu pour le raconter. Il n'y avait rien d'autre dont ils pouvaient le menacer. Il avait laissé toute sa peur derrière les barbelés, ce qui faisait de lui une force à prendre en compte.

Mais la connexion la plus importante de Harro, du moins aux yeux de Libertas, était un charmant couple qui vivait dans un charmant appartement près du Tiergarten, avec un ami tout aussi charmant en poste à l'ambassade américaine et auquel le couple faisait passer des informations avec un culot absolument fascinant.

— Je suis moi-même américaine, alors ça n'éveille aucun soupçon que nous fréquentions d'autres Américains, avait expliqué Mildred Harnack avec un sourire faussement pudique lors de leur rencontre, par une soirée d'octobre particulièrement lugubre. En outre, comme je suis blonde, je suis forcément une ravissante idiote inoffensive.

Vêtue d'une simple robe noire ornée d'une rangée de perles, elle était grande, un peu plus âgée que Libertas, et dotée d'une élégance innée qui ne faisait que mettre en valeur sa beauté naturelle. Avec sa vivacité et sa spontanéité, Mildred lui rappelait douloureusement Gisela. Néanmoins, elle était d'un abord un peu plus doux, comme un peu moins intrépide. Ancienne critique littéraire, elle était brillante à l'extrême, mais aussi suffisamment avisée pour le dissimuler aux yeux des étrangers. En revanche, quand les portes étaient closes, les rideaux tirés et qu'ils n'étaient qu'en petit comité, Mildred dévoilait la véritable étendue de son intellect. Affûtée à l'extrême, non seulement elle était au fait des dernières avancées politiques, économiques et diplomatiques, mais elle était également capable d'analyser n'importe quelle situation et ses possibles aboutissants avec un esprit stratégique qui aurait donné des complexes à un champion du monde d'échecs.

Arvid, son mari, ne dissimulait pas la fierté que lui inspiraient les brillants arguments de son épouse et l'observait souvent avec un discret sourire aimant. Descendant d'une lignée d'intellectuels et universitaire de son état, cela ne le dérangeait jamais que Mildred prenne les commandes de la discussion. Dans ces cas-là, il l'écoutait avec attention, la tête légèrement penchée sur le côté, et acquiesçait sagement à certaines de ses réflexions. Comparé à Mildred, il était plutôt quelconque : ses yeux étaient d'un gris pâle, ses cheveux ni blonds ni bruns, affectés par une calvitie précoce. Il portait les mêmes lunettes à monture métallique que des milliers de Berlinois. Un homme qui passait parfaitement inaperçu au milieu d'une foule.

— Une ruse tout à fait remarquable, avait commenté Harro lorsqu'ils étaient rentrés chez eux. Chaque fois qu'il part retrouver quelqu'un, il n'attire jamais l'attention.

Libertas n'avait pas pu le contredire ; elle venait de passer trois heures avec les Harnack et déjà, les traits d'Arvid devenaient flous dans sa mémoire. Tout camouflage était inutile.

Et c'est ainsi que le cercle éclectique de co-conspirateurs de Harro et Libertas avait pris racine et avait commencé à s'étendre partout dans Berlin. Une branche communiste ici, de l'espionnage américain là, et même une connexion soviétique que Hans Coppi avait mentionnée. Tant que ces microcellules se positionnaient contre le fascisme et tout ce qu'il représentait, Harro n'était pas trop sélectif. Ils n'avaient pas besoin d'origines, de classe ou d'idéologie communes. Ils avaient le même amour de la liberté, et c'était bien suffisant.

À l'automne 1939, les graines de la résistance avaient germé. Ils n'avaient plus qu'à attendre qu'elles portent leurs fruits. Et donc, Libertas attendait et fumait, le regard perdu dans l'obscurité, examinant le ciel en quête de réponse, tout comme les projecteurs l'examinaient en quête d'avions ennemis.

Été 1940

« L'armée allemande victorieuse est à Paris ! »

Libertas grimaça légèrement en lisant le titre en lettres d'imprimerie sur la colonne Morris près de la station de métro Alexanderplatz. Elle était heureuse de porter des lunettes de soleil : elles dissimulaient aux yeux de ses homologues berlinois la tristesse dans son regard. Sous les caractères gothiques, l'affiche de propagande présentait une photo d'officier à cheval saluant les troupes, avec l'arc de Triomphe en arrière-plan.

L'armée allemande victorieuse à Paris…

Sauf qu'il n'y avait rien de victorieux dans l'humeur de Libertas. *Qu'allait-il arriver à la maison de couture de son père désormais ? Qu'allait-il arriver à Valerie ?*

En proie à une bouffée d'angoisse, Libertas s'empara du paquet de cigarettes à l'intérieur de son sac à main. Elle fumait beaucoup trop et elle le savait, mais rien d'autre ne parvenait à calmer ses nerfs.

— Libs ? C'est toi ?

La voix la fit sursauter. Elle pivota sur elle-même et laissa tomber son briquet en argent.

Günther Weisenborn, l'ancien dramaturge, l'ami de Harro de l'époque du *Gegner*, le premier homme qui avait décelé du talent dans les carnets de voyage de Libertas avant que la guerre éclate et mette fin à ses aspirations littéraires. Il ramassa le briquet et le lui tendit avec une révérence aussi galante que théâtrale.

— Günther !

Libertas se jeta à son cou, sincèrement heureuse de le voir. Il n'avait pas changé, pas vieilli. Le même air débonnaire, le même sourire ironique, le même éclat malicieux dans le regard. Pas d'uniforme, en dépit du fait que la plupart des hommes en âge d'être appelés avaient été conscrits à différents départements ou branches de l'armée.

— Arrête avec tes démonstrations publiques d'affection, espèce de gourgandine ! Je n'ai pas envie que Harro me tire un coup de pistolet dans les parties intimes !

Son intonation était sérieuse, mais l'humour pétillait dans ses iris presque noirs.

Partagée entre l'envie de rire et de pleurer de joie d'avoir retrouvé un morceau de sa vie d'avant-guerre, Libertas releva ses lunettes de soleil. Elle sentit ses lèvres trembloter encore plus face à l'affection qu'elle lut dans le regard de Günther.

— Harro n'est pas dans les parages, si ? demanda-t-il tout bas.

Libertas secoua la tête.

— Au front ?

— Non, Dieu merci. Il est au siège de l'état-major général de la Luftwaffe, dans l'Est.

— Ce n'est pas si mal.

— Non, en effet.

Elle essuya bien vite les larmes qui se formaient au coin de ses yeux.

— Et toi ? Pas encore mobilisé ?

— Ha, ils ne mobilisent pas les types politiquement indignes de confiance dans mon genre. On casserait totalement le moral des troupes.

— Ils sont au courant de ton passé ? demanda Libertas avec inquiétude.

— C'est moi qui leur en ai parlé, quand je me suis rendu à leur convocation.

D'une placidité fascinante, il montra la cigarette de Libertas. Elle lui en offrit une, chacun alluma la sienne, puis il poursuivit.

— Inutile de préciser qu'ils n'étaient pas enchantés, mais étant donné que je travaille actuellement comme journaliste et que je rédige des critiques pour les films de propagande de Goebbels, ils me laissent tranquille. La propagande en temps de guerre est essentielle, ce qui fait que les personnes qui l'écrivent sont tout aussi essentielles. Tant que nous participons, ils ne s'occupent pas de nous. Et toi, ma grande ?

— Moi ? Je verse lentement dans la folie à force d'ennui.

— Qu'en est-il de ton merveilleux roman ? Je pensais pourtant que cela t'occuperait.

— Avec le rationnement actuel, tout ce que je pourrais écrire avant d'être à court de papier, c'est le titre.

Günther ricana.

— Tu ne travailles pas ?

— Non.

— Avec ce genre d'attitude, la Ligue des femmes allemandes ne va pas tarder à te recruter.

Libertas n'était que trop consciente qu'en dépit de sa malice apparente, il était des plus sérieux.

— Le devoir d'une Allemande est de pondre des bébés blonds pour le Reich. Si tu n'es pas occupée à faire ça, alors tu dois contribuer autrement. Fais attention ou ils t'enrôleront et t'enverront ramasser des patates quelque part à côté de Liedenberg.

Libertas soupira, encore à vif après sa dernière visite au domaine familial.

— Liedenberg est paré. Des prisonniers de guerre français et polonais travaillent dans les champs. Quant à moi, j'ai déjà payé l'amende des femmes au foyer ce mois-ci.

Günther plissa les yeux tandis qu'il tirait sur sa cigarette, en pleine réflexion.

— Pourquoi ne deviendrais-tu pas critique de film ? demanda-t-il à brûle-pourpoint. Le travail n'est pas compliqué et le salaire ridiculement élevé. Tu as déjà de l'expérience après avoir été en poste à la MGM. Je pourrais te recommander. Comme ça, la prochaine fois que ces dames de la *Frauenschaft* viendront te trouver, tu n'auras qu'à leur montrer ton contrat de travail et les envoyer se faire cuire.

Libertas faillit s'étrangler en tentant (en vain) de réprimer un rire.

— Günther ! fit-elle mine de s'indigner en lui donnant une tape sur l'épaule.

La rue grouillait de monde et des informateurs en civil pouvaient très bien se tenir juste à côté d'eux alors qu'il était là, à casser du sucre sur le dos de la Ligue des femmes allemandes.

Mais Günther se contenta de hausser les épaules avec nonchalance.

— Je ne suis pas digne de confiance, je te rappelle. À quoi d'autre pourrais-tu t'attendre de la part de quelqu'un avec une réputation pareille ?

— Avec ta langue bien pendue, tu vas finir dans un camp.

— C'est fort probable, en effet. Et donc, que penses-tu de mon offre d'emploi ? La paye est de huit cents marks.

La main qui tenait sa cigarette resta suspendue à quelques centimètres de sa bouche ouverte. Elle fixa Günther dans un silence abasourdi en se demandant s'il s'agissait de l'une de ses plaisanteries ou si son ouïe lui jouait des tours.

— Huit cents ? parvint-elle enfin à articuler.

— C'est ça.

— Par mois ?

— Par mois.

— Harro ne gagne que cinq cents marks !

Günther haussa les sourcils.

— Je t'ai bien dit que c'était ridiculement bien payé, rétorqua-t-il avec un sourire ironique.

Ce ne fut qu'après s'être retrouvée en possession de son exemplaire du *Zeitschriften-Dienst* (une liste spéciale de consignes que le ministère de la Propagande distribuait à tous ses rédacteurs) que Libertas comprit pourquoi son salaire était si absurdement élevé. Elle venait de signer son contrat de travail pour le prestigieux *National-Zeitung* (le même journal que celui qui employait Günther) et la première chose que le rédacteur en chef des pages culturelles avait mentionnée était que toutes les critiques devaient être rédigées suivant les directives du *Zeitschriften-Dienst*.

— Ah, encore une chose, Frau Schulze-Boysen…

La main du rédacteur flottait au-dessus de l'épaisse brochure.

— Jamais cette liste ne doit être portée à la connaissance du grand public, c'est bien compris ? N'en parlez même pas à vos plus proches amis. Il est d'une importance capitale que cela reste entre le ministère de la Propagande et nos employés.

Libertas hocha docilement la tête, impatiente de parcourir les instructions pour voir ce qu'elles avaient de si particulier pour que son nouveau patron les classe quasiment comme un secret d'État. Quand elle en prit connaissance, assise sur un banc en face de son nouveau bureau, tout devint limpide.

Les rédacteurs – tous des libéraux dans l'âme, comme Günther, comme Martin, et comme elle-même – étaient éhontément soudoyés afin d'écrire ce que jamais ils n'auraient envisagé d'écrire sans l'impulsion douce mais ferme du *Mipro* de Goebbels. À chaque page, à chaque ligne, la bigoterie et les mensonges du ministre répandaient leur poison, contaminant tout ce avec quoi ils entraient en contact.

— En substance, on nous dit d'écrire que recevoir une balle dans le bide est ce qui peut arriver de plus beau à un Allemand, rapporta Libertas à Harro quand il rentra pour le week-end. Et que tout ce qui ne va pas, y compris la pénurie de blé, est à mettre sur le compte de la communauté juive internationale. Ce sont eux qui, apparemment, ont trafiqué les semis. Ce sont eux qui poussent Karl le balayeur à boire et à frapper sur sa femme. C'est à cause d'eux que les canalisations de chauffage explosent en hiver et que les braves Allemands attrapent la syphilis dans les tranchées.

Harro explosa de rire.

— Qu'est-ce que les juifs ont à voir avec la syphilis ?

— Rien. Et c'est exactement pour cette raison que nous, journalistes du Reich, sommes si grassement payés : pour inventer une raison plausible et la faire gober aux pauvres citoyens crédules.

Libertas ricana avec dédain.

— C'est un peu plus facile pour moi, je suppose. Du fait de mon expérience, je serai cantonnée à la rédaction de critiques de films. Mais je plains les pauvres diables chargés de relayer les actualités. Ils doivent se tordre davantage que des contorsionnistes pour réussir à présenter les faits au public sous un angle qui satisfasse Goebbels. Sauf qu'après avoir été soumis à la censure du *Mipro*, ces faits ne sont plus des faits. Ils deviennent de la propagande minutieusement ciselée et prémâchée qu'on enfonce dans la gorge de personnes qui ne se doutent de rien.

Harro lui serra affectueusement le genou.

— Au moins, ces femmes du *Frauenschaft* ne viendront plus t'importuner.

— C'est ce que Günther a dit aussi.

— Libs…

Il attendit qu'elle affronte son regard pour poursuivre.

— Ne te flagelle pas. Je suis obligé de faire exactement la même chose tous les jours. Nous devons faire semblant d'être de bons Allemands consciencieux afin de continuer à combattre de l'intérieur.

— Je sais. Mais ça me pose tout de même un problème.

— Et c'est pour cette raison que je t'aime tant. Parce que cela continue à te poser un problème alors que ça ne dérange plus personne depuis longtemps. Parce que tu chantes des chansons françaises aux prisonniers de guerre qui travaillent dans les champs de Liedenberg. Parce que tu fais passer du courrier pour les Polonais. Parce que tu as refusé de partir et d'envoyer l'Allemagne au diable. Parce qu'à la place, tu te forces à faire face à l'ennemi au quotidien et tu te bats pour ceux qui ne peuvent pas se battre eux-mêmes. Tu es si forte, Libs…

Il porta la main de sa femme à ses lèvres et y déposa un baiser fervent.

— Tu *me* rends plus fort. Sans toi, je ne suis rien.

— Sans toi, moi non plus je ne suis rien, murmura-t-elle à travers ses larmes.

— Nous allons nous en sortir, mon amour. Nous devons tenir bon encore un peu. Cette guerre ne durera pas toujours. Et avec un peu de chance, nous allons contribuer à ce qu'elle touche à sa fin. Ensemble.

— Oui. Ensemble.

Chapitre 25

Septembre 1940

Donner des morceaux de bretzel aux oiseaux en période de rationnement valait à Libertas et Mildred des regards en biais désapprobateurs dont ni l'une, ni l'autre ne s'embarrassait outre mesure. Au cours des derniers mois, elles étaient devenues bonnes amies. Elles se retrouvaient pour se promener et boire de l'ersatz de café, et elles organisaient des dîners chacune leur tour. Plus Libertas apprenait à connaître Mildred, plus l'Américaine lui rappelait Gisela ; le même feu dans le regard et le même amour intrépide, presque suicidaire pour la liberté, à n'importe quel prix. Ou peut-être était-ce le fait que Mildred ancrait Libertas les jours où Harro était absent et où elle se sentait emportée par une vague qu'elle ne contrôlait pas. Dans tous les cas, Libertas recherchait activement la compagnie de Mildred, pour ces promenades dans le

Tiergarten, à cinq minutes à peine de l'appartement de son amie, et pour le pouvoir apaisant et guérisseur de ses mots. *Tout va bien se passer pour nous, Libby, tu verras ! Nous sommes du bon côté de l'histoire. Notre cause est juste et c'est pour ça que nous gagnerons, d'une façon ou d'une autre.*

Mais aujourd'hui, Mildred n'affichait pas la décontraction habituelle. Dans le bleu en apparence tranquille de ses yeux brillait un éclat aiguisé et excité. Elle ne tenait pas en place, son regard passait d'un passant à un autre comme si leur simple présence l'indisposait. Elle finit par perdre le peu de patience qui lui restait, agrippa Libertas par la manche de son gilet en laine et l'attira vers l'une des allées ombragées.

Libertas imagina que Mildred avait une nouvelle importante à lui communiquer, mais elle ne s'était absolument pas attendue à l'annonce qui s'ensuivit.

— Un homme est venu hier soir, commença Mildred en anglais et d'une voix à peine audible. J'ai ouvert la porte. Il a ôté son chapeau, s'est présenté sous le nom d'Alexander Erdberg. Séduisant, mais pas à l'extrême ; très bien élevé, un fort accent viennois. Au début, j'ai cru que c'était un démarcheur. Mais ensuite, il a demandé à voir mon mari. Naturellement, j'ai souhaité savoir pour quelle raison il désirait s'entretenir avec Arvid.

Libertas écoutait attentivement, sans même se rendre compte qu'elle retenait son souffle.

— La suite a l'air sorti tout droit d'un roman d'espionnage, je te jure, continua Mildred en baissant encore plus la voix. Ce Erdberg voulait entrer, tout en refusant catégoriquement de m'expliquer le motif de sa venue. Je me suis dit que tout ça était pour le moins étrange, mais il était habillé avec goût et avait l'air d'un intellectuel, et je suis une femme curieuse, vois-tu ? Alors je l'ai laissé entrer et j'ai appelé Arvid, qui était dans son bureau.

Mildred s'interrompit pour laisser passer un cycliste et reprit son histoire une fois qu'il fut hors de portée de voix.

— Aussitôt après lui avoir serré la main, Erdberg a demandé à Arvid s'il pouvait parler librement devant moi. Arvid a répondu oui. Et ensuite – essaie de ne pas t'évanouir en entendant ça – Erdberg a annoncé que son vrai nom était en réalité Alexander Korotkov et qu'il était envoyé par le directeur du bureau délocalisé de la NKVD.

Libertas observa son amie, bouche bée.

— Les services secrets soviétiques ?

— Absolument, confirma Mildred avec une exaltation croissante. Mais attends, c'est là que ça devient intéressant. Arvid l'a étudié attentivement pendant un moment puis lui a dit : « Mon bon Herr Erdberg, qu'est-ce qui vous fait croire, au juste, que nous n'allons pas aussitôt appeler la Gestapo ? Nous sommes d'honnêtes Allemands respectueux de la loi... » Arvid pensait que c'était un agent provocateur de la Gestapo.

— C'est une hypothèse plausible, de nos jours, concéda Libertas encore sous le choc.

— J'ai aussi songé à cette éventualité, crois-moi. Mais il a simplement souri très aimablement avant de dire : « Mon bon Herr Harnack, vous n'appellerez personne, car vous avez été en contact avec nous en 1935, avant que ce contact soit perdu. »

— Est-ce que c'est la vérité ?

— Oui. Seul un véritable agent d'espionnage soviétique aurait eu connaissance de tous les détails. Or, c'était le cas de ce Korotkov/Erdberg. Après ça, Arvid s'est visiblement détendu et il lui a offert un verre. Erdberg a accepté et porté un toast à la coalition anti-fasciste soviético-allemande. Quelqu'un de très direct, je dois dire. Il apparaît qu'en dépit du pacte de non-agression que Hitler et Staline ont signé il y a un an, la police secrète de Staline nourrit des soupçons à l'égard de Hitler, et à raison.

— Harro tient le même discours. D'après lui, voilà un moment que Hitler a des vues sur les territoires soviétiques.

— Tu vois ? Ces camarades du NKVD ne sont pas stupides. Bref, Arvid a ouvertement communiqué à Erdberg qu'il travaillait également avec les renseignements américains.

— Qu'a répondu Erdberg ?

— Que cela ne le regardait pas le moins du monde. Il a expliqué que les Soviétiques étaient plus qu'enclins à faire table rase de leurs différences idéologiques avec les pays capitalistes si cela permettait d'atteindre le but commun, à savoir éliminer le fascisme en Europe.

— C'est sensé. Je dois admettre que je ne les aurais jamais imaginés si flexibles.

— Moi non plus, et pourtant... Libby, j'ai bien l'impression que la machine est en route. Arvid a déjà accepté de communiquer toutes les informations dont il dispose aux Soviétiques, mais il a seulement des contacts dans la Wehrmacht. Il n'a pas mentionné Harro, bien sûr, mais si Harro le souhaite...

— Je suis sûre qu'il sera partant, annonça Libertas avec fermeté. Cela fait des années qu'il cherche un contact digne de confiance. Je t'ai raconté que ma cousine Gisela avait déposé des documents à leur ambassade. Nous n'avons eu aucune nouvelle ensuite.

Mildred sourit de toutes ses dents.

— Je suppose que vous n'aviez pas indiqué vos noms ni une adresse retour ? Ils ont uniquement rencontré Gisela et elle est morte peu après, fit-elle remarquer avec une note d'empathie marquée.

Libertas n'avait jamais songé que cela pouvait être la raison du silence radio du côté soviétique : l'arrestation puis le décès de Gisela, et leur déménagement peu de temps après. Puis il y avait eu ce voyage en Italie et en Yougoslavie… Elle se retint pour ne pas se donner une tape sur le front. Quelle idiote !

— Nous avons été incroyablement stupides de déménager, n'est-ce pas ? demanda-t-elle à voix basse.

Mildred lui serra le bras pour la réconforter.

— Ne te flagelle pas pour ça. Nous avons un contact à présent. C'est tout ce qui importe.

Un petit sourire commença à se former sur le visage de Libertas.

— Oui. C'est tout ce qui importe, répéta-t-elle comme pour s'assurer que tout cela était bel et bien en train d'arriver.

— La chaîne d'information est la suivante : de Harro directement à Arvid, et d'Arvid à Erdberg. Ou, quand Harro n'est pas en capacité de voir Arvid, de Harro à toi, de toi à moi, puis de moi à Arvid à Erdberg.

Un frisson d'excitation parcourut le dos de Libertas et lui donna la chair de poule. Elle regarda Mildred et se demanda : *Est-ce que c'est vraiment nous qui allons aider à mettre fin à tout cela ? Et si oui, à quel prix ?*

Aussitôt, elle repoussa cette pensée dans un recoin de son esprit. Tant que le dictateur mourait et que son empire s'effondrait, alors ils ne risquaient pas leurs vies en vain. En fin de compte, c'était tout ce qui importait.

*

Janvier 1941

Derrière les rideaux opaques tirés, l'appartement de Libertas et Harro était plongé dans l'ombre et dans une excitation tendue. Mildred et Arvid étaient déjà là quand Harro arriva, apportant dans son sillage le frimas glacé de l'hiver et la vague odeur de la guerre incrustée dans le cuir bleu-gris de son manteau de la Luftwaffe. Il embrassa brièvement Libertas, salua les Harnack et sortit aussitôt des copies de cartes et de photos du compartiment secret de sa mallette.

Les trois paires d'yeux suivaient le moindre de ses mouvements.

— Leningrad, annonça Harro en désignant l'une des prises de vue aérienne à basse altitude. L'île de Kotlin.

Il n'eut pas besoin d'ajouter quoi que ce soit. Il était évident que les renseignements allemands ne photographiaient pas des ports maritimes et des jonctions ferroviaires uniquement pour le plaisir. Il était également évident qu'aucun pays en faveur de la paix n'apposerait à ses cartes la mention *Luftwaffe Division Russie* dans le coin supérieur droit, juste en dessous de l'aigle tenant une croix gammée entre ses serres.

— Ils ont même créé une division spéciale ? s'enquit Arvid d'une voix songeuse.

À croire qu'il lisait dans les pensées de Libertas.

— Oui. Heureusement pour moi, je suis le point de contact pour tous les attachés de la Luftwaffe. En gros, cela signifie qu'aucun chef de division étrangère de la Luftwaffe ne peut éternuer sans qu'on me fasse parvenir un rapport à déposer sur le bureau de Göring, expliqua Harro.

— Alors ce n'étaient pas juste des soupçons ou de la paranoïa de notre part ? demanda Mildred. Nous préparons bel et bien une guerre contre les Soviets ?

— En effet. Et je vais avoir besoin que vous transmettiez toutes ces informations à votre contact soviétique, ainsi que les cartes et les photos, afin qu'ils puissent faire quelque chose avant qu'il ne soit trop tard, conclut Harro d'un ton austère.

Libertas examinait les plans d'un œil dubitatif.

— Penses-tu que Staline va confronter Hitler ?

— Hélas, je ne sais pas de quel côté balance son cœur. Si toutefois il en a un, ajouta Harro avec un soupir. Mais même s'il ne le confronte pas, peut-être qu'il renforcera au moins ses frontières.

— Staline n'aurait jamais dû commencer toutes ces purges de l'Armée rouge contre ses propres officiers, déclara Arvid.

Le diplomate en lui secoua la tête, atterré par une si grave négligence stratégique.

— Ils se sont débarrassés de la crème de la crème de leur élite militaire. Un tas de stratèges de grands talents ont disparu, fusillés pour rien. Qui va commander leur armée, à présent ?

— Ils ont tellement d'effectifs, je ne pense pas que ce soit un problème, rétorqua Mildred avec un petit ricanement.

— *Ach*, la quantité contre la qualité, ma chérie, argua Arvid en souriant tendrement à son épouse. Il faut toujours un bon stratège pour diriger tous ces gens. Sans bon commandement, ils ne sont qu'une foule inutile.

— N'empêche, je suis profondément convaincu que les Soviets gagneront.

En constatant que tout le monde le fixait d'un air dubitatif, Harro étaya son propos.

— Après avoir essuyé de lourdes pertes, certes, mais ils gagneront. Napoléon Bonaparte a fait la même erreur quand il est entré en Russie avec ses troupes. Nous nous rappelons tous comment cela s'est terminé pour lui et ses soldats.

— Oui, mais nous ne nous battons plus avec des chevaux et des mousquets, contrecarra Libertas. La machine de guerre allemande a déjà prouvé qu'elle était capable de conquérir des pays entiers en quelques jours à peine. Regarde ce qui s'est passé avec la France, la Belgique, la Norvège. Ça ne t'effraie pas ?

— Pour être franc, non. Ils avancent vite, c'est vrai, concéda Harro. Mais il faut des jours à l'infanterie pour rattraper les blindés. En outre, pour que toutes ces divisions blindées progressent, il leur faut du carburant. Les pays européens sont bien minuscules comparés à l'immensité de l'Union soviétique. Nos troupes finiront par s'étioler à un moment ou à un autre. Elles s'enliseront dans la boue russe. Elles devront attendre que l'infanterie rattrape les unités en première ligne, qui finiront par se retrouver à court de carburant tôt ou tard, et rien que ça tuera leur Blitzkrieg.

— Alors, si les Soviétiques sont sûrs de gagner… pourquoi ne pas simplement laisser faire ? suggéra Mildred.

Harro la couva d'un regard triste.

— Parce que nous ne voulons pas que la guerre éclate à la base, Mildred. Je hais nos dirigeants, mais j'aime toujours mon pays et mon peuple. Je n'ai pas envie que mes compatriotes meurent pour rien. Je n'ai pas envie de les voir prendre les armes.

— Peut-être que cela aiderait de saboter de l'intérieur les projets du Haut Commandement de la Wehrmacht ? proposa Libertas.

Harro se tourna vers elle, sa curiosité piquée au vif.

— Je me disais que le moment était peut-être venu pour un nouveau tract de l'Équipe de Choc, continua-t-elle Mais adressé aux troupes et pas aux intellectuels, cette fois-ci. Lisl et Kurt peuvent produire autant de photocopies que nécessaire.

L'expression de Harro s'illumina. Il attrapa le visage de Libertas entre ses mains et l'embrassa sur le front avec enthousiasme.

— Tu es brillante, Libs ! C'est une merveilleuse idée !

Ce soir-là, tous les quatre dînèrent avec grand appétit, le moral à la hausse à la perspective d'un rayon de paix parmi les lourds nuages de la tempête qui se préparait. Deux jours plus tard, vêtue d'un imperméable militaire et de bottes hautes, Libertas se mit en route pour le studio de Kurt. Sa poche intérieure semblait en feu au contact du discours enflammé que Harro et elle avaient écrit en pleine nuit, à la lumière d'une bougie, dans le lit où ils venaient de faire l'amour et où ils conspiraient pour la paix tandis que la guerre empestait partout autour d'eux.

L'Allemagne ne peut se permettre de se faire entraîner dans une guerre impossible à gagner ! Courez dans vos bibliothèques, rouvrez vos livres d'histoire, rappelez à vos dirigeants politiques et militaires le destin de Napoléon ! Lui aussi agissait sous prétexte de rétablir les frontières naturelles de la France ; lui aussi était aveuglé par ses succès récents et pensait que son génie militaire était insurpassable ; lui aussi croyait que ses armées étaient imbattables. Mais lorsque les soldats français se sont retrouvés embourbés dans la boue et les marécages russes, lorsqu'ils ont commencé à mourir de froid par des températures en dessous de zéro, quand il est apparu évident que la victoire était impossible, les propres cercles politiques de Napoléon lui ont tourné le dos.

Comment quiconque peut-il, en toute conscience, condamner son peuple à un destin identique ? Comment un dirigeant peut-il placer son ego au-dessus du sort d'une nation tout entière ? Comment est-ce possible de fermer les yeux face à la tragédie qui va tous nous condamner comme elle a condamné les troupes françaises ? Assez de ce silence docile ! Prenez la parole ! Exigez que les conditions du pacte de non-agression avec les Soviétiques soient respectées ! Écrivez, parlez, criez contre la guerre ! La voix d'une seule personne peut être réduite au silence, mais des milliers de voix résonneront comme des coups de tonnerre au-dessus des villes allemandes. L'union fait la force, alors levez-vous, exprimez-vous et ne capitulez pas jusqu'à ce que nous ayons remporté la victoire. La victoire de la paix, la plus glorieuse de toutes.

Chapitre 26

Mars 1941

Il était presque 11 heures du matin et les mots ne venaient toujours pas. Perdue dans ses pensées, Libertas tapotait distraitement sa feuille du bout de son stylo. Son bureau croulait sous les dernières parutions qui exigeaient son attention immédiate, mais elle avait la tête ailleurs. Ce matin-là, Harro rencontrait Alexander Erdberg/Korotkov en personne pour la première fois. Les pensées de Libertas vagabondaient au bord du Wannsee, se promenaient sur les berges du lac encore gelé, imaginaient la conversation capable de changer le cours du destin de millions de personnes, de l'Europe tout entière si les deux hommes tiraient leur épingle du jeu.

Quelques heures plus tôt, Libertas avait déposé un baiser délicat sur les lèvres de Harro, avait resserré son écharpe sous son manteau d'hiver de la Luftwaffe et l'avait supplié d'être prudent.

Bien sûr qu'il le serait ; son Harro était toujours prudent. Il serrerait la main de l'agent secret soviétique avec politesse, mais il garderait ses distances ; il parlerait franchement, mais avec une certaine réserve que Korotkov prendrait sans doute pour un trait de caractère typique des Allemands, pensa Libertas avec un faible sourire. Tandis qu'ils longeraient les berges couvertes de neige, Harro conserverait ses mains gantées derrière le dos tout en expliquant en détail l'effrayant danger que courait l'Union soviétique face à l'armée d'Hitler. Korotkov le croirait – ou non – mais dans tous les cas, il lui demanderait sa coopération, car la raison dictait d'avoir dans leurs rangs quelqu'un qui voyait chaque jour de ses yeux les cartes de guerre de Göring.

D'après Arvid, l'agent de la NKVD était déjà au courant de l'existence des brochures de l'Équipe de Choc, même si personne ne savait comment il les avait découvertes. Il avait même apporté les tracts lors de sa réunion avec les Harnack pour leur lire des passages qu'il trouvait particulièrement intéressants, avant de grimacer légèrement et d'expliquer que tout cela était très noble, mais aussi très dangereux.

Peut-être que Korotkov avait sollicité cette rencontre avec Harro pour le lui dire en personne. Peut-être allait-il demander à Harro de cesser d'imprimer les tracs pour le moment. Il se rendait déjà coupable de trahison en transmettant des informations top secret aux Soviets. Pourquoi se mettre la Gestapo sur le dos pour de malheureux tracts pacifistes ?

Harro se contenterait de secouer lentement la tête et d'expliquer à Herr Erdberg – il avait d'ores et déjà prévenu Libertas qu'il s'adresserait à l'espion en utilisant son pseudonyme allemand – qu'il était avant tout un patriote allemand et qu'il ne supporterait pas de voir ses compatriotes conduits à l'échafaud par un maniaque obsédé par son désir de dominer le monde. *Si Herr Erdberg était en mesure d'accepter ceci, alors ils pourraient collaborer*, disait Harro dans l'imagination de Libertas. Elle n'avait jamais rencontré le Russe, mais elle était convaincue qu'il sourirait à ces mots, avec une certaine admiration pour les principes indéfectibles de son interlocuteur, puis qu'il tendrait la main à Harro pour sceller leur accord.

La sonnerie stridente du téléphone la fit sursauter et l'arracha abruptement à sa rêverie.

— Libertas Schulze-Boysen.

— Bonjour, Frau Schulze-Boysen, répondit une agréable voix masculine. J'espère que vous ne m'en voudrez pas de me présenter par téléphone, mais j'ai bien peur de ne pas avoir d'autre choix. Je m'appelle Otto Lutz et je travaille chez Havas.

Il marqua une pause pour la laisser assimiler cette information. Libertas battit des paupières, déconcertée. L'agence Havas était la plus grande agence de presse française ; sous une nouvelle « direction » allemande, certes, mais elle n'en demeurait pas moins un mastodonte de l'information.

— Nous avons procédé à la réorganisation de nos équipes au cours des derniers mois et un poste s'est libéré au sein de notre service culture ici, à Paris. Plusieurs de nos rédacteurs en chef ont chaleureusement recommandé votre travail. Personnellement, je trouve votre style absolument rafraîchissant. En résumé, vous êtes exactement ce que nous cherchons. Seriez-vous intéressée ?

Pendant quelques instants, Libertas perdit l'usage de la parole. Elle avait été si préoccupée par l'action illégale qu'elle menait avec Harro en collaboration avec les Harnack et les Soviétiques qu'elle prêtait à peine attention à son travail. Elle écrivait ses critiques à la va-vite, presque toujours immédiatement après avoir visionné le long-métrage en question, dans un café ou un autre, et les livrait parfois sans même les avoir relues. Après tout, Günther Weisenborn, qui lui avait trouvé ce poste, était exactement du même avis : *pourquoi gaspiller notre énergie avec de la propagande ? C'est déjà assez pénible d'être payé pour faire gober tout ça au public. Si en plus on faisait l'effort de rendre notre prose qualitative, nous serions totalement dépourvus de conscience.*

Mais apparemment, sa plume négligente était d'une qualité suffisante aux yeux de Herr – *comment s'appelait-il, déjà ? Otto quelque chose ?* – de Paris.

— Je serai à Berlin à l'occasion de l'anniversaire du Führer le 20 avril, continua-t-il sans attendre la réponse de Libertas. Je suppose que vous avez déjà des projets pour la soirée, car c'est l'anniversaire d'Hitler après tout, ha ha, mais si vous n'avez rien de prévu dans la journée, nous pourrions nous retrouver au ministère de la Propagande afin d'en discuter ?

— Très bien.

— Vous n'oublierez pas la date, n'est-ce pas ?

Sa tentative de faire de l'humour passa totalement au-dessus de la tête de Libertas.

— Non.

— Splendide. Alors c'est réglé. Je vous rappellerai un ou deux jours avant afin que nous convenions d'une heure.

— J'attends votre appel, répondit Libertas comme une automate.

*

Des larmes de neige fondue glissaient le long de la fenêtre et s'accumulaient sur le rebord. Une cigarette à la main, Libertas contemplait la ville en pleurs en tentant de se rappeler si Harro avait emporté un parapluie avec lui. Korotkov en avait-il un ? Le partagerait-il avec Harro ? Ou se réfugieraient-ils dans la taverne la plus proche pour commander deux cafés en feignant d'être des amis qui se retrouvaient après une longue séparation ?

Paris… Elle serait près de son père, dans la capitale de la mode, tout comme Valerie en avait toujours rêvé. Valerie était en sécurité pour le moment, sous la protection du nom influent du père de Libertas et de son statut de travailleuse indispensable. Mais cela ne ferait pas de mal si l'influence de Libertas entrait également en ligne de compte. Le commandement allemand en place ne rechignerait sans doute pas à rendre service à la nouvelle directrice de son département culturel. Et surtout, elle serait loin de toutes ces intrigues, du danger suspendu comme un couperet au-dessus de sa tête et de celle de Harro, loin des conspirations et des réunions clandestines qui l'avaient épuisée au cours des dernières années, lui avaient volé des êtres chers, l'avaient rendue paranoïaque et malade d'angoisse, la poussant à regarder sans arrêt par-dessus son épaule, à sursauter à chaque bruit, à se demander si Harro allait rentrer à la maison ou s'il avait été arrêté par la maudite Gestapo…

Un autre coup de téléphone. Cette fois-ci, Libertas discerna à peine la sonnerie parmi le tourbillon de ses pensées.

— Libertas Schulze-Boysen.

— Est-ce que je vous ai dit dernièrement à quel point j'adore ça quand vous dites Schulze-Boysen, Frau Libs ?

Libertas sentit qu'un grand sourire naissait sur ses lèvres et lui réchauffait le cœur.

— Non. Vous avez été très distrait ces temps-ci, Herr Harro, et vous m'avez terriblement négligée.

Il rit doucement dans le combiné.

— As-tu été surpris par la pluie ? demanda Libertas. Veux-tu que je t'apporte des vêtements de rechange ?

— Ce n'est pas la peine. C'est brumeux depuis ce matin, mais il n'a pas plu ici. Nous sommes tous les deux bien au chaud, conclut Harro tout en sous-entendant tout à fait autre chose.

— Tant mieux, murmura Libertas.

Elle reprit son souffle et se rendit alors compte qu'elle le retenait depuis des heures.

— Libs, Alex aimerait savoir si cela t'intéresse de nous retrouver pour un pique-nique le 20 avril. Pour fêter l'anniversaire du Führer.

En dépit de son intonation en apparence enjouée et nonchalante, une tension à peine perceptible mâtinait sa voix. Libertas comprit que sa présence à ce pique-nique était nécessaire, même si elle en ignorait la raison.

— J'adorerais lui présenter Lisl, aussi. Pourrais-tu l'amener avec toi ? Quelque chose me dit que ces deux-là risquent de très bien s'entendre, ajouta-t-il avec un rire presque naturel.

— Faut-il que je te donne ma réponse tout de suite ?

— J'en ai bien peur. Alex repart pour Vienne ce soir et tu sais comment ça se passe avec son travail. Il se peut qu'il parte en déplacement et qu'il ne soit pas en mesure de nous contacter depuis l'étranger.

Naturellement, songea Libertas en soupirant en son for intérieur.

À Paris, il y avait le Ritz, les balcons aux garde-corps en fer forgé, les macarons et le Maxim's, où les huîtres étaient toujours fraîches et le champagne glacé.

Mais ici, à Berlin, il y avait Harro. Harro et la mort qui lui soufflait déjà son haleine putride au visage.

Tirant une longue bouffée sur sa cigarette, Libertas se demanda pourquoi le choix le plus évident était tout à coup si difficile…

Et si simple dans le même temps.

— Dis à Alex que je serai là. Avec Lisl, ajouta-t-elle.

Un immense soulagement l'envahit. Cela allait à l'encontre de toute logique. Cela équivalait à risquer sa vie. Et pourtant, elle n'avait jamais été aussi sûre d'elle de toute sa vie.

C'est sans doute cela que l'on éprouve lorsque l'on prend une décision avec son cœur, qu'importe à quel point notre tête pousse des cris de protestation.

— Je vous aime, Frau Schulze-Boysen.

— Je vous aime aussi, *Herr Leutnant*. Plus que tout au monde.

Plus que la vie elle-même, ajouta Libertas en dedans.

Elle n'avait pas besoin de le lui dire. Il le savait déjà. Et il le lui rendait bien.

20 avril 1941

Les entrailles nouées par l'angoisse, Libertas s'accrocha un sourire lumineux à la face et agita la main. Harro et son compagnon — la trentaine, très séduisant, avec des cheveux châtains légèrement ébouriffés par le vent et un corps d'athlète sous des vêtements en apparence décontractés – firent signe aux deux femmes et se levèrent du banc pour les accueillir. Il avait été convenu en amont qu'ils se retrouveraient tous ici, à Marquardt, une petite ville de pêcheurs près de Potsdam, après avoir voyagé séparément, Libertas et Lisl en train et Harro à vélo. Personne ne savait comment Korotkov était arrivé. D'après les Harnack, c'était toujours comme ça avec l'agent secret soviétique : il apparaissait comme sorti de nulle part avant de disparaître comme une ombre.

Korotkov salua les femmes dans un allemand impeccable et leur serra la main avec une galanterie typiquement viennoise. Il les escorta ensuite jusqu'à une terrasse de café sur la berge. Après avoir jeté son dévolu sur une table près d'un haut-parleur, Korotkov avança une chaise pour Lisl pendant que Harro en faisait autant à l'adresse de Libertas, avant de commander des bières et quelques plats à partager. Le fait qu'il leur fallait se rapprocher des autres pour se faire entendre par-dessus la musique bruyante n'échappa pas à Libertas. Ils pourraient discuter sans éveiller les soupçons Korotkov savait comment choisir un emplacement stratégique, apparemment.

Alors qu'elle l'observait et écoutait ses plaisanteries, Libertas trouvait cela difficile de croire qu'il n'était pas autrichien pure souche. Son accent viennois était bien trop naturel; il tenait sa cigarette importée avec bien trop d'élégance entre ses doigts manucurés.

— Je joue du piano, annonça-t-il à brûle-pourpoint en se tournant vers elle.

Libertas se retrouva prise au dépourvu.

C'était impossible de voir les yeux de l'agent derrière les verres foncés de ses lunettes, mais l'intuition de Libertas lui souffla qu'une étincelle de malice y brillait.

— Je n'ai rien dit, grommela-t-elle en se sentant rougir.

Est-ce qu'il lisait dans les pensées? Avait-il compris qu'elle se demandait s'il s'agissait d'un agent double?

— Vous étiez en train d'étudier mes mains très attentivement, expliqua Korotkov. Non seulement vous me scrutiez, mais vous fronciez les sourcils d'un air soupçonneux. Ce n'étaient pas les mains que vous imaginiez pour un agent secret, je suppose?

Avant que Libertas eût le temps de protester, il lui adressa un sourire compréhensif.

— Ça ne fait rien, être méfiante est votre droit le plus strict. Je suis là pour vous rassurer. Comme je viens de vous le dire, je joue du piano, je ne creuse pas des tranchées et je ne me bats pas contre d'autres agents, même si les films d'espionnage si populaires de nos jours tenteront de vous persuader du contraire. À présent, laissez-moi deviner de quel instrument vous jouez.

Il se rapprocha de Libertas et prit délicatement sa main dans la sienne. Pour une raison quelconque, un frisson la parcourut, comme si elle se trouvait près d'un animal sauvage qui cherchait soudain à se faire caresser.

— Du piano aussi et… de l'accordéon ? tenta-t-il en inclinant un peu la tête sur le côté.

Libertas lui lança un regard dur.

— Vous n'avez pas deviné. Vous le saviez.

— C'est vrai, concéda-t-il avec une facilité étonnante. Je n'aurais pas dû essayer de vous duper. Harro m'a prévenu que vous ne vous laissiez pas berner facilement.

— Que savez-vous d'autre? demanda Libertas, subitement enhardie.

— Que vous manquez en ce moment-même un entretien très important avec le ministère de la Propagande à cause de votre humble serviteur. Permettez-moi de vous dire que je suis extrêmement reconnaissant que vous ayez choisi ma compagnie.

— Comment…

Libertas s'interrompit aussitôt. Elle n'avait même pas parlé à Harro du coup de téléphone d'Otto-de-Paris. Comment diable Korotkov avait-il bien pu mettre au jour cette information ?

— Avez-vous écouté nos conversations téléphoniques ? demanda-t-elle.

Korotkov lui opposa une légère grimace.

— Je plaide coupable. Pour ma défense, j'ai pensé que si la Gestapo mettait les Berlinois sur écoute, pourquoi pas nous ?

Par « nous », il voulait dire le NKVD, bien sûr.

L'expression de Libertas devait être plus qu'éloquente, car Korotkov leva une main conciliante avant qu'elle ait le temps de lui passer un savon magistral pour s'être immiscé dans sa vie privée avec une telle insolence.

— J'ai arrêté d'épier vos conversations après ma rencontre avec Harro. Il est au courant, au cas où vous vous poseriez la question. Je n'ai jamais rien caché à votre mari et j'ai été des plus directs avec lui. Vous n'avez qu'à lui demander vous-même.

Libertas se tourna vers Harro, qui hocha la tête. Il semblait remarquablement détendu en présence de l'espion soviétique. Il avait toujours été plus doué que Libertas pour jauger les gens, alors s'il faisait confiance à cet homme, elle devrait apprendre à lui faire confiance aussi.

— Et pour ce qui est d'espionner vos conversations téléphoniques, je vous assure c'était par pure nécessité et non pas par curiosité malsaine de la part d'un espion qui s'ennuie. Mes supérieurs devaient être certains que Harro et vous étiez fiables avant que nous puissions collaborer plus avant. Dans notre milieu, on ne sait jamais vraiment qui veut réellement aider et qui est un agent de la Gestapo. Vous comprenez sûrement, étant donné que vous-même, vous venez de me soupçonner d'en être un.

Il décocha à Libertas un sourire désarmant. Après un moment d'hésitation, elle se permit un sourire, elle aussi.

— Vous êtes pardonné, Herr Erdberg.

— Appelez-moi Alex. Nous sommes entre amis, n'est-ce pas ?

Avec un autre sourire chaleureux, il fit signe au serveur pour lui indiquer qu'il aimerait une autre tournée de bières.

Libertas constata avec stupéfaction que le serveur à l'air épuisé rendit son sourire au Russe. Apparemment, Korotkov parvenait à charmer quiconque était à son contact. Elle-même sentait qu'elle se départait peu à peu de sa carapace glaciale. Mais peut-être s'agissait-il d'une stratégie ? Elle s'était attendue à se trouver face au stéréotype du slave que décrivait Goebbels dans ses films de propagande, rustre et qui empestait le tabac, avec un accent atroce, des yeux enfoncés dans leurs orbites et une perpétuelle grimace mécontente sur le visage. À la place, elle était en présence d'un boute-en-train, un Viennois bohème vêtu avec bon goût, montre dorée au poignet et cheveux un peu trop longs dans lesquels il ne cessait de passer ses longs doigts élégants. Pas avare en plaisanteries, il riait de bon cœur à celle des autres, flirtant avec Lisl tout en complotant contre Hitler avant de demander à Libertas si elle accepterait d'être l'opératrice radio de leur cellule, d'un ton si joyeux et détaché qu'elle manqua s'étrangler avec le poisson qu'elle était en train de manger.

Alors que Harro lui tapotait le dos, Korotkov s'empressa de lui servir un verre d'eau.

— Je ne me permettrais jamais d'insister si vous sentez que vous n'êtes pas prête, poursuivit-il. Nous en avons discuté avec Harro : étant donné qu'il est absent cinq jours par semaine et que nous sommes susceptibles d'avoir des messages urgents à transmettre, nous avons besoin de quelqu'un qui est toujours à Berlin. Pas forcément vous. Ça peut être Lisl, si elle s'en sent capable.

Il adressa un clin d'œil à Lisl, qui lui offrit un sourire aussi gêné qu'éclatant.

— Ou alors je peux demander à Arvid, ajouta-t-il.

— Mais aucun de nous ne sait comment faire, finit par opposer Libertas une fois qu'elle eut repris son souffle.

— Oh, c'est simple comme bonjour ! Je peux vous expliquer en deux minutes. C'est plus facile pour quelqu'un qui joue du piano, car les doigts travaillent beaucoup. C'est pour ça que je pensais à vous, femme piano-accordéon.

Un autre sourire malicieux, et ce alors que la Gestapo décapitait les gens qui se livraient aux activités qu'il était en train de suggérer.

— Je vous apprendrai aussi à coder et à décoder, continua-t-il. Notre système de codage est le meilleur au monde. Quasiment infaillible. Alors tant que vous le suivez à la lettre, aucun agent de la Gestapo ne sera en mesure de décrypter nos messages, quand bien même ils seraient interceptés.

Libertas baissa sa fourchette. Tout à coup, son plat de poisson n'avait plus aucune saveur.

— C'est beaucoup demander.

— J'en suis conscient. Vous êtes tout à fait en droit de refuser.

Libertas regarda Harro. Il soutint son regard, mais il ne prononça pas un mot. Rien sur son visage ne trahissait son ressenti. C'était à elle et à elle seule qu'appartenait la décision. Désireux de ne l'influencer ni dans un sens ni dans l'autre, il se contenta de lui prendre la main et de la serrer légèrement. *Quoi que tu fasses, je te soutiendrai et te respecterai*, disait son geste. Il ne la forçait pas, qu'importait ce qui était en jeu.

Et peut-être que c'est ce qui rendit sa décision aussi facile à prendre.

— Lisl et moi allons nous en occuper, répondit-elle en rivant son regard à celui de Korotkov. Mais formez quand même Arvid et Mildred. Au cas où…

Elle prit une grande inspiration pour se préparer à ce qu'elle s'apprêtait à dire.

— Au cas où il nous arriverait quelque chose.

— Comptez sur moi, promit-il simplement avant de lever sa bière. À la victoire !

Son cri déclencha les exclamations et les toasts des tables voisines.

— À notre victoire, ajouta-t-il tout bas avec un regard perçant tandis qu'ils trinquaient tous les quatre.

*

Juin 1941

Toutes les fenêtres de l'appartement étaient ouvertes, les rideaux se gonflant dans la brise telles les voiles d'un bateau. Le vent transportait des cris de supporters en provenance du stade olympique, où un match de football opposait l'Allemagne à la Suisse. L'été flottait dans l'air étouffant chargé d'un parfum de fleurs, le ciel était d'un bleu éclatant et des oiseaux chantaient à tue-tête dans les dômes émeraude des arbres. Seule Libertas gardait le silence tandis qu'elle ouvrait le boîtier en fibre vulcanisée qu'avait apporté Korotkov. Hâlé et en chemise à manches courtes, il avait l'air tout à fait insouciant alors que Harro venait de lui confier de source sûre que les forces allemandes attaqueraient l'Union soviétique le 21 juin, par voie terrestre et aérienne.

— C'est un émetteur-récepteur alimenté par une batterie. Il peut être utilisé n'importe où, expliqua Korotkov.

Il palpa l'une de ses poches. Libertas crut qu'il cherchait des cigarettes, mais à la place, il en sortit un petit carnet.

— Vous aimez la poésie, d'après ce que j'ai compris. Alors voilà quelques vers pour vous.

Perplexe, Libertas examina le petit volume de Schiller. Korotkov sourit.

— C'est votre livre de code. La clé de cryptage est créée en utilisant un certain ordre de mots tirés d'un ouvrage pris au hasard, Schiller dans votre cas. Seul l'agent de notre côté saura quelle phrase vous utilisez pour déchiffrer le code…

Pendant l'heure qui suivit, Libertas s'immergea dans les informations dont l'abreuvait Korotkov, dans une avalanche de chiffres et de détails techniques. Sa mémoire semblait ne pas avoir de limites.

— Il est de la plus haute importance que vous n'émettiez qu'entre 2 h et 3 h 15 heure locale, sur une fréquence réglée sur 52,63 mètres, ou de 16 h 15 à 17 h 30 heure locale également, sur une fréquence de 42,50 mètres. La troisième tranche horaire est de 22 h 30 à 23 h 15 et la fréquence pour celle-ci est de 46,10 mètres. Pour un signal d'appel, vous devez utiliser les quatrième, première et sixième lettres du nom du jour de la semaine lors duquel vous émettez. Par exemple, lorsque vous transmettez un mercredi – *Mittwoch* – vous utilisez TMO.

— Attendez, attendez. Est-ce que je peux prendre quelques notes le temps de tout mémoriser ?

Il rit comme s'il trouvait Libertas absolument hilarante.

— Très bonne blague. J'adore. Continuons, voulez-vous ?

Des ombres s'étiraient sur le plancher réchauffé par le soleil quand Korotkov finit par consulter sa montre et donner une tape sur l'épaule de Libertas, ce qui ne fit qu'accentuer son mal de tête. Pendant des heures, il lui avait fait répéter des nombres et des techniques de code jusqu'à ce qu'elle soit capable de les réciter sans réfléchir. Elle avait aussi appris à remplacer la batterie avec les yeux fermés. La nappe de la table à manger avait totalement disparu sous des tasses à café, des cendriers et des feuilles de papier sur lesquelles Libertas s'était entraînée à coder sous la supervision de Korotkov et le regard attentif de Harro. Il avait déjà effectué sa formation en communications par radio à la Luftwaffe, mais à l'issue de celle de Libertas, il reconnut que la technique soviétique était bien plus sophistiquée.

— Espérons qu'elle fonctionne, répondit Korotkov en rassemblant les feuilles pour les brûler.

Après s'être débarrassé des cendres dans les toilettes, il serra d'abord la main à Harro, puis à Libertas, plongeant son regard dans le leur et étreignant leurs paumes plus longtemps que de coutume.

— Ce fut un plaisir de travailler avec vous, camarades.

C'était la toute première fois qu'il employait ce terme, qui résonnait presque comme un mot doux dans sa voix chargée d'émotion.

— J'ignore si je vais être rappelé en cas de guerre ou… j'ignore si nous nous reverrons, alors permettez-moi de vous dire merci pour tout et de vous souhaiter bonne chance. Vous en aurez besoin. Nous en aurons tous besoin. Et… faites en sorte de rester en vie, voulez-vous ? Car j'aimerais vraiment que nous fêtions la victoire ensemble une fois que tout ceci sera fini.

Quand Harro referma la porte derrière lui, Libertas regarda le calendrier accroché dans le couloir.

Ils étaient le 18 juin.

La guerre commençait dans trois jours.

Chapitre 27

Schloss Liedenberg. Été 1941

Libertas remuait distraitement sa limonade avec une paille, le regard perdu dans le vide quelque part derrière oncle Wend. L'été lui réussissait. Il conférait à ses mèches d'argent un halo platine et sa peau bronzée faisait ressortir le bleu de ses yeux. Il était d'une excellente humeur cette après-midi-là. L'Armée allemande transperçait les défenses soviétiques à la vitesse de l'éclair, tant et si bien qu'il avait parié avec quelqu'un du Reichstag que la Wehrmacht serait à Moscou d'ici le 1er septembre.

— Et ensuite, mesdames et messieurs, nous nous roulerons dans l'or noir soviétique, annonça-t-il en balayant du regard la véranda sur laquelle se prélassaient quelques-uns de ses collègues ainsi que la mère de Libertas.

Sa remarque attira l'attention de sa nièce. Elle se redressa discrètement sur son siège.

— L'or noir ?

— Le pétrole, ma chérie, expliqua Wend avec un sourire indulgent. Je parle du pétrole caucasien. Moscou et Leningrad, c'est bien joli, mais c'est loin d'être l'objectif premier. De quoi flatter l'ego du Führer, voilà tout. Mais une fois que nous aurons mis la main sur leur pétrole, nos forces armées deviendront absolument inarrêtables.

— J'imagine qu'ils ne comprendront rien à ce qui leur arrive quand nous allons attaquer par le sud, s'amusa l'un des invités de Wend.

Sa chevalière noire brillait d'un éclat menaçant au soleil.

Libertas fit mine d'étouffer un bâillement d'ennui et reporta son attention sur un exemplaire du magazine *Film Kurier*, pendant que Wend et ses convives échangeaient des plaisanteries et des informations top secret sans se douter un instant qu'elle enregistrait le moindre détail dans sa mémoire.

Pour la sortir de ce qu'il prenait pour de l'indifférence, Wend lui tapota sur l'épaule.

— Ton grand ami le ministre Goebbels te passe le bonjour.

Ce n'est pas mon ami, fut-elle sur le point de rétorquer avec dégoût, mais elle se mordit la langue juste à temps.

— Il a mentionné quelques-unes des dernières critiques de film que tu as rédigées, continua Wend.

Le regard fier qu'il lança à ses collègues n'échappa pas à Libertas. Elle était à la fois amusée et agacée qu'il l'idéalise de la sorte. Elle avait toujours été sa préférée, une parfaite petite princesse aryenne de sang bleu qu'il paradait devant ses camarades et collègues comme il le faisait avec ses précieux chevaux de course. Quand elle était enfant, il lui faisait réciter des poèmes pour eux. À l'adolescence, il lui demandait de leur jouer de l'accordéon et de leur interpréter les chansons françaises qu'elle avait apprises à Paris. Plus tard, elle était devenue femme d'officier et désormais, critique de film. Le ministre Goebbels lui-même louait son travail. Libertas réprima un sourire en imaginant la tête que tirerait son oncle quand il apprendrait ce que tramait sa nièce chérie, qui n'avait rien en commun avec la Libertas qu'il pensait connaître.

— Il dit que tu as un sens si aigu du détail que tu devrais t'essayer à la réalisation, poursuivit Wend. *Herr* Ministre affirme que tu as tous les prérequis pour devenir une grande réalisatrice, meilleure encore que Leni Riefenstahl, acheva-t-il sous les rires discrets de son audience en uniforme.

Libertas fit mine de rayonner, sachant pertinemment pourquoi Goebbels en voulait toujours à Leni Riefenstahl : non seulement elle avait eu l'audace de refuser ses avances, mais elle était devenue une réalisatrice à succès sans son aide.

— De fait, le *Mipro* vient de créer une nouvelle agence chargée de produire des courts-métrages de dix, quinze minutes tout au plus, qui seront projetés avant chaque séance de cinéma, indiqua Wend en allumant un cigare. Lorsque nous serons de retour à Berlin, va au siège de l'Institut allemand du film documentaire, la *Deutsche Kulturfilm-Zentrale*, juste à côté de la place de Gendarmenmarkt. Donne ton nom à l'accueil et mentionne le ministre Goebbels. Je peux t'assurer qu'ils t'engageront immédiatement.

— Je n'y connais rien à la réalisation.

— Tu apprendras, rétorqua tranquillement Wend. N'est-ce pas ce que tu as toujours voulu ?

Libertas ne répondit pas. La vérité, c'était qu'elle ne savait plus ce qu'elle voulait.

« Mille salutations à tous nos amis. »

Libertas diffusa le message crypté pendant la plage horaire impartie, juste après 22 heures, exactement comme Korotkov le lui avait appris.

Autour d'elle, la forêt de Schloss Liedenberg bruissait doucement, comme si elle tentait de se tenir aussi tranquille que possible afin de ne pas perturber son travail clandestin. Un peu plus loin, son cheval renâclait de temps à autre entre deux bouchées de hautes herbes. Un hibou, gardien invisible de la nuit, hululait à grands cris. Mais Libertas ne prêtait aucune attention à tout cela. Les sourcils froncés sous l'effet de la concentration, elle guettait attentivement une confirmation qui n'arrivait pas.

Au cours des dernières semaines, elle avait tenté d'émettre à de nombreuses reprises, mais ses messages se heurtaient à un mur de silence infranchissable du côté soviétique.

— Je dois mal m'y prendre, avait-elle dit à Harro après ses premières tentatives infructueuses.

Il avait paru dubitatif. Néanmoins, il avait essayé à son tour et obtenu le même résultat.

— Ce n'est pas toi, avait-il fini par déclarer. Il y a un problème de leur côté. Emmène tout de même l'émetteur chez Lisl et Kurt pour qu'ils essaient aussi.

Malheureusement pour eux, Kurt venait d'être conscrit par la Wehrmacht. Quant à Lisl, elle ne tarda pas à rendre l'appareil en secouant la tête d'un air résigné.

Pendant une quinzaine de jours, l'émetteur partit chez les Harnack, avant de revenir chez sa propriétaire d'origine accompagné de leurs excuses les plus sincères.

Et à présent, Libertas risquait sa vie en l'amenant dans la propriété familiale, où le même silence radio moqueur lui répondait.

Elle consulta sa montre, bénissant la lumière de la lune, et se livra à une nouvelle transmission. Quand plusieurs minutes passèrent sans obtenir de réponse, elle serra les dents, en proie à un sentiment de colère et d'impuissance. Elle disposait de plans d'attaque de première main, d'une mine d'informations en provenance des plus hautes instances, et n'avait personne à qui les communiquer. Jurant entre ses dents, elle arracha son casque et le jeta dans l'herbe humide. Tout à coup, Korotkov lui manquait, avec son attitude débonnaire et ses cigarettes autrichiennes chics. Elle aurait tout donné pour qu'il apparaisse, qu'il pose ses doigts de pianiste sur le récepteur et qu'il arrange tout en quelques minutes. Pour qu'il arrange toute cette maudite guerre…

Mais personne ne sortit des bois. Elle était seule.

Pendant une fraction de seconde, au comble de la détresse, elle envia Gisela et Martin. Au moins, ils n'avaient plus à assister à tout ça, au chaos qui régnait dans leur pays bien-aimé, un chaos auquel seules quelques personnes comme Harro, comme Arvid et Mildred, comme Lisl et elle, tentaient désespérément de remédier, pour échouer misérablement.

Personne n'allait venir à leur secours. Ils devraient se défendre tout seuls.

Berlin. Octobre 1941

Le siège de l'Institut allemand du film documentaire sentait encore la peinture fraîche et la cire à bois. Le classicisme néo-germanique se retrouvait dans le moindre détail, à commencer par les majestueux escaliers en marbre, les sculptures et les affiches de chevaliers teutons austères et de femmes aryennes uniquement vêtues de fleurs et de fierté nordique. Sur les murs des interminables couloirs, des banderoles pourpres ornées de *Hakenkreuz* pendaient entre les colonnes en marbre, surmontées d'aigles tenant des couronnes dorées entre leurs serres. Il ne fallut qu'une seconde à Libertas pour comprendre le genre de films que l'on réalisait entre ces murs.

— Votre CV est sensationnel, Frau Schulze-Boysen.

Le chef du personnel, Herr Tikalsky, était visiblement impressionné. Son regard passait de Libertas à son CV, ses lunettes perchées tout au bout de son nez dans un extraordinaire numéro d'équilibriste.

— Avec votre expérience, je peux vous offrir un poste de critique sans le moindre problème. Dans un premier temps, bien sûr, s'empressa-t-il de préciser.

Libertas songea que son oncle n'avait pas menti. Il était clair qu'elle était attendue, même si elle ignorait de qui provenait la recommandation.

— J'ai ouï dire que réaliser des films vous intéresserait ?

Nouveau regard inquisiteur derrière ses verres épais.

Libertas s'éclaircit la gorge.

— C'est exact.

Ces derniers temps, cet étrange sentiment d'être dissociée de la réalité s'emparait souvent d'elle. Une partie d'elle essayait de vivre normalement, en postulant à des emplois, en tentant de bâtir une carrière, en faisant les courses et en allant courir au stade olympique le matin pour rester en forme. Mais toutes ces actions étaient floues, mécaniques, comme si elles arrivaient à quelqu'un d'autre dans un film dont elle était la spectatrice. L'autre partie d'elle était toujours aux aguets et sur ses gardes, tendait toujours l'oreille, cherchait des connexions, attendait le bon moment pour frapper, un signe pour passer à l'attaque. Une combattante de l'ombre qui faisait semblant d'être la Libertas avec laquelle Herr Tikalsky était en train de s'entretenir.

— Je suppose que vous avez des lignes directrices ? s'enquit Libertas, parfaitement dans son rôle.

Le visage de son interlocuteur s'illumina aussitôt.

— L'art, l'Allemagne et le peuple.

Le sang et la race, autrement dit. Les foutaises habituelles. Exactement comme elle l'avait imaginé.

— Les réalisateurs vous soumettront directement leurs concepts ou leurs films, continua Tikalski. Ce sera à vous de décider s'ils adhèrent ou non à la ligne du Parti. Inutile de vous préciser que nous ne devons sous aucun prétexte diffuser les ordures pacifistes que certains d'entre eux s'entêtent à réaliser. Un abruti a eu l'idée de faire un film sur les troupes allemandes et françaises qui joueraient au football ensemble le jour de Noël, pendant la Grande Guerre.

Il gloussa, toussa dans son poing fermé et rit de nouveau, comme s'il était gêné de rapporter un scénario aussi ridicule à sa toute dernière recrue.

— Vous avez raison, c'est inacceptable. Il aurait dû réaliser un documentaire sur un match de football de conciliation entre les troupes allemandes et soviétiques, rétorqua Libertas avec le plus grand sérieux. Ce serait bien plus pertinent.

Son air pince-sans-rire devait être persuasif, car Tikalski pâlit légèrement, avant de laisser échapper un rire soulagé quand un sourire apparut au coin des lèvres de Libertas. *C'est juste une blague, Herr Tikalksi. Ne vous emballez pas.*

L'après-midi, elle avait déjà signé tous les papiers nécessaires. Une secrétaire de la direction du personnel tendit à Libertas la clé de son nouveau bureau et la félicita. Libertas la remercia poliment, signa un registre pour la clé et sa nouvelle carte de rationnement, et quitta le bureau juste à temps pour sauter dans un train qui la ramènerait chez elle.

Elle entendit le téléphone sonner depuis la cage d'escalier. Elle déverrouilla la porte et se précipita dans l'appartement, le cœur battant la chamade. Un instinct de combattante récemment acquis lui soufflait qu'il se passait quelque chose. Elle laissa tomber son sac à terre et traversa le couloir en courant pour décrocher avant qu'il ne soit trop tard.

— Libertas Schulze-Boysen, haleta-t-elle dans le combiné.

— Oui, allô ?

Une voix d'homme. Inconnue. Un fort accent.

— Votre ami m'a donné votre numéro.

— Quel ami ? s'enquit Libertas, dont l'esprit tournait déjà à mille à l'heure.

L'accent n'était pas russe. Espagnol, peut-être ? Mais elle ne connaissait pas d'Espagnols.

— Je m'appelle Vincente Sierra. Je suis ici en voyage d'affaires pour la société Simexco. Notre siège est en Belgique et nous faisons beaucoup affaire avec les Allemands. J'ai cru comprendre que vous aviez un parent à Paris qui possède une maison de couture ?

— Oui. Mon père, confirma Libertas, plus confuse que jamais.

— Splendide ! Serait-il possible de nous rencontrer dans la semaine pour discuter d'une collaboration potentielle avec votre famille ? Je dois bientôt repartir pour Bruxelles, alors j'ai bien peur de ne pas avoir beaucoup de temps.

— Vous ne m'avez pas dit qui vous avait communiqué mon numéro.

— *Ach* ! Toutes mes excuses.

Libertas l'imagina en train de se donner une tape sur le front.

— Alex Erdberg, un concurrent en affaires ainsi qu'un très bon ami.

Libertas sentit son cœur bondir dans sa poitrine. *Korotkov avait trouvé un moyen de les contacter, finalement !*

— Oui, Herr… Pardonnez-moi…

— Sierra. Ne vous excusez pas. Les noms étrangers, plaisanta-t-il avec un petit rire poli. Le zoo de Tiergarten, disons, samedi à midi ? Est-ce que cela vous conviendrait ?

— Oui. Cela me convient parfaitement.

En raccrochant, Libertas poussa un énorme soupir, comme si un poids écrasant venait d'être ôté de ses épaules.

Chapitre 28

Postée devant la station de métro du jardin zoologique, Libertas tremblait dans son manteau au col d'hermine, pas tant à cause du froid de l'après-midi d'octobre que de sa nervosité. Tout autour d'elle, les gens se hâtaient, cols relevés, chapeaux bas, sourcils froncés, mains gantées qui agrippaient des journaux humides. Le temps n'arrivait pas à se décider entre pluie et neige et le ciel crachouillait un mélange désagréable depuis un nombre interminable de jours.

— Une météo horrible pour les troupes, spécula un passant d'un air entendu à l'attention de son voisin. La Russie est tristement célèbre pour ses routes boueuses. Les tanks et le reste de l'artillerie lourde s'embourbent. C'est pour ça qu'ils n'avancent pas beaucoup et que…

Une rafale emporta la fin de sa phrase et l'envoya tournoyer avec les feuilles jaunies et de vieux journaux pleins d'anciennes gloires et de promesses de victoire au 1er septembre.

Libertas songea soudain que son oncle avait perdu son pari avec quelqu'un au Reichstag. Elle se demanda non sans indifférence ce qui le contrariait le plus : avoir perdu de l'argent ou ne pas boire du champagne au Kremlin comme il l'avait prévu.

— Frau Schulze-Boysen ?

Une petite exclamation de surprise resta coincée dans la gorge de Libertas. Elle pivota sur elle-même et se retrouva face à un homme très élégant, bien que trop chaudement vêtu pour la saison, qui lui souriait d'un air contrit.

— Pardon de vous avoir fait peur, ce n'était pas mon intention.

Il souleva son chapeau et inclina la tête.

— Vincente Sierra. C'est un plaisir de faire votre connaissance.

Libertas se reprit et serra sa main gantée, tout en examinant attentivement le visage de l'agent secret soviétique. Plus petit qu'elle, la peau mate, des yeux noirs et une barbe déjà naissante en dépit du fait qu'il s'était de toute évidence rasé le matin même. Libertas comprit pourquoi les Soviétiques avaient octroyé à Herr Sierra un passeport uruguayen au lieu de tenter de le faire passer pour un Russe, comme ils le faisaient avec son homologue Alex Korotkov. L'allemand de Sierra était mâtiné d'un fort accent, contrairement au débit impeccable aux notes viennoises de Korotkov. Mais le même éclat brillait dans ses yeux, la même intelligence féroce, la même volonté de fer.

— Allons-y, si vous le voulez bien ?

Sierra rentra la tête dans les épaules pour se protéger d'une rafale particulièrement agressive.

— J'espère que vous ne m'en voudrez pas pour ce que je m'apprête à dire, mais je serais incapable de supporter vos hivers berlinois.

— Nous ne sommes qu'en octobre, fit remarquer Libertas.

— *Ach*, mais nous sommes bien loin de la météo uruguayenne, protesta joyeusement Sierra avant de sortir une pipe de sa poche. Cela ne vous dérange pas, si ? Ça me tient chaud.

Il avait l'air parfaitement inoffensif. N'importe quel curieux verrait en lui un homme d'affaires sud-américain à l'allure un peu décalée qui bravait le froid allemand pour signer un contrat avec la fille d'un créateur de mode parisien.

Il s'en tint à son histoire et s'épancha bruyamment sur Bruxelles et Simexco, une société d'imperméables dont la chaîne de production venait d'être réorientée vers la fabrication de vêtements pour les courageuses troupes allemandes ; sur un certain Bock et l'excellent champagne qu'ils avaient bu au Ritz à Paris ; sur la possibilité d'ouvrir à Berlin une seconde maison de couture au nom du père de Libertas – *la deuxième capitale mondiale de la mode, il y a tant de belles femmes, tant de séduisants militaires qui ont besoin d'uniformes, et il se ferait un véritable plaisir de* –

Le ton de Sierra changea abruptement dès qu'ils entrèrent dans l'enceinte du zoo et se retrouvèrent près de l'enclos des pygargues à tête blanche.

— Que s'est-il passé avec les transmissions que vous nous aviez promises ?

Prise au dépourvu, Libertas déglutit nerveusement. Soudain, elle n'était plus face à un gentil commercial, mais à un espion des renseignements soviétiques.

— Nous n'avons pas arrêté d'essayer, je vous le jure !

Comme une élève accusée de ne pas avoir fait ses devoirs, Libertas commença à énumérer les plages horaires, les fréquences et tout ce qui lui venait afin de persuader le Russe qu'elle n'avait rien d'une amatrice sans cervelle, qu'elle avait vraiment tenté tout ce qui était en son pouvoir, qu'elle…

Sierra agita la main, bienveillant.

— Alors qu'importe. Le dispositif était peut-être défectueux. Avec toutes les personnes qui ont essayé, y compris votre mari, quelqu'un aurait forcément réussi. Ça ne fait rien, je le signalerai au centre et nous vous en ferons parvenir un nouveau d'ici quelques jours. Je le testerai moi-même pour m'assurer qu'il fonctionne.

— Merci beaucoup, Herr Sierra. Nous ne vous décevrons pas, cette fois, vous avez ma parole.

— Il n'y a pas de mal, Frau Schulze-Boysen. Ces choses-là arrivent dans notre métier.

Pas de mal, elle n'en était pas si sûre. Libertas avait entendu de la bouche de Harro combien de soldats soviétiques avaient été encerclés et transportés en direction d'indénombrables camps de prisonniers de guerre qui poussaient dans les territoires occupés comme des champignons après la pluie. Combien d'entre eux étaient déjà morts de faim, de maladie, de froid ? Et combien de ces morts auraient pu être évitées, si l'émetteur avait fonctionné ?

— Est-ce qu'Alexander va bien ? demanda Libertas sans trop compter sur une réponse.

Sierra gloussa.

— Il va plus que bien. C'est un gros bonnet au siège de la NKVD de Lubyanka, à présent. C'est sur sa recommandation que votre cas nous a été transféré.

Libertas supposa que par « nous », Sierra voulait dire la Direction générale des renseignements – l'homologue soviétique de l'*Abwehr* du Reich, service de renseignements étrangers.

— Il doit être terriblement déçu, se désola Libertas en observant les majestueux oiseaux.

— S'il l'était, il aurait envoyé votre dossier aux archives et vous aurait oubliés comme un mauvais rêve.

— N'empêche…

Sierra agite de nouveau la main avec nonchalance.

— Ne vous préoccupez pas du passé. Nous devons penser à l'avenir.

Il tapota la vitre du bout de l'index.

— Formidables créatures, n'est-ce pas ?

— Oui. C'est pour cette raison que c'est le symbole d'autant de pays, je suppose.

— Savez-vous pourquoi l'ancienne Russie tsariste avait un aigle à deux têtes ?

— Non.

— Parce que contrairement à d'autres pays qui regardent dans une seule direction, nous regardons toujours des deux côtés. Une tête à l'est, l'autre à l'ouest. Et si nos derniers renseignements sont exacts, la menace orientale ne devrait pas tarder à disparaître entièrement.

Le sourire mystérieux de Sierra se reflétait dans la vitre.

— Hitler compte sur une attaque japonaise par l'est pour que nous devions nous battre sur deux fronts, mais à en croire les derniers rapports en date, le Japon a d'autres projets qui n'ont rien à voir avec nous.

Incrédule, Libertas scruta le visage impénétrable de l'espion.

— Les États-Unis ? murmura-t-elle.

— Je ne vous ai rien dit. Techniquement, ce qui leur arrive ne me concerne absolument pas. Mais libre à vous de prévenir votre ami Arvid Harnack qui a des amis à l'ambassade américaine, d'après ce que j'ai entendu dire. Néanmoins, il est essentiel que vous ne citiez pas mon nom. On m'a expressément interdit de divulguer cette information.

— Pourquoi m'en faites-vous part, dans ce cas ?

Sierra soupira.

— Parce que votre ami Arvid est marié à une citoyenne américaine et que tous deux nous fournissent depuis un moment des informations pertinentes pour l'Union soviétique. Ça me paraît juste de rendre la pareille.

Libertas réfléchit pendant quelques instants, avant de se tourner vers Sierra avec un air déterminé.

— Mon mari rentre aujourd'hui pour le week-end. Aimeriez-vous passer chez nous pour le rencontrer ? Il dispose peut-être de nouvelles fraîches. Et j'ai également quelque chose d'intéressant à partager avec vous.

Sierra arqua les sourcils avec curiosité. Libertas haussa les épaules dans un sourire.

— Votre aigle à deux têtes est peut-être passé à côté de quelque chose en regardant de droite à gauche, mais pas de haut en bas. Peut-être que c'est depuis le sud qu'arrivera votre prochaine menace.

Quelque chose changea dans l'expression de Sierra. Il dévisagea Libertas avec un respect nouveau.

— Quelle heure ?

— Venez dîner. 18 heures ?

— J'y serai, Frau Schulze-Boysen. J'apporterai du bon vin uruguayen.

Le grand sourire de Libertas refléta celui de Sierra. Elle commençait à l'apprécier.

Sierra arriva à 18 heures moins deux minutes, avec des fleurs pour la maîtresse de maison et une boîte dont Libertas soupçonnait qu'elle renfermait le vin promis.

— Avez-vous trouvé facilement ? s'enquit-elle en lui prenant son manteau, parfaitement sec en dépit de la neige fondue qui tombait au-dehors.

— Oh oui, répondit Sierra avec enthousiasme. Le lieutenant Spannagel du haut commandement de la Wehrmacht a eu l'amabilité de m'offrir de me conduire jusqu'ici depuis le siège.

Il accrocha son chapeau au portemanteau. Puis, avec une formidable nonchalance, il ouvrit la boîte pour révéler un émetteur portable.

— Un homme charmant. Je lui ai vivement recommandé votre mari. Et votre père, naturellement.

— Vous avez voyagé dans la voiture de fonction d'un officier de la Wehrmacht avec… ça ?!

Libertas fixait la radio avec des yeux écarquillés. Sierra la dévisagea, l'air perplexe.

— Bien sûr. S'il m'avait proposé de me conduire et que j'avais refusé par un temps pareil, cela aurait éveillé les soupçons, n'est-ce pas ? Le meilleur moyen de cacher quelque chose, Frau Schulze-Boysen, c'est de le mettre pile sous le nez de l'ennemi. C'est ainsi que nous avons infiltré notre cher Alex et que nous disposons actuellement de dizaines d'agents infiltrés partout dans l'Europe occupée. Où puis-je me laver les mains ?

Libertas indiqua la porte de la salle de bains sans un mot et resta plantée au même endroit, les yeux rivés sur l'émetteur. Les pas de Harro résonnèrent depuis son bureau.

— Fichu téléphone. Il sonne toujours au pire moment, grommela-t-il entre ses dents.

Il s'arrêta net dès qu'il aperçut l'appareil posé sur la console.

— Est-ce que c'est… ?

— Oui.

— Où est… ?

— Salle de bains.

Ils échangèrent un regard et soudain, ils éclatèrent de rire, à la fois effrayés et excités. Libertas savait qu'elle embarquait pour une grande aventure en épousant Harro, tout comme il savait que la vie avec elle ne serait jamais monotone.

Néanmoins, dans leurs rêves les plus fous, aucun n'avait imaginé qu'ils recevraient un espion soviétique à dîner et se rendraient coupables de trahison contre l'état et le Führer sous le nez de l'état en question.

— Ça fait un moment que je ne te l'ai pas dit, mais je t'aime plus que tout, dit Harro tout bas en prenant Libertas dans ses bras.

— Tu n'as pas besoin de me le dire. Je le sais, répondit-elle avant de l'embrasser.

Plus tard, alors qu'ils passaient de la salle à manger au canapé du salon, Harro confirma à Sierra ce que Libertas lui avait laissé entendre.

— Le groupe d'armées Sud a Maykop comme prochain objectif, annonça Harro en faisant tournoyer le cognac dans son verre. Ils sont déjà à court de carburant. Ils ont trop tiré sur la corde. Les machines ne sont pas en mesure d'approvisionner les unités en première ligne avec l'essence roumaine ; ils sont aussi en train de s'enliser dans votre fameuse boue russe.

Sierra baissa les yeux et essaya de réprimer un sourire complice.

— Attendez qu'ils fassent connaissance avec notre illustre hiver. Il neige déjà en quantité aberrante en Russie et vos braves petits soldats de la Wehrmacht sont encore en uniformes d'été.

Il toussa dans son poing fermé pour tenter de déguiser un rire.

— Je vous prie de m'excuser. Je n'aurais pas dû faire cette plaisanterie. Vous m'avez accueilli si chaleureusement que je n'arrête pas d'oublier que vous êtes allemands.

Sierra soupira et regarda le plafond comme s'il y cherchait des réponses.

— Je sais que ce ne sont que des soldats et que la plupart d'entre eux ont été conscrits contre leur volonté et entraînés dans cette guerre par vos dirigeants… Simplement, ça me met en colère parfois, vous comprenez ? Je suis là, à vivre la vie d'un riche homme d'affaires, et pendant ce temps, ils piétinent mon pays, tuent mes amis, que sais-je ? Mes supérieurs ne me rapportent rien. Ma famille est à Leningrad, peut-être en train de mourir de faim… Mais s'ils avaient eu la présence d'esprit de fuir, qui sait ce qui leur serait arrivé ? Nous sommes juifs, voyez-vous. Je sais que je suis ici en tant que professionnel, mais…

Il se tut abruptement avec l'air de quelqu'un qui en avait trop dit et se passa la main sur le visage. Soudain, il semblait vieux et fatigué.

— Vous avez tout à fait le droit d'être en colère contre nous, dit Libertas tout bas. Pour ma part, je me sens affreusement coupable.

Il lui offrit un sourire triste.

— Coupable de quoi, enfin ? Vous ne m'avez rien fait.

— Mais mon peuple, si. Je partage donc la responsabilité.

Sierra la dévisagea longuement avant de reporter son attention sur Harro et de lever son verre.

— Vous avez épousé une femme extraordinaire, Harro. Assurez-vous de prendre bien soin d'elle.

Harro sourit.

— C'est surtout elle qui prend soin de moi, mais vous avez raison. J'ai épousé la femme la plus incroyable qui soit. Sans vouloir vous offenser au cas où vous seriez marié.

— Je ne le suis pas, alors vous n'offensez personne. Essayez de… Essayez de ne pas vous faire prendre, tous les deux, voulez-vous ?

Harro ricana doucement.

— C'est drôle. C'est exactement ce que nous a dit Alex avant que nous perdions le contact.

— Je comprends pourquoi.

Sierra se donna une tape sur la cuisse et se leva.

— Bon, les enfants. L'heure du couvre-feu approche. Je dois prendre congé.

— Soyez prudent, Vincente, lui dit Libertas en lui tendant son manteau dans le couloir.

— Anatoly, chuchota-t-il si bas qu'elle l'entendit à peine.

Ce ne fut qu'après qu'il eut refermé la porte derrière lui qu'elle comprit que Sierra venait de lui révéler son vrai prénom.

Chapitre 29

Novembre 1941

Alors que ce n'était que sa deuxième semaine à son nouveau poste, Libertas se réveilla en retard. Maudissant le réveil qu'elle avait oublié de remonter la veille au soir, la neige fondue dans laquelle ses bottes pataugeaient, les filles de la BDM qui agitaient leurs boîtes à dons devant l'arrêt de métro, le camion du Secours populaire qui collectait des vêtements chauds pour les braves soldats qui se battaient contre les bolcheviques sur le front est garé pile devant l'intersection et qui lui bloquait le passage, Libertas se précipita à travers cette morne matinée de novembre pour entrer dans le bâtiment de l'Institut allemand du film documentaire.

La frénésie habituelle régnait à l'intérieur : des secrétaires avec des piles de classeurs dans les bras, des artistes qui se disputaient des concepts d'affiches, des réalisateurs exaspérés qui talonnaient des censeurs à l'air harassé dans les couloirs.

— … mais, Herr Böhme, avec tout le respect que je vous dois, j'ai déjà supprimé les parties problématiques en accord avec vos commentaires…

— C'est tout le documentaire qui va partir à la poubelle à cause de votre cameraman ! *Le paradis soviétique* est censé être un titre ironique, pas littéral ! Il aurait dû filmer la dégradation, la crasse et les atroces conditions de vie des Soviétiques, pas glorifier leur architecture !

— Toutes mes excuses, Herr Böhme. Les images ont été tournées près de Leningrad. L'architecture remonte à l'époque tsariste et toute la ville ressemble à une carte postale. Nous avons des séquences de rues bombardées par la Luftwaffe, que nous pouvons faire passer pour des dommages causés par les bolcheviques eux-mêmes juste après la révolution, si cela peut faire l'affaire…

Libertas n'entendit pas la suite. Elle gravissait déjà le grand escalier quatre à quatre, délaissant l'ascenseur qui était toujours trop long à arriver et se retrouva à son étage.

Helmut, son secrétaire, la salua avec son professionnalisme habituel et lui tendit son courrier.

— Café, Frau Schulze-Boysen ?

Libertas marqua une pause sur le seuil de son bureau.

— Par le plus grand des hasards, seriez-vous en mesure de faire apparaître un sandwich à la confiture ? Je n'ai pas eu le temps de petit-déjeuner.

Helmut lui offrit un sourire faussement timide.

— Est-ce que cela me vaudra de pouvoir partir plus tôt vendredi ?

Libertas plissa les yeux.

— Avez-vous un rendez-vous galant, petit cachottier ?

Helmut lança un regard vers la porte et porta son index à ses lèvres.

— Rien de tel, Frau Schulze-Boysen. Je retrouve simplement un ami pour boire un verre.

Un rendez-vous galant, donc. Libertas sourit d'un air entendu. Elle était ravie que Helmut lui ait confié ses penchants amoureux, qui portaient sur un très séduisant monteur employé dans un service voisin. Un secret qui aurait pu leur valoir, à son amant et à lui, un aller simple pour un camp de concentration sous les nouvelles lois du Reich.

— Deux sandwiches, et vous pourrez partir à 16 heures au lieu de 18 heures.

Affichant deux rangées de dents parfaites à la blancheur éclatante, Helmut sortit au pas de course du bureau sans laisser à Libertas le temps de lui demander s'il avait besoin de son carnet de rationnement.

De meilleure humeur, Libertas était en train de parcourir son courrier lorsqu'une enveloppe particulièrement épaisse attira son attention. Elle l'ouvrit d'un geste expert avec son coupe-papier en forme d'épée et resta immobile sur sa chaise. Le sang quitta son visage tandis que le contenu se déversait sur son bureau.

Au début, son esprit refusa d'assimiler les images. Des images d'hommes, de femmes, de personnes âgées et d'enfants nus face à un grand ravin tandis que des soldats en uniforme SS pointaient leurs mitraillettes dans leurs dos.

C'est une mise en scène, tenta-t-elle de se persuader. *C'est pour un nouveau projet. Ces gens sont des acteurs. Ils ont été payés à la fin de la journée puis ils sont rentrés chez eux…*

Heureusement qu'elle était assise. Elle commença à avoir le tournis, puis la nausée.

… Et ces corps dans le ravin, ce sont des mannequins, voulut croire Libertas en ravalant la bile qui montait dans sa gorge. *Comme dans l'atelier de couture de son père, sauf que ceux-ci sont des mannequins cassés aux membres flaccides, à l'aspect effroyablement humain. Ce n'est pas réel.*

— Pas réel, murmura-t-elle comme si le dire à voix haute allait en faire une réalité.

Mais ensuite, ses doigts tremblants extirpèrent de la pile d'atrocités une lettre, dans laquelle un SS débordant de fierté se vantait de la quantité de sales juifs dont il avait débarrassé son Reich adoré. Il jubilait quant à la façon dont ces Slaves avaient docilement marché vers la mort, prévoyait le prochain village, la prochaine ville, le prochain ravin avec l'excitation d'un chasseur fou. Tout à coup, la réalité sombre et terrifiante apparut à Libertas.

Son pays n'était plus seulement une nation de bellicistes. C'était une nation de tueurs impitoyables, d'assassins sans âme.

— Nous sommes fichus, annonça Libertas.

Harro venait de s'asseoir devant la cheminée, pâle et hagard après avoir regardé les images en boucle.

— Une nation qui se rend coupable de ce genre de crime n'a pas le droit de continuer à exister.

La voix de Libertas était étrangement calme, mâtinée de tristesse, éraillée par la fumée de cigarette. Elle avait eu quelques jours pour réfléchir avant que Harro rentre à la maison pour le week-end. Au moment où il l'avait prise dans ses bras à son arrivée, elle savait exactement où elle se situait dans tout cela.

— Nous n'avons pas le droit moral d'essayer de survivre quand des femmes soviétiques se font fusiller avec leurs enfants dans les bras. En revanche, nous avons l'obligation morale de faire tout ce qui est en notre pouvoir pour renverser ce régime. Nos vies ne sont qu'un infime tribut à payer.

Harry posa sur elle des yeux pleins de larmes, profondément vulnérable dans son uniforme de la Luftwaffe.

— Libs, je n'étais au courant de rien, je te le jure.

— Je sais. Ce sont les SS. *Totenkopf.* Les divisions tête de mort. Ils exécutent des civils.

— Comment ces photos sont-elles arrivées jusqu'à toi, pour commencer ?

— Grâce à Helmut. Ce petit futé a dit à un crétin dont un parent SS est sur le front est que sa cheffe rassemblait du matériel dans le cadre de l'exposition à venir et qu'ils étaient encouragés à m'envoyer tout ce qu'ils voulaient.

— Est-ce que Helmut est… ?

— Il ne fait partie d'aucune organisation, non. C'est simplement un homme bien, doté d'une conscience, qui veut que les atrocités soient révélées et les auteurs de ces crimes traduits en justice.

— C'est rassurant, je trouve.

— Quoi donc ?

— Le nombre de gens que nous avons croisés au fil du temps et qui souhaitent aider d'une façon ou d'une autre. Qui continuent à résister en dépit du danger. Qui refusent de succomber à cette haine généralisée de tout ce qui est étranger et qui risquent leurs vies pour ramener la paix. Ça a commencé avec les journalistes, puis ça s'est étendu à d'autres intellectuels, des médecins comme Elfriede, des diplomates comme Arvid, des artistes et des bohémiens comme Kurt et Lisl, des communistes comme Hans Coppi, et maintenant Helmut.

Un sourire éclaira son visage pâle.

— Peut-être que tout n'est pas encore perdu. Tant que ces gens-là sont en vie, notre cause est en vie.

Libertas hocha la tête. Pensive, elle contemplait le feu dans la cheminée.

— Je comptais détruire ces clichés après te les avoir montrés, mais tu sais quoi ?

Elle posa sa cigarette dans le cendrier en cristal, alla dans son bureau et ne tarda pas à revenir avec un album photo à la main.

— Je vais les garder, annonça-t-elle. Je vais les conserver comme preuve, et le moment venu, je les donnerai aux gens qui s'en serviront pour rendre justice.

Harro se leva, une étincelle familière dans le regard.

— Oui. Fais ça. Je vais écrire un nouveau tract. Et cette fois, nous en imprimerons des dizaines de milliers que nous distribuerons partout dans Berlin, partout sur le front est, pour que les soldats de la Wehrmacht soient au courant des horreurs que commettent leurs homologues SS. Alors, peut-être, ils se révolteront et refuseront de se battre. Ou mieux encore, ils retourneront leurs armes contre leurs responsables politiques, se débarrasseront d'eux et embrasseront leurs anciens ennemis, et la paix reviendra en Europe.

Libertas prit ses mains dans les siennes et le dévisagea très longuement.

— J'adorerais vivre assez longtemps pour assister à ça. Mais même si ce n'est pas le cas, même si ça se produit seulement après notre mort, cela signifiera quand même que nous ne nous sommes pas battus en vain.

Décembre 1941

Le dîner chez les Harnack n'eut rien de réjouissant, cette fois. D'une humeur particulièrement sombre, Mildred poussait distraitement du bout de sa fourchette les mets qu'elle avait si soigneusement cuisinés pour célébrer la mutation de Harro à Berlin. Elle n'offrait que de faibles sourires quand Arvid ou leurs convives tentaient de la distraire de ses tristes pensées. Libertas ne comprenait que trop bien son amie : Mildred était américaine et mariée avec un Allemand. Et désormais, son pays adoptif était officiellement en guerre avec son pays d'origine du fait de l'attaque japonaise sur Pearl Harbor. Les personnes habituellement si sympathiques avec elle avaient totalement changé d'attitude, tout à coup. Femme de diplomate hier, ennemie étrangère aujourd'hui.

Libertas attrapa discrètement la main de Mildred sous la table et la serra. Quand Mildred leva les yeux de son assiette, les larmes et la profonde gratitude qui les habitaient faillirent fendre le cœur de Libertas.

— Le pire, c'est que nous avons perdu notre contact avec mon ami de l'ambassade américaine, annonça Arvid.

Lui non plus n'était pas lui-même ce soir-là.

— Il y a encore Herr Sierra, fit remarquer Harro en jouant nerveusement avec une cigarette. Et à en croire Libs, il n'est pas contre l'idée de partager des informations avec ses homologues américains.

— Ses supérieurs vont peut-être même approuver, maintenant que ce sont des alliés, suggéra Libertas dont le regard alternait entre Arvid et Harro.

— C'est une possibilité, concorda Harro.

— Je crois qu'on m'espionne, annonça soudain Mildred.

Arvid la couva d'un regard bienveillant.

— Chérie, nous en avons déjà parlé.

— Oui, et tu as dit que c'était mon imagination. Mais ce n'est pas le cas.

Son ton était plus tranchant que d'habitude.

— Je sais ce que je sens. Ces regards perçants derrière moi partout où je vais… Les femmes sont très sensibles à ces choses-là. Depuis notre plus jeune âge, nous apprenons à faire attention à ce qui nous entoure pour échapper à l'attention indésirable de certains hommes et ne jamais être prises au dépourvu. Je sais ce que ça fait d'être suivie.

Harro se pencha en avant, les sourcils froncés.

— Tu penses que c'est la Gestapo ?

— Je ne sais pas, gémit Mildred.

Elle se massa les tempes, l'air soudain épuisée.

— Qui cela pourrait-il être d'autre, en même temps ? Un admirateur secret ?

Personne ne rit. Un silence pesant et oppressant envahit la pièce. Libertas entendait sa propre respiration.

— Je crois qu'il serait plus sage de ne pas utiliser l'émetteur ici, finit-elle par dire en se mordant les lèvres. C'est trop risqué d'émettre de chez nous si nous sommes réellement surveillés.

Harro hocha la tête.

— Je suis d'accord.

— Mais vous ne pouvez pas le faire chez vous non plus, argua Arvid. La Gestapo remontera jusqu'à vous après quelques transmissions.

Libertas se tourna vers Harro.

— Et Hans Coppi, ce jeune communiste qui a travaillé sur les tracts avec nous ? Personne ne le soupçonnerait. Techniquement, il n'est pas associé à notre cercle. Harro, tu ne pourrais pas lui apprendre à se servir de la radio ? Ou alors je pourrais aller chez lui et émettre moi-même si…

— Absolument hors de question, répondit Harro en secouant catégoriquement la tête. Je ne veux pas que tu l'approches. La dernière chose dont nous avons besoin, c'est qu'on t'associe à un communiste ancien prisonnier de camp de concentration.

Libertas haussa un sourcil sceptique.

— Mais que toi, un officier de la Luftwaffe, tu sois associé avec lui, ça ne pose aucun problème ?

L'expression de Harro se radoucit.

— Libs, tu en fais déjà trop, dit-il avec un sourire lourd de sous-entendus.

Ils n'avaient pas parlé à Arvid et Mildred des photos qui inondaient le bureau de Libertas. Elle les triait méticuleusement et les classait dans des albums avec les noms des coupables, leurs adresses, leurs numéros de compagnie et de détachement, et les titres des supérieurs, telle une procureure qui montait le dossier de sa vie.

Mais les Harnack avaient déjà assez de choses à gérer comme ça. Pourquoi mettre ce fardeau sur leurs épaules en plus de tout le reste ?

— Laisse quelqu'un d'autre jouer les héros, conclut Harro en allumant enfin sa cigarette.

Libertas lui décocha un sourire fatigué et leva les mains en feignant la reddition.

— Va pour le camarade Coppi, alors.

*

Quelques jours plus tard, Libertas rangea soigneusement l'émetteur dans son étui, le caressa de sa main gantée et le tendu à Harro.

— Dis à Hans d'en prendre soin, s'il te plaît.

— Il en prendra soin comme de la prunelle de ses yeux, assura Harro avec un sourire complice.

Il attrapa la valise d'une main gantée également.

— Pour lui, il s'agit d'un combat idéologique. Il préférerait mourir plutôt que décevoir ses frères d'armes à Moscou.

Là-dessus, il mit son képi et partit.

Par la fenêtre couverte de givre, Libertas observa la silhouette de son mari s'engager dans la ville obscure pour bientôt y disparaître. Imaginer la neige tombante recouvrir la trace de ses pas la perturba, comme si l'hiver lui-même effaçait l'existence de Harro de sa mémoire.

C'est à cause de la paranoïa de Mildred, c'est tout, tenta de se convaincre désespérément Libertas tandis que sa main frottait sa poitrine. Elle aussi s'imaginait des choses. Personne ne les suivait.

Et quand bien même ils auraient été suivis ? N'avait-elle pas répété à Harro qu'elle était prête à mourir pour la cause ? Mais c'était trop tôt, elle n'avait pas encore amassé assez de preuves. Ils n'en avaient pas fait assez, ils n'avaient pas aidé assez…

Quelques mois de plus, c'était tout ce qu'elle demandait. Encore quelques transmissions, encore quelques albums à remplir, juste pour rapprocher un tout petit peu les alliés de la victoire.

Alors elle pourrait mourir en paix. Alors leur combat n'aurait pas été mené en vain.

Chapitre 30

Janvier 1942

Réprimant un tremblement de colère, Libertas s'apprêtait à rédiger avec soin une lettre à destination d'un énième assassin SS. Celui-ci avait surpassé les plus impitoyables de ses camarades, en joignant des photos d'une famille juive qu'il avait fusillée personnellement : une femme qui, de son corps nu, protégeait son nourrisson et ses deux enfants, un garçon et une fille. La petite fille ne devait pas avoir plus de deux ans. Elle serrait sa poupée de chiffon contre sa poitrine de la même manière que sa mère le faisait avec son dernier-né.

Chère Frau Schulze-Boysen, salutations depuis le front est presque nettoyé de tous ses juifs !

Sur le cliché suivant, le même SS souriait de toutes ses dents à l'objectif tandis que son camarade visait malicieusement la tête de la poupée de chiffon, qui était tout ce qui restait au bord du ravin dans lequel la famille entière avait disparu.

Il règne un froid terrible ici, mais notre amour pour le Reich et le Führer et l'idée que nous menons à bien sa mission me réchauffent le cœur.

Une haine glacée et dévastatrice submergeait Libertas. Elle serra les dents tandis qu'elle écrivait sa réponse au tueur d'innocents.

Cher héros allemand ! Je ne saurais vous exprimer l'étendue de la gratitude que nous éprouvons tous pour votre sacrifice altruiste au nom du Reich ! La seule chose qui me peine, c'est de ne pas pouvoir nommer l'homme courageux qui se bat pour notre avenir dans le cadre de l'exposition à venir. Serait-il possible de connaître votre nom afin que je puisse non seulement vous attribuer vos merveilleuses actions, mais aussi vous garder dans mes prières le soir ?

Au cours des dernières semaines, Libertas avait découvert qu'elle parvenait à faire couler à flots les mensonges de son stylo plume tant qu'elle gardait à l'esprit son but ultime : amener devant la justice tous ces meurtriers arrogants. La justice soviétique, la justice allemande, la justice alliée… qu'importait qui leur passerait le nœud coulant autour du cou. Tout ce qui comptait, c'était que ce nœud les attende à leur retour, en lieu et place de fanfares qui célébreraient leurs odieux exploits.

Jamais auparavant un emploi ne l'avait autant épuisée mentalement. Elle rentrait chez elle avec l'envie de vomir, déprimée au plus haut point, telle une automate propulsée en avant uniquement par l'espoir de la vengeance. Quand la Royal Air Force britannique lâcha les premières bombes sur Berlin, elle observa les incendies jaillir dans le lointain et se réjouit de la fumée âcre que le vent transportait depuis le quartier de Mitte.

Ce qui aurait horrifié Libertas quelques mois plus tôt (ces gens étaient des civils innocents, après tout) ne la faisait même pas sourciller lors de ce mois de janvier glacial de 1942.

Pas après que ces « civils innocents » avaient refusé l'accès aux kiosques à journaux aux derniers juifs berlinois, agitant sous leur nez le décret du ministre Goebbels qui interdisait aux juifs d'avoir accès aux moindres informations. Inutile qu'ils jubilent face aux récentes défaites allemandes, qui avaient repoussé la Wehrmacht à deux ou trois cents bons kilomètres de Moscou. Inutile aussi qu'ils apprennent les liquidations de ghettos à l'est ; autrement, ils se cacheraient et il deviendrait bien plus difficile de leur mettre la main dessus pour les massacrer.

Pas après avoir vu une femme en pleurs supplier un officier en uniforme de lui laisser son chien. Son mari était mort au front, elle n'avait pas d'enfants et la petite boule de poils était tout ce qui lui restait au monde. Mais le gradé n'en avait eu absolument rien à faire. La nouvelle loi affirmait que les juifs ne pouvaient pas avoir d'animaux de compagnie, alors le sort du cabot était scellé.

— Mais quel mal un chien peut-il bien faire au Reich ? avait demandé la femme tandis que les larmes roulaient sur ses joues émaciées.

Le soldat n'avait pas répondu, mais Libertas, qui avait assisté à la scène, connaissait la réponse. Contrairement aux humains, on ne pouvait pas apprendre à un chien à détester. Un chien aimait son maître inconditionnellement, et les nazis ne supportaient pas l'idée que quiconque montre de l'affection aux juifs allemands alors que tout le monde leur crachait au visage, même si ce n'était qu'un animal.

Alors oui, ces « civils innocents » méritaient la pluie de bombes qui s'abattaient sur eux ; ils méritaient d'être oblitérés de la plus horrible des manières, car ils étaient aussi coupables que leur Führer, que leurs frères et leurs fils qui fusillaient des enfants sur le front, que l'officier qui avait arraché son dernier espoir aux mains de cette femme.

Ce soir-là, quand Libertas plaça silencieusement la photo de la fillette avec la poupée devant Harro, il la fixa très longtemps avant d'attraper une pile de feuilles de papier, l'air férocement déterminé.

— Je sais exactement ce que je vais écrire dans notre prochain pamphlet, annonça-t-il en taillant son stylo. Je vais écrire sur cette horreur de telle manière que personne ne restera indifférent.

Le dernier jour de janvier se leva dans une grande lumière et une légère odeur de fumée. De nouveaux bombardements avaient eu lieu la nuit précédente, près de l'aéroport de Tempelhol cette fois. Quand l'appel avait été lancé quelques jours plus tôt, Harro et Libertas s'étaient portés volontaires en tant que surveillants aériens pour leur immeuble. Même si, dans leur cas, cela voulait dire faire descendre tout le monde dans la cave, puis se rendre dans les rues désertes afin de poster d'innombrables tracts avant de rentrer chez eux pour faire l'amour, boire du vin acheté au marché noir et, avec une nonchalance fataliste, contempler la nuit embrasée jusqu'à ce que la British Air Force soit à court de bombes et qu'ils puissent retourner dormir.

En ce dernier jour de janvier, les Berlinois se réveillèrent aux mots que certains gardaient pour eux, mais qui les assaillaient à présent depuis de petits rectangles de papier.

Parlez de plus en plus fort ! Arrêtez d'accepter tout cela ! Cessez de vous laisser commander ! Opposez-vous à cette peur qui nous entoure ! Nous ne parviendrons à nous sauver et à sauver notre pays que lorsque nous trouverons le courage d'aller en première ligne dans la bataille contre Hitler.

Encore blottie dans les bras de Harro, Libertas imaginait les employés d'usine dissimuler le tract dans les poches de leurs salopettes, les correspondants étrangers s'étrangler avec leur café et attraper leur téléphone, les officiers dans les bureaux de la Wehrmacht pâlir et (peut-être) cacher le pamphlet pour en discuter plus tard avec des personnes qui partageaient les mêmes valeurs et n'appréciaient pas la manière dont la guerre progressait.

Cette fois, c'était une attaque en règle, sur tous les fronts, est et ouest. Cette fois, Libertas et Harro et tous les autres membres de leur cercle grandissant annonçaient qu'il n'y aurait pas d'armistice, mais uniquement une reddition sans condition.

Faites circuler ce message partout, autant que possible ! Faites-le passer à vos amis et à vos collègues ! Vous n'êtes pas seuls !

Les tracts débordaient des boîtes aux lettres. Ils jonchaient les rues et étaient collés aux kiosques à journaux, aux vitrines de magasins, aux wagons de métro et même aux colonnes du Reichstag.

Battez-vous d'abord tout seuls, puis en groupe ! Demain, l'Allemagne nous appartiendra !

Quand Libertas entra dans le bâtiment de l'Institut plus tard ce jour-là, elle ne put retenir un sourire en voyant de petits attroupements de personnes qui échangeaient des murmures animés. Peut-être que cela pouvait les pousser dans la bonne direction, leur montrer que c'était possible de résister, qu'ils n'étaient pas les seuls à détester l'administration en place. Peut-être qu'ensuite, ils se soulèveraient ensemble, renverseraient le dictateur et tendraient une main pacifique à leurs frères à l'est et à l'ouest. Peut-être qu'ils deviendraient une Allemagne dont tous seraient fiers, pas un pays de nationalistes haineux à l'esprit étriqué qui osaient se qualifier de patriotes quand tout ce qu'ils faisaient était vomir de la haine, approuver les camps de concentration et ne pas sourciller pendant que des enfants juifs ou slaves se faisaient massacrer.

Peut-être que l'Allemagne leur appartiendrait.

Peut-être qu'ils vivraient suffisamment longtemps pour voir ça.

Les agents de la Gestapo n'avaient pas encore réussi à arracher tous les pamphlets des murs carrelés des stations de métro et, pour leur plus grande gêne et leur colère impuissante, de la façade de leur propre siège, que Harro travaillait déjà sur le suivant. Il tapait à la machine comme un possédé sous le regard affectueux de Libertas, postée à son propre bureau à l'autre bout du salon. Ils avaient fait exprès d'agencer les meubles de cette manière ; après des semaines de solitude imposée, ils étaient plus proches que jamais et maintenant que Harro était de retour à Berlin, ni lui ni Libertas ne supportaient l'idée d'être séparés. Alors chacun travaillait de son côté, mais sans manquer d'échanger des clins d'œil et des regards pleins d'amour, réconforté et inspiré par la présence de l'autre.

— Tu écris sur la petite fille juive à la poupée ? lança Libertas à son mari.

Harro lui avait demandé l'épouvantable photo et l'avait placée devant sa machine à écrire. Le premier pamphlet n'était qu'un échauffement ; à présent, Harro était enfin prêt à décrire les atrocités du front est dans toute leur « gloire ».

— Oui, répondit-il sans relever la tête. J'ai décidé de faire ça sous la forme d'une lettre qu'un soldat enverrait à un autre soldat. Est-ce que tu veux que je te lise ce que j'ai pour l'instant ? Ce n'est encore qu'un brouillon, mais je serais ravi d'avoir ton avis.

— Bien sûr. Je t'écoute.

Harro s'éclaircit la gorge et se tortilla sur son siège.

— « J'ai tué une famille hier. Une mère, son nouveau-né et ses deux autres enfants aussi. Et même la poupée de la petite fille. Pourquoi, me demandes-tu ? Les ordres… Ach, pourquoi la poupée, tu veux dire ? Donne-moi une minute et je te raconte tout. Laisse-moi d'abord en allumer une. C'est plus facile comme ça. Tout est plus facile avec les cigarettes, et encore plus avec le schnaps. Nos commandants nous en donnent à la pelle. Où en étais-je ? Ah oui. La petite fille. J'en ai pourtant tué des dizaines, voire des centaines comme elle, mais celle-ci me reste en tête, pour une raison quelconque. Je n'arrête pas de la voir la nuit, avec cette poupée ridicule. »

Harro déglutit et marqua une pause, avant de poursuivre.

— « Il neigeait hier matin. Quand leur tour est venu de se déshabiller, la mère n'arrêtait pas de demander si son bébé pouvait rester habillé. Va savoir pourquoi, car il allait être exécuté. Mais le commandant du détachement a accepté. La femme s'est agenouillée dans la neige ; son fils, qui devait avoir six ou sept ans, en a fait autant. Seule la fillette a hésité, mais le garçon lui a pris la main et l'a tirée vers lui, et elle s'est agenouillée aussi sans poser de question. Des enfants obéissants, bien élevés. Ensuite, la gamine a dû croire qu'il s'agissait d'un jeu, car elle a placé sa poupée à côté d'elle dans la neige et m'a fixé comme si elle était en quête d'approbation. Pas de problème, je lui ai dit, la poupée aussi… J'ai tiré sur la poupée en dernier. Elle est tombée dans le ravin et a atterri près du bras de la petite, et puis nous avons commencé à combler le trou avec la terre gelée. Je ne sais toujours pas pourquoi j'ai fait ça. Il n'y a pas d'officier pour me l'expliquer. Rien que des steppes couvertes de neige et le silence, étranger et hostile, et cette poupée ridicule que je vois dans mes rêves. Les ordres… »

Harro avait terminé sa lecture depuis plus d'une minute et Libertas ne trouvait toujours rien à dire. Le texte l'affectait plus profondément encore que la photo elle-même, comme si Harro avait sondé son âme et mis des mots sur tout ce qu'elle ressentait.

— C'est horrible, finit-elle par déclarer. Je ne vais pas dormir pendant des semaines, maintenant.

— Tu n'arriverais pas à dormir de toute façon ; les bombardiers britanniques sont là pour s'en assurer, tenta-t-il de plaisanter, mais son sourire était chargé de tristesse.

— Tes mots font l'effet d'un énorme coup de poing dans le ventre.

— Tant mieux. C'est exactement le but recherché.

— Mais penses-tu que les SS éprouveront des remords ? Ou n'importe quoi d'autre ?

Harro haussa les épaules.

— Les SS ne sont pas mon public cible. Ils sont une cause perdue, si tu veux mon avis, et j'espère de tout cœur que chacun d'eux recevra une balle à la fin de tout ça. Non, cette fois-ci, nous devons diffuser ce message parmi les Berlinois, parmi les correspondants étrangers, et aussi parmi les simples soldats du front est. Kurt a été enrôlé dans la Wehrmacht. C'est risqué, c'est sûr, mais pourquoi ne pas tenter de glisser ce tract dans l'une des lettres que Lisl lui envoie ?

Libertas réfléchit.

— Ajoute un appel à passer à l'action pour que le tract soit vraiment efficace.

Curieux, Harro inclina la tête sur le côté.

— Étant donné que nous voulons que les simples soldats se révoltent contre le régime, offrons-leur une solution qui ne les mette pas dans une position où ils doivent choisir entre leur conscience et la mort. De nombreux soldats de la Wehrmacht sont enrôlés contre leur gré ; ils n'approuvent pas la guerre, mais ce ne sont pas des héros non plus. Ils n'ont pas envie de mourir pour une vague idée. Et c'est exactement ce qui leur arriverait s'ils attaquaient physiquement leurs commandants ou s'ils refusaient de prendre les armes. Ils passeraient en cour martiale. Il faut donc leur offrir un choix qui ne leur salisse pas les mains, un choix qui leur laisse la vie sauve et leur permette d'agir noblement. Propose-leur de rejoindre les partisans. Les forêts russes en sont pleines. Je suis profondément convaincue qu'ils accepteraient quiconque veut se battre contre le Reich, y compris des déserteurs allemands.

Libertas n'avait pas encore fini que Harro avait déjà inséré une feuille vierge dans sa machine à écrire.

— Je vais réécrire la première partie, dit Harro, une ferveur renouvelée dans le regard. Du point de vue d'un soldat de la Wehrmacht qui a été témoin du crime. Comme s'il décrivait ce qu'il avait vu à un camarade. Et ensuite, à la fin, il demande : *Mais avons-nous seulement le choix ? Ne sommes-nous pas condamnés, qu'importe vers où nous nous tournons ? Ne sommes-nous pas coincés entre une mort et une autre, quand le choix se limite à un noble personnage prussien ou à la cause monstrueuse pour laquelle la racaille SS se bat et nous entraîne avec elle dans l'abîme ? Je dirais que si. Si je dois choisir entre exécuter de jeunes enfants et me faire fusiller, je rejoindrai les partisans. Oui, c'est une désertion. Mais cela ne vaut-il pas mieux de déserter une armée que de déserter mes principes et l'honneur prussien ?*

Libertas, désormais perchée sur le seuil de son bureau, croisa les mains sur sa poitrine.

— C'est brillant, murmura-t-elle. Absolument brillant ! Écris exactement ce que tu viens de dire et intitule-le « Lettre ouverte au front est ». Je l'apporterai à Lisl dès que ce sera prêt. Les soldats de la Wehrmacht doivent à tout prix lire ça.

*

Quand Lisl ouvrit la porte plusieurs semaines plus tard – c'était le temps qu'il leur fallait pour produire les tracts sans éveiller les soupçons – Libertas la reconnut à peine. Au lieu de la jeune femme énergique aux yeux brillants qui souriait sans cesse, Libertas était en face d'un fantôme livide, tout de noir vêtu. Son cœur se serra douloureusement dans sa poitrine.

— Kurt ? murmura-t-elle en redoutant le pire.

Lisl se contenta de secouer la tête et lui fit signe d'entrer.

L'appartement était plongé dans la pénombre. Les rayons du chaud soleil d'avril peinaient à traverser les épais rideaux opaques. Une odeur de vieux tabac et de poussière flottait dans l'air.

— Je t'aurais offert du café et des scones, mais ça fait un moment que je ne suis pas sortie, annonça Lisl en guise de salutations.

— Est-ce que tu as de quoi manger? demanda Libertas.

Elle était sous le choc de voir son amie dans un tel état. Chétive, cadavérique, elle ressemblait beaucoup trop à Gisela lors de son dernier souffle au goût de Libertas.

— Tu as une carte de rationnement, n'est-ce pas?

Libertas n'était pas certaine de la position du gouvernement vis-à-vis des demi-juives dont les maris allemands se battaient au front.

— Oui, bien sûr, répondit distraitement Lisl.

Elle attrapa une cigarette dans un paquet presque vide posé sur la table à manger, couverte d'une couche de poussière.

— Tu en veux une?

Ce n'était pas la marque qu'elle fumait habituellement, mais Libertas accepta par politesse.

— Quelqu'un que je connais? sonda-t-elle une fois qu'elles eurent toutes deux allumé leur cigarette.

Lisl secoua de nouveau la tête. Même dans l'ombre, Libertas voyait que ses cheveux sombres étaient sales et emmêlés.

— Les parents de ma cousine. Je passais plus de temps chez eux que chez moi quand j'étais petite fille.

Un spectre de sourire apparut sur le visage de Lisl.

— C'étaient les personnes les plus gentilles du monde. Oncle Richard était aveugle, mais si tu l'avais entendu décrire les choses… C'est lui qui m'a appris la musique. Il était musicologue, mais c'était également un musicien exceptionnel avec l'ouïe la plus fine qu'on puisse imaginer. Et tante Alice était une femme adorable. Elle nous gâtait toujours beaucoup trop, avec ma cousine…

Le sourire de Lisl disparut, remplacé par un froncement de sourcils chargé de chagrin. Elle cracha un épais nuage de fumée.

— Si ce SS les avait connus personnellement, il ne leur aurait jamais fait de mal.

— Quel SS, Lisl ?

Lisl parut se perdre dans ses pensées. Libertas tendit le bras pour lui effleurer délicatement la main. Comme désenvoûtée tout à coup, Lisl tourna la tête vers elle.

— J'ai oublié son nom. Ça n'a aucune importance. Il n'y a plus rien à faire. Il a obtenu ce qu'il voulait. Ils étaient juifs, tu vois, et les juifs ne peuvent plus être propriétaires. Ce ne sont même plus des citoyens, techniquement parlant. Rien que des étrangers ennemis.

Lisl renifla avec dédain.

— Il voulait leur appartement.

— Oui. Et comment lui en vouloir ? Un si beau logement, au coin de Kaiser-Wilhelm-Strasse, le bâtiment au bord du parc. Cinq pièces, hauts plafonds avec moulures, gaz, eau chaude, plancher… Il a eu l'amabilité de ne pas les déporter. Il leur a seulement ordonné de rassembler leurs affaires et de dégager d'ici Pâques afin qu'il puisse emménager avec sa nouvelle femme. Je les aurais accueillis chez moi sans hésiter, mais ils ne sont pas comme nous. Des gens très fiers, très… traditionnels. Alors ils se sont barricadés à l'intérieur et ils ont ouvert le gaz. Lorsque la police a défoncé la porte, ils étaient morts tous les deux.

— Oh, Lisl… Je suis vraiment navrée…

Un sourire désolé et un geste de la main indiquèrent qu'elle ne voulait pas en discuter davantage. La blessure était encore trop à vif.

— Pardonne-moi de te mettre mes problèmes sur le dos. Tu voulais quelque chose ? Je suppose que oui, autrement, tu te serais contentée d'appeler.

Libertas tira sur sa cigarette tandis que son esprit était en guerre avec lui-même. Elle voulait effectivement quelque chose, mais comment pouvait-elle, en toute conscience, demander une chose pareille à Lisl alors qu'elle venait de perdre deux êtres très chers ?

Comme si elle lisait dans ses pensées, Lisl insista.

— Dis-moi. Je suis plus forte que j'en ai l'air. Je ne vais pas tomber en miettes, promis.

Sans un mot, Libertas sortit la *Lettre ouverte au front est* de Harro de la poche intérieure de son imperméable.

— Nous nous demandions si tu pouvais transmettre ceci à Kurt avec une de tes lettres, mais si c'est trop…

— Fais voir.

Lisl prit le pamphlet des mains de Libertas. À mesure qu'elle lisait, elle fronçait de plus en plus les sourcils et pinçait de plus en plus les lèvres. Mais c'étaient ses yeux qui exprimaient le mieux son ressenti : jamais auparavant Libertas n'avait vu une haine aussi dévorante brûler dans le regard de quelqu'un.

— Est-ce que tu en as d'autres ? demanda Lisl quand elle eut terminé.

Libertas ouvrit son sac à main et sortit la pile qu'elle dissimulait dans le double fond.

— Donne-m'en dix de plus. Je lui envoie toujours des lettres de dix pages. Cette fois, je n'en écrirai qu'une et le reste, ce seront les tracts. Qu'ils lisent donc ce pour quoi ils se battent réellement. Peut-être que s'ils se prennent la vérité en pleine face, ils finiront par faire volte-face, justement.

— Merci.

— Si Harro était au front, il le ferait aussi.

Elles se serrèrent la main en sœurs d'armes, puis s'étreignirent longuement, car il leur était désormais impossible d'être sûres qu'elles se reverraient.

— Bonne chance, Lisl.

— À toi aussi, Libs.

Elles se regardèrent dans les yeux. Elles en auraient bientôt besoin.

Chapitre 31

Mai-juin 1942

Libertas aurait préféré se prélasser sur le nouveau bateau de Harro (sournoisement baptisé *Dushinka* — « Chérie » en russe – une attaque contre le Reich que Libertas approuvait grandement), mais le devoir l'appelait. Vêtue d'une robe noire sévère et armée d'un carnet et d'un stylo, elle s'apprêtait à participer au dernier bijou de la propagande de Goebbels, *Le paradis soviétique*. Apportée à Berlin depuis Prague, où elle avait été inaugurée en mars, l'exposition occupait à présent une grande partie du parc de Lustgarten. D'après le catalogue distribué aux employés de l'Institut, elle avait pour but d'ouvrir les yeux des Allemands ordinaires sur la pauvreté, la misère, la dépravation et la détresse de leur ennemi idéologique. Mais à en croire Harro, la véritable idée était de distraire les Allemands de leurs soucis qui s'accumulaient à mesure que la guerre progressait.

— La stratégie de Goebbels est vieille comme le monde, avait-il déclaré dès qu'il avait entendu parler de l'événement. Montrer aux Allemands à quel point la situation est terrible de l'autre côté, pour leur faire oublier qu'ils doivent faire la queue pendant une éternité pour des rations minuscules qui rétrécissent de plus en plus ; qu'ils dorment désormais chaque nuit sur un banc dans leur cave au lieu d'être dans leurs lits ; et que les membres de leurs familles se font massacrer dans la guerre absurde que Hitler a décidé de mener sans raison aucune, si ce n'est pour satisfaire son ego.

Libertas ne l'avait pas contredit, mais elle avait battu des paupières de surprise quand il était apparu dans la chambre et lui avait demandé avec un regard brillant d'enthousiasme si elle avait une entrée en plus pour lui. De toute évidence, une idée avait germé dans son esprit pendant la lecture de son exemplaire du journal soviétique *Pravda (Vérité)* ce matin-là.

Elle plissa malicieusement ses yeux ourlés de mascara.

— Pourquoi ?

Avec l'air d'un magicien qui se livrait à son meilleur tour de magie, il écarta les mains devant son visage et annonça d'une voix frémissante d'impatience :

— *Retrouvez en Allemagne une exposition permanente : Le paradis nazi : guerre, faim, mensonges et Gestapo*. Qu'en penses-tu ? demanda-t-il à Libertas avec un grand sourire.

— Un nouveau pamphlet ?

— Encore mieux. Nous allons imprimer des autocollants que nous pourrons coller partout. Sur chaque foutu mur de cette ville. Sur chaque kiosque à journaux. Sur chaque bâtiment du gouvernement. Nous allons recouvrir tout Berlin.

La ferveur de Harro était si communicative que Libertas sentit son pouls s'emballer. Elle déglutit une fois, puis deux. C'était une idée excellente et audacieuse, sans aucun doute, mais une pointe d'anxiété lui transperça le ventre.

— Harro, est-ce que tu ne penses pas que nous devenons un peu imprudents avec tout ça ? hasarda-t-elle doucement en jouant avec l'extrémité de sa ceinture.

— Imprudents ? Non. Nous perfectionnons notre art, corrigea-t-il avec un énième sourire. La Gestapo n'est pas plus maligne que nous. Si nous nous en tenons à notre routine, jamais ils ne nous attraperont.

Néanmoins, Libertas n'était pas convaincue.

— Nous avons eu une chance incroyable jusque-là, commença-t-elle prudemment. Surtout avec notre dernière idée folle d'envoyer des tracts au détachement de Kurt...

— Ce n'est pas de la chance, c'est de l'intelligence, corrigea Harro. Nous utilisons toujours des gants. Nous achetons du papier en petite quantité et à travers différents fournisseurs qui n'attireraient jamais l'attention. Nos enveloppes proviennent de différents magasins aux quatre coins de Berlin. Rien ne permet de faire le lien entre nous et ces activités illégales. Crois-moi, Libs : je me préoccupe en permanence de notre sécurité et de celle de nos amis. Ma vie n'a pas d'importance, mais jamais je ne mettrais en danger la tienne ou celles de nos camarades. Le seul moyen que la Gestapo nous prenne, ce serait en mettant la main sur l'un des agents soviétiques et en le faisant avouer sous la torture. Nous savons que Korotkov est en Russie, alors nous n'avons rien à craindre de ce côté-là.

— Sierra travaille encore en Belgique, fit remarquer Libertas d'un ton pensif.

— Oui, mais…

Harro soupira.

— Sierra est un professionnel. Il ne parlerait jamais sous la torture.

— Peut-être pas… Mais s'ils tombent sur son livre de codes ? Sur des messages ?

— Te souviens-tu de ce que Korotkov a fait avec les papiers après t'avoir appris à coder ? Il les a détruits aussitôt. Ce sont des espions bien entraînés, Libs. Ils ne laisseraient jamais traîner des messages au risque que la Gestapo les trouve.

Il l'attrapa par la taille.

— Et maintenant, allons-y. J'ai hâte de voir ce que Goebbels a bien pu inventer pour dissimuler les failles de notre propre gouvernement.

Sa plaisanterie était la bienvenue. La tension dans les épaules de Libertas se dissipa.

— Je dois reconnaître un certain mérite à Goebbels. Il a surpassé mes attentes, marmonna Harro à l'oreille de Libertas tandis qu'ils évoluaient dans une tente géante installée entre la Galerie nationale et la cathédrale de Berlin.

Ce qui avait commencé par la fière présentation de machines soviétiques confisquées à l'ennemi devenait de plus en plus sombre. À présent, ils avançaient parmi les ruines reconstituées de rues de Minsk sous le regard sévère de Lénine et Staline, dont les portraits étaient sur tous les murs, créant une impression générale de paranoïa avec les deux dirigeants soviétiques qui les suivaient des yeux partout où ils regardaient.

— C'est puissant, commenta Libertas. Effrayant.

— C'est le but, dit tout bas Harro. L'année dernière, Goebbels a incité les gens à tout donner, y compris leurs maris, leurs frères et leurs fils, pour livrer cette guerre. Cette année, la méthode douce ne fera plus l'affaire. Il doit les terrifier pour les persuader de se battre pour leur patrie. Il doit leur montrer. « *Vous voyez ? C'est l'ennemi judéo-bolchevique sous le joug duquel vous vivrez si vous ne vous battez pas assez, si vous ne vous affamez pas assez, si vous ne travaillez pas à mort comme vous le demande le gouvernement. Soumettez-vous à notre autorité, car nous sommes les seuls en mesure de vous protéger de cette crasse, de cet esclavage, de cette terreur rouge.* » Et l'imagerie fonctionne si bien qu'ils ne se rendent pas compte qu'ils sont déjà les esclaves de Hitler, Goebbels, Göring, et j'en passe, conclut Harro dans un murmure mâtiné de colère.

Alors qu'ils arrivaient dans un coin à peine éclairé, ils découvrirent une épicerie soviétique reconstruite. Le regard de Libertas se promena sur les rayons vides à l'exception de quelques bouteilles de vodka, et sur un comptoir poussiéreux et écaillé sur lequel trônait une balance, dont l'aiguille était déjà réglée sur trente grammes.

Une jeune Berlinoise vêtue d'une robe blanche à la dernière mode avait dû remarquer ce détail, elle aussi, car elle tira son mari par la manche.

— Regarde, Norbert ! s'exclama-t-elle en pointant un ongle rouge accusateur. Ces juifs arnaquent leur propre peuple.

Libertas vit le mari de la jeune femme examiner les rayons avec dégoût.

— Le paradis, en effet !

Harro tourna les talons et se dirigea vers le couple. Libertas n'aimait pas du tout le sourire amical qu'il arborait.

— Et maintenant, c'est la même chose ici ! déclara joyeusement Harro. Pas plus tard qu'hier, j'étais au club des officiers et c'est pareil là-bas, sauf qu'à la place de la vodka, on nous donne du schnaps. Je me demande si l'alcool soviétique est meilleur.

Il fit mine d'examiner les rayons avec la plus grande concentration.

Le couple rit poliment, mais s'éloigna aussitôt à pas prudents de l'officier fou de la Luftwaffe.

— Qu'est-ce qui t'a pris de faire une chose pareille ? siffla Libertas à Harro dès qu'ils furent dans la section suivante.

Celle-ci reproduisait une cellule de torture du NKDV, avec un tuyau d'arrosage abandonné au milieu, sur le carrelage maculé de sang.

Harro haussa les épaules.

— Il faut bien que quelqu'un leur dise la vérité.

— Et il fallait que tu sois ce quelqu'un ? continua à le réprimander Libertas, en proie à une colère grandissante. Attirer l'attention avec ce genre de provocation alors que Mildred pense qu'elle est suivie, c'est exactement ce dont nous avons besoin en ce moment. Comment sais-tu que nous ne le sommes pas, nous aussi ?

Harro ne répondit pas et resta là, à observer la cellule d'un air songeur.

— À ton avis, c'est vraiment une cellule soviétique ou c'en est une qui vient de chez nous ? finit-il par demander.

Libertas poussa un profond soupir. Soudain, elle se sentait infiniment épuisée.

— Si tu continues à te comporter comme ça, nous n'allons pas tarder à le découvrir.

— Harro, promets-moi que tu ne tenteras rien sans moi, murmura Libertas contre les lèvres de son mari, plus réticente que jamais à l'idée de le lâcher.

Le quai de la gare Anhalter grouillait davantage d'officiers que de civils. Le train de Libertas, à destination de Vienne, crachait déjà de la fumée, et pourtant, elle n'arrivait pas à s'écarter de Harro. Il n'arrêtait pas de la rassurer d'une voix douce et de lui promettre de faire attention, mais elle avait vu les brouillons de son tract sur le « paradis nazi ». Comme un chien avec un os, il ne voulait pas lâcher, en dépit du danger immense.

— Attends que je rentre de Vienne, d'accord ? implora-t-elle une fois de plus en guettant une confirmation dans les yeux de Harro.

— D'accord.

Il l'embrassa sur la bouche et lui tendit la mallette avec les documents qu'elle avait préparés pour la réunion avec *Wien-Film*, une société cinématographique autrichienne.

— Et maintenant, file. Il ne faut pas que tu sois en retard pour ton premier voyage d'affaires. Si tout se passe bien, l'an prochain, tu iras là-bas en tant que réalisatrice. Ce serait formidable, n'est-ce pas ?

Il tentait de la distraire. De fait, Harro ne parlait que de réalisation et de la carrière de Libertas ces temps-ci, encore plus depuis l'exposition. C'était comme s'il essayait, doucement mais fermement, de la pousser dans une autre direction que lui ; de la mettre sur un chemin sûr ; de lui construire un avenir heureux et prospère. Et Libertas n'aimait pas ça du tout.

Elle n'arrêtait pas d'y penser tandis que le train se traînait le long du chemin de fer bombardé réparé par des prisonniers de guerre squelettique et sales. Elle continua à y penser pendant les quatre jours de réunions avec les directeurs de la société de production, au fil de discussions incessantes sur des projets, des scripts et de nouvelles directives concernant ce qui pouvait ou non être montré au public d'après le *Mipro*. L'obsession de Libertas se transforma en soupçons quand elle descendit du train qui la ramenait à Berlin et aperçut un employé de la station qui grattait une grande colonne, sous le regard de deux hommes habillés en civil.

Elle détourna bien vite les yeux, sa main moite agrippant sa valise de toutes ses forces. Mais ce fut dans le métro, quand l'un des autocollants de Harro la dévisagea directement depuis la porte du wagon, que l'inquiétude de Libertas se changea en désespoir.

— Harro, tu m'avais promis !

Un cri trop longtemps contenu franchit les lèvres de Libertas dès qu'elle passa le seuil de leur appartement.

— Libs !

Il sortit au pas de course de son bureau pour la prendre dans ses bras.

— Je t'en prie, pardonne-moi. Je ne pouvais tout simplement pas t'impliquer là-dedans. Tu avais raison : c'était trop dangereux…

— Alors, pourquoi l'avoir fait ?

— Parce que ça fonctionne, Libs ! s'exclama-t-il avec un éclat familier dans le regard. Hartmut, viens lui montrer !

L'instant suivant, Hartmut émergea du salon, un grand sourire aux lèvres.

— Hartmut ! Quelle bonne surprise !

Perplexe, Libertas prit le petit frère de Harro dans ses bras et constata avec un léger embarras que ce n'était plus un garçon, mais un jeune homme. Presque un soldat.

— Hartmut vient de rentrer de Munich, où il était en voyage avec son groupe de *Hitlerjugend*, expliqua Harro.

Il sourit et poussa doucement son frère en avant.

— Hartmut, montre à Libs le souvenir que tu as ramené !

Radieux, Hartmut sortit un tract de la poche de son short d'uniforme et le tendit à Libertas. Elle lut avec une incrédulité grandissante des mots qui auraient très bien pu être rédigés par Harro.

— Qu'est-ce que c'est que ça ?

— Une autre cellule de résistance, expliqua Harro. La Rose Blanche. Notre mouvement grandit, Libs ! Nous ne sommes pas seuls !

Alors, l'espace de quelques instants, Libertas s'autorisa à croire que la victoire était possible, que ce n'était qu'une question de temps, que la volonté du peuple finirait par triompher sur la poigne du dictateur.

— L'Allemagne sera à nous, récita-t-elle en ouvrant les bras aux deux frères, de sang et d'armes.

— Oui. L'Allemagne sera à nous.

Chapitre 32

Août 1942

Le mois d'août arriva, et avec lui le projet de pousser le peuple allemand à la révolte. Enhardi par son succès et enivré par l'idée que son cri de ralliement avait finalement été entendu par des personnes qui partageaient les mêmes idées, Harro était inarrêtable. De jour comme de nuit, des gens se rassemblaient à l'appartement : de vieux amis de l'époque du *Gegner*, des bohémiens qui en avait assez de la dictature d'Hitler, des artistes et des communistes, des diplomates et des journalistes, des musiciens et des médecins… quiconque n'avait pas été enrôlé était prêt pour la bataille finale.

— Une imprimerie ? répéta Lisl.

Elle portait toujours du noir, mais ce n'était plus la couleur du deuil. À présent, c'était la couleur de la vengeance.

— Une imprimerie *illégale*.

L'emphase que Mildred plaça sur le mot *illégale* n'échappa pas à Libertas.

— Et comment prévois-tu de te procurer une presse à imprimer ? demanda Arvid à Harro.

Ce dernier haussa nonchalamment les épaules.

— Auprès d'un ami. Il a une société d'impression, alors ça n'éveillera aucun soupçon. Vous imaginez les possibilités qui s'ouvriraient à nous avec des machines professionnelles ?

La flamme habituelle dansait dans son regard.

— Nous serons en mesure de contrer toute la propagande du *Mipro*. Nous pourrons révéler la véritable étendue de nos pertes sur le front. Nous pourrons leur montrer les photos des atrocités que Libertas a compilées pendant tout ce temps. Nous pourrons noyer le Reich tout entier sous la vérité !

Même si Libertas entendit son nom, elle ne se détourna pas de la fenêtre près de laquelle elle se trouvait. Elle aurait pu jurer que l'homme qui lisait un journal sur un banc dans le parc était déjà la veille. Et le jour précédent. Et celui d'avant. Elle l'avait seulement remarqué vendredi dernier, par accident. Mortellement barbée par le travail, elle avait regardé dehors et l'avait surpris en train de la fixer. Depuis, elle l'observait discrètement, cachée derrière le rideau.

Elle l'observait qui l'observait.

Ou devenait-elle aussi paranoïaque que Mildred ?

— Libs ?

La voix de Harro la sortit de sa sombre rêverie.

— Oui ?

— Je t'ai demandé si tu pouvais me donner tes albums, afin que John fasse des photocopies des clichés et des lettres que ces soldats SS t'ont envoyés.

— Oui, bien sûr, répondit-elle distraitement avant de reporter son attention sur la rue.

L'homme était toujours là, le visage dissimulé par le journal. Tout ça était idiot, bien sûr, mais n'empêche…

— Mildred, est-ce que tu peux venir une seconde ?

Mildred avait dû passer des heures à guetter ses propres fantômes, car elle s'approcha de la fenêtre en restant collée au mur pour ne pas être vue. Son air entendu – *montre-moi juste où regarder* – serra le cœur de Libertas.

— Cet homme sur le banc, avec le journal, murmura-t-elle à son amie afin de ne pas alarmer les autres. Est-ce que tu l'as déjà vu ?

Elle s'écarta et se mordit la lèvre, comme une criminelle attendant son verdict pendant que Mildred regardait discrètement à l'extérieur. Quelques secondes qui firent à Libertas l'effet d'une éternité, jusqu'à ce que Mildred s'éloigne de la fenêtre et retourne se dissimuler dans l'ombre.

— Non, déclara Mildred en secouant catégoriquement la tête. Je ne l'ai jamais vu de ma vie.

Libertas était sur le point de pousser un soupir de soulagement quand Mildred reprit la parole.

— Le mien est petit et grassouillet, avec le visage grêlé. Ça se voit tout de suite que c'est un ancien flic. Je l'ai remarqué il y a environ deux mois. D'autres vont et viennent, mais lui revient toujours. Ils doivent travailler par roulement, je suppose.

— La Gestapo ? demanda Libertas d'une voix tremblante.

Mildred haussa les épaules et sortit son étui à cigarettes de sa poche.

— Ils ont mis notre téléphone sur écoute.

— Comment le sais-tu ?

— Ça n'arrête pas de cliquer, expliqua Mildred avec une fascinante résignation.

— Que dit Arvid ?

Libertas jeta un coup d'œil inquiet au groupe d'amis. Harro était en train de raconter quelque chose aux autres avec animation. Arvid hochait la tête, les mains jointes sous le menton.

— Il continue à croire que la ligne téléphonique a été endommagée par les bombardements.

À partir de ce jour-là, Libertas commença à écouter attentivement chaque fois qu'elle décrochait le téléphone. En effet, un « clic » retentissait chaque fois qu'elle s'emparait du combiné.

Harro, néanmoins, balayait toutes ses inquiétudes d'un négligent revers de main.

— Qu'ils nous écoutent. Nous ne disons jamais rien de compromettant.

— Bon sang, Harro, ce n'est pas le problème !

Après des mois avec les nerfs à fleur de peau, Libertas explosait enfin.

— Le problème, c'est qu'ils écoutent nos conversations, qu'ils espionnent notre appartement ! Ça ne te dérange pas le moins du monde ?

— Libs, ma chérie, nous en avons déjà parlé, contra Harro avec un sourire. Ils n'ont rien qui leur permette de faire le lien entre nous et les tracts.

— Et la radio ? S'ils remontent jusqu'à Hans et qu'ils le font parler ?

— Ils ont déjà essayé quand ils l'ont arrêté pour activités communistes en 1933. Il n'a pas trahi ses camarades à l'époque, et il ne nous trahira pas davantage. Ne t'inquiète pas.

Ce week-end-là, désireux de donner un sentiment de normalité à Libertas, Harry l'emmena naviguer. C'était l'une des dernières journées chaudes du mois d'août, d'une grande beauté avec son ciel azur glorieux, ses nuages blancs cotonneux et les rayons dorés qui caressaient leurs corps exposés au soleil.

Des vagues délicates faisaient se balancer le bateau et berçaient Libertas. Pour la première fois depuis des mois (ou étaient-ce des années, désormais ?), elle sentit ses épaules se détendre. Elle songea que son bonheur était total quand Harro plaça les pieds de Libertas sur ses genoux pour les masser tandis que le *Dushinka* voguait sur les eaux calmes.

Mais ensuite, la sensation de picotement revint, amplifiée et de plus en plus inquiétante.

— Harro, ne te retourne pas, mais l'homme sur la rive nous observe avec ses jumelles.

Pas perturbé pour un sou, Harro se retourna quand même et s'esclaffa.

— Il regarde les oiseaux.

— Harro, je te jure qu'il nous espionnait, insista Libertas.

Harro l'attira tout contre lui et l'embrassa avec une ardeur grandissante, jusqu'à ce qu'elle oublie complètement l'homme sur la rive.

*

La date avait été arrêtée au 1er septembre. Libertas songea qu'elle devait être symbolique aux yeux de Harro pour plusieurs raisons : c'était son anniversaire le lendemain, et celui, sinistre, du début de la guerre. Il paraissait logique d'inaugurer la nouvelle imprimerie ce jour-là. Ça leur porterait chance, avait affirmé Harro.

Mais Libertas ne serait pas là pour fêter ça avec lui. Harro l'avait convaincue de prendre leur décapotable et d'aller rendre visite à des parents à Brême.

— Le changement d'air te fera du bien, avait-il insisté tandis qu'ils se disaient au revoir. Tu vas revenir fraîche et reposée.

Le sentiment familier qu'il l'éloignait exactement comme il l'avait fait en juin tracassait Libertas, mais elle lui prit la petite valise des mains sans protester et la déposa sur le siège passager avant. Elle n'exigea aucune promesse de sa part cette fois. Elle savait déjà qu'il lui mentirait et ferait quand même ce que bon lui semblait, alors pourquoi le faire culpabiliser avant leur séparation ?

Des nuages s'accumulaient au-dessus de leurs têtes. L'air sentait la pluie et l'ozone.

— Remonte la capote, conseilla Harro. Il va bientôt pleuvoir, je ne veux pas que tu te fasses surprendre par le mauvais temps.

Il la regardait bizarrement, avec un mélange d'amour infini et de profond chagrin. Le cœur cognant follement dans sa poitrine, Libertas se pendit à son cou et enfouit son visage dans les plis de sa chemise.

Elle avait le sentiment qu'ils se disaient adieu.

En comparaison avec Berlin, Brême était une oasis de paix et de sérénité. La tranquillité régnait, les gens se souriaient et la pénurie d'aliments ne se remarquait pas autant qu'à la capitale. Mais aux yeux de Libertas, cette idylle avait des airs suspects de mise en scène, une simple comédie, comme tous les films que produisait sa *Kulturfilm-Zentrale*. Elle traversait ses journées comme dans un rêve où les seuls brins de réalité étaient ses conversations téléphoniques avec Harro.

Mais ensuite, le soir du 5 septembre, Harro n'appela pas.

— Quelque chose ne va pas, affirma Libertas à sa cousine.

Elle jeta sa valise dans sa voiture et conduisit comme une folle sur l'autoroute, l'accélérateur collé au plancher. Les villes, les villages, les champs que cultivaient des travailleurs étrangers défilaient à toute vitesse pendant que Libertas passait fébrilement en revue des centaines de scénarios, tous plus terrifiants les uns que les autres.

Harro avait été compromis.

Harro était parti se cacher.

Harro avait été pris en chasse.

Harro avait été déclaré déserteur.

Harro avait été arrêté.

Harro était en train d'être torturé en ce moment même.

Harro était déjà mort.

Agrippée au volant, elle serra les dents et s'obligea à reprendre un semblant de contrôle sur ses pensées. Elle devait garder la tête froide pour affronter ce que le destin s'apprêtait à mettre sur sa route.

Quand Libertas ouvrit la porte de leur appartement quelques heures plus tard, elle ne savait pas à quoi s'attendre. Des agents de la Gestapo qui l'attendaient dans le salon ? Des meubles retournés ? Le cadavre de son mari avec une balle logée dans la tempe ? N'importe quoi, mais certainement pas cette écrasante normalité.

Tout semblait à sa place. Suspicieuse et tremblante d'angoisse, Libertas passa d'une pièce à l'autre et les trouva toutes dans l'état où elle les avait laissées. Sur le bureau de Harro, tous ses papiers étaient au même endroit. Sur le sien, ses notes avaient l'air parfaitement en ordre. Elle était sur le point de sortir de sous le lit la boîte à chapeau dans laquelle elle cachait ses albums, mais elle se rappela ensuite que Harro les avait confiés à son ami John afin qu'il les photocopie. À part ça, il n'y avait rien d'un tant soit peu compromettant chez eux. Conformément aux instructions d'Alex Korotkov et de son collègue Sierra, Harro prenait toujours soin de détruire toute trace écrite de ses activités illégales.

Son inquiétude légèrement dissipée, Libertas décida d'attendre.

Le soir arriva et entra par les fenêtres, plongeant l'appartement dans le noir. Toujours pas de Harro.

La nuit tomba sur Berlin. Quelque part dans le lointain, des sirènes de raid aérien hurlèrent, et se turent peu après. Dans le ciel, des projecteurs sondèrent l'obscurité en quête d'avions ennemis. Toujours pas de Harro.

Libertas s'endormit sur le canapé du salon, tout habillée, en espérant qu'il était quelque part avec une maîtresse. Le matin, toujours pas de Harro.

Libertas prit une douche froide pour se calmer, se changea, rassembla ses papiers et partit travailler. Mais à la *Kulturfilm-Zentrale*, c'était encore pire. Ses collègues l'accueillirent avec des sourires amicaux et la complimentèrent sur sa bonne mine ; des supérieurs envoyèrent des secrétaires aux bras chargés de dossiers – *Quel bonheur de vous avoir de nouveau parmi nous, est-ce que nous pourrions avoir ça pour vendredi ?* – alors que tout ce dont Libertas avait envie, c'était de les saisir par les épaules pour les secouer comme des pruniers. *Mon mari a disparu, comment pouvez-vous faire comme si tout était normal ?!*

Mais naturellement, ils n'en avaient pas la moindre idée. En outre, Harro avait-il vraiment disparu ?

Quand arriva le déjeuner, Libertas était à bout de nerfs. C'était une idée stupide, bien sûr, mais elle attrapa son téléphone de service et composa le numéro de Harro au ministère. La ligne cliqueta avec une familiarité moqueuse.

À la première sonnerie, la secrétaire décrocha. Libertas reconnut aussitôt sa voix enjouée.

— Bonjour, Frau Schulze-Boysen ! J'ai bien peur que *Herr Leutnant* ne soit pas là.

— Où est-il, alors ?

— En voyage officiel. J'ignore où.

Les jointures de Libertas blanchirent autour du combiné.

— Il est parti comme ça ? Sans me prévenir ?

— J'aimerais pouvoir vous aider, Frau Schulze-Boysen, mais je ne suis vraiment pas au courant.

L'intonation de la jeune fille semblait comporter un étrange sous-entendu.

Libertas pensa au clic significatif et commença à réfléchir fiévreusement. Comment arracher des informations à la secrétaire sans compromettre la sécurité de cette dernière ? Mais avant d'avoir une idée, l'employée reprit la parole avec sa gaieté habituelle.

— Son nœud d'épée est toujours dans son bureau, néanmoins. Aimeriez-vous venir le récupérer ? Je termine le travail à 17 heures. Je pourrais vous l'apporter en bas. J'imagine qu'il va certainement le chercher.

Le cœur de Libertas se transforma en pierre dans sa poitrine. Un officier ne partirait jamais en voyage officiel sans un élément crucial de son uniforme. Harro était donc à un endroit où il n'avait pas besoin de son nœud d'épée.

— Oui, ce serait formidable, se força à articuler Libertas le plus normalement possible en dépit des larmes qui lui brûlaient les yeux. À tout à l'heure.

Elle quitta le bureau tôt, sans prévenir personne. Après un voyage interminable en métro, elle arriva devant le ministère avec quinze minutes d'avance. Les minutes passaient à une lenteur insoutenable. Libertas avait déjà fumé trois cigarettes quand le personnel commença à émerger du bâtiment.

Greta, dans son élégant uniforme de la Luftwaffe, lui fit aimablement signe depuis le haut de l'escalier. Dès qu'elle l'eut rejointe, elle enserra Libertas dans une étreinte inattendue.

— Quelqu'un a appelé le bureau le 5 septembre, juste avant midi, murmura-t-elle à la hâte à l'oreille de Libertas. *Herr Leutnant* m'a dit que quelqu'un l'attendait à l'accueil et qu'il n'en avait pas pour longtemps. Puis je ne l'ai plus revu. Un homme de la Gestapo est venu ce matin et m'a informé que *Herr Leutnant* était en voyage officiel et que c'était ce que je devais répondre à quiconque me poserait la question. Je suis vraiment désolée.

Elle l'était ; Libertas le voyait dans ses yeux humides.

D'une main qui tremblait légèrement, Greta tendit à Libertas le nœud d'épée de Harro.

— Tenez. J'espère qu'il aura de nouveau l'occasion de le porter. Je prierai pour vous deux.

Là-dessus, la fille s'évanouit dans la foule, laissant Libertas seule avec son chagrin.

Chapitre 33

Il pleuvait pour le troisième jour d'affilée et Libertas perdait peu à peu la raison. À cause de l'appartement silencieux, à cause de l'oreiller froid à côté du sien, à cause de l'absence de ses amis qui lui vrillait les tripes. À cause de la sensation presque physique d'un nœud coulant qui se resserrait autour de son cou, heure après heure.

Chez les Harnack, personne ne répondait au téléphone. Lisl aussi avait disparu. Où ? Personne ne le savait. Libertas savait où vivait Hans Coppi, leur ami communiste devenu opérateur radio, mais elle avait trop peur d'aller chez lui. Son veilleur avait troqué son journal au profit d'un parapluie noir, mais il était toujours au même endroit, à regarder et à attendre. Non ; c'était absolument hors de question d'impliquer Coppi.

Au désespoir, Libertas parcourut ses vieux journaux et carnets. Ils débordaient de tant de sottises d'un idéalisme puéril qu'elle eut envie de hurler de chagrin. Elle attrapa celui qu'elle avait acheté juste avant de venir à Berlin pour travailler à la MGM. Cela remontait à si loin ! Presque dix ans… un tiers de sa vie.

Les doigts de Libertas se mirent à trembler quand elle tourna la page et tomba sur le mot que son idole de l'époque, le réalisateur Fritz Lang, lui avait écrit.

Faites honneur à votre nom, petite Combattante pour la Liberté ! Un jour peut-être, je ferai un film sur votre courage.

Bonne chance !
Fritz Lang

Les mots devinrent flous. Libertas referma le carnet d'un geste brusque, laissa tomber sa tête sur ses bras croisés et éclata en sanglots. Elle n'était pas une combattante pour la liberté. Elle n'était pas une courageuse héroïne. Elle n'était rien d'autre qu'une femme terrifiée qui avait tout perdu et se retrouvait seule contre un monde hostile.

Un coup frappé à la porte. Parée à toute éventualité, Libertas s'essuya les yeux, rajusta sa mise et alla ouvrir.

Ce n'était que la postière. Elle poussa un immense soupir de soulagement et signa l'accusé de réception.

Il s'agissait une carte postale. De Mildred. En provenance d'un petit village de la côte de la mer Baltique.

Chers Libertas et Harro ! Salutations chaleureuses depuis Preil ! Nous partons bientôt à Königsberg pour visiter le musée de l'ambre. Comme nous aimerions que vous soyez là ! Si vous voulez nous rejoindre, nous sommes hébergés à l'hôtel Kubillus. Donnez notre nom à la réception.

Voilà qui expliquait les appels sans réponse. Libertas tourna et retourna la carte postale dans ses mains. Des vacances ? Maintenant ? Étrange. Et pourquoi cette invitation ? Ils savaient bien que Harro ne pouvait pas s'absenter comme ça.

Une pensée la frappa soudain. *Et s'il ne s'agissait pas d'une invitation, mais d'un avertissement ?* Un conseil voilé de fuir tant qu'ils le pouvaient encore. Mildred ne supportait pas le froid ; jamais elle n'aurait choisi d'aller au bord de la mer Baltique, même dans la douceur de septembre.

Sauf que depuis la mer Baltique, il n'y avait qu'une courte distance à parcourir pour rejoindre les Soviétiques, songea aussitôt Libertas. Et ils avaient des amis là-bas, à la NKVD et à la Direction générale des renseignements. S'ils décidaient de prendre la fuite… Peut-être pouvait-elle en faire autant.

Peut-être que Lang avait eu raison de quitter dès le début un navire condamné au naufrage. Peut-être devrait-elle suivre son exemple tant qu'elle en avait encore la possibilité.

Mais… abandonner Harro ? Dans une cellule de la Gestapo ?

Dans un gémissement affligé, Libertas se passa les mains sur le visage. Elle se sentait profondément perdue.

Elle était toujours assise au même endroit, figée tandis que ses pensées tourbillonnaient et la poussaient vers la folie, quand d'autres coups retentirent, plus urgent que les précédents.

En proie à une infinie fatigue, Libertas se leva.

Qu'ils l'emmènent. Elle avait perdu toute envie de se battre. Sans Harro, elle n'existait plus et se moquait de ce qui pouvait bien lui arriver.

À sa surprise, au lieu de son veilleur et de ses subalternes, c'était oncle Wend qui se tenait sur le seuil, son uniforme constellé de gouttes de pluie.

— Prépare un petit sac, ordonna-t-il en guise de salutations.

Il entra dans l'appartement et referma la porte à clé derrière lui.

— Ne prends que de l'argent, tes bijoux et ton passeport. Dépêche-toi, le train part dans une heure.

Libertas battit des paupières sans comprendre. Tout ressemblait à un très long, très mauvais rêve dont elle ne parvenait pas à se réveiller en dépit de tous ses efforts.

— Quel train ?

— Le train qui va t'emmener à Trèves.

Wend était déjà dans sa chambre, en train de fouiller dans sa commode et de sortir ses colliers en perles et en diamants de leurs écrins.

— Tu vas cacher tout ça pour passer le contrôle des passeports.

— Qu'est-ce qu'il y a à Trèves ?

— Officiellement, des amis à qui tu souhaites rendre visite. Officieusement, une frontière avec la Suisse que tu vas traverser, et le plus tôt sera le mieux. Libertas, va chercher ton passeport, tout de suite ! Est-ce que j'ai l'air de plaisanter ?

C'était la première fois qu'elle voyait son oncle, habituellement si digne et posé, dans tous ses états. L'heure était donc vraiment grave.

— *Onkel*, où est Harro ? demanda-t-elle sans réellement espérer une réponse.

— Oublie Harro, répliqua Wend par-dessus son épaule. Il n'aurait jamais dû t'entraîner dans toutes ces sales histoires avec les Soviétiques !

Alors ils étaient au courant. Libertas se sentit pâlir. Ses jambes menaçaient de se dérober sous elle.

— Il peut bien se faire fusiller pour trahison, mais je refuse de laisser quoi que ce soit arriver à ma chair et mon sang, grommela Wend tandis qu'il mettait le bureau de Libertas sens dessus dessous pour chercher son passeport.

Hébétée, elle l'observa rassembler les documents et l'argent, reconnaissante qu'il ait la présence d'esprit d'agir pour elle tandis qu'elle restait paralysée, incapable d'esquisser un geste.

Écroulée tel un château de cartes, Libertas se souvenait à peine du reste. Elle se rappelait vaguement certaines bribes : la main de Wend qui agrippait fermement son poignet inerte, l'atmosphère étouffante de sa voiture, le chaos de la gare de Anhalter, l'océan d'uniformes, Wend lui disant quelque chose par la fenêtre de son compartiment privé. Et enfin, le sentiment d'abandon quand ses doigts glissèrent de la main de son oncle et que le train commença à prendre de la vitesse, l'emportant loin de Harro, loin de Berlin, loin d'une vie qui n'existait plus.

Des noms de gares familiers défilaient devant ses yeux et, avec eux, des flashes du passé. Une bobine de film sans fin, pleine d'amour et d'aventure, de jeunesse et d'idéalisme. Le cœur atrocement serré, une main tremblante contre la fenêtre froide, Libertas fit ses adieux à la capitale. Elle marchait dans les traces d'un nombre infini de réfugiés avant elle, eux aussi arrachés de toutes les choses et de toutes les personnes qu'ils connaissaient et qu'ils aimaient. Les juifs, les communistes, les journalistes dissidents, les pacifistes et les écrivains qui parlaient trop au goût des nazis. Déracinés, précipités dans l'inconnu, persécutés et dépouillés de tous leurs droits, ils étaient devenus la lie de l'Europe. Même dans ses rêves les plus fous, jamais Libertas ne se serait imaginé rejoindre leurs rangs, mais d'une certaine manière, elle était fière de cette affiliation.

Enfin, elle se laissa aller et ferma les yeux. Se coupant de la douce journée d'automne, du monde et de ses pensées, elle sombra dans un profond sommeil sans rêves.

Des coups polis frappés à la porte de son compartiment la réveillèrent en sursaut. Pendant un instant, elle se demanda où elle était tandis qu'elle se frottait les paupières.

Il devait s'agir d'un steward avec l'assortiment habituel de rafraîchissements et de thé. Mais quand Libertas ouvrit la porte pour dire qu'elle n'avait besoin de rien et aimerait ne pas être dérangée jusqu'à l'arrêt suivant près de la frontière, elle se retrouva face à deux hommes en civil, arborant des sourires d'une politesse glaçante.

— Libertas Schulze-Boysen ? s'enquit le plus âgé.

Il lui montra sa plaque d'identification, gravée d'une série de chiffres en dessous de l'insigne caractéristique de la *Geheime Staatspolizei*. La Gestapo.

Quelle bêtise de croire qu'ils allaient la laisser se sauver si facilement. Le fait qu'il lui demande son nom n'était que pure formalité. Ils la suivaient depuis suffisamment longtemps pour savoir qui elle était. Néanmoins, Libertas hocha la tête dans le même esprit de politesse.

— Vous êtes en état d'arrestation, lui annonça le même officier avec une désinvolture étudiée.

Son subalterne avait déjà des menottes à la main.

Dans un mélange de résignation et de soulagement, Libertas lui offrit ses poignets. C'était mieux comme ça. Finie l'angoisse, finis les coups d'œil constants par-dessus son épaule. Elle allait retrouver Harro, même si cela signifiait monter ensemble à l'échafaud.

Oui, c'était mieux ainsi. C'était le dénouement qu'elle avait imaginé pour son histoire. La fin dont Fritz Lang serait fier. Qui sait, peut-être qu'il ferait un film sur elle. Un film qu'un critique amateur ou un autre dédaignerait dans un verdict cinglant: un scénario indigne d'intérêt, une intrigue plate et un personnage principal antipathique.

Le plus jeune des deux agents releva la tête d'un air inquiet quand Libertas éclata d'un rire sans joie.

Ce n'est rien, songea-t-elle en secouant la tête tandis qu'il lui passait les menottes. *Ne faites pas attention à moi, j'ai l'habitude de rire dans les moments les plus inopportuns. Expédiez-moi dans votre cellule de torture du paradis nazi et qu'on en finisse. J'en ai assez de tout ce cirque.*

Prison de Kaiserdamm, 1er septembre 1942

La cellule de Libertas était étroite et humide, avec des murs couverts de moisissure et un lit tellement inconfortable qu'elle avait fini par mettre le matelas à terre et passer la nuit à se battre contre des punaises de lit et autres rats curieux. Elle était courageuse au début, bagarreuse. Elle était encore bien coiffée, sa mise encore élégante, encore enveloppée d'un nuage de son parfum français. Elle ne prévoyait pas de nier ce dont on l'accuserait ; au contraire, elle voulait endosser toute la responsabilité et signer des aveux au plus vite. À une seule condition, bien sûr : que Harro et les autres soient libérés. C'était elle, la sournoise Jézabel qui avait entraîné son honorable mari dans cette conspiration. Sans elle, Harro n'aurait jamais caressé l'idée de se rebeller contre son pays. Elle l'avait forcé et avait la conviction profonde qu'il était dévoré par les regrets. Pourquoi ne pas l'envoyer dans une unité de punition pendant quelques mois ? Ils verraient tous à quel point c'était un officier consciencieux, une fois débarrassé de l'influence néfaste de sa femme.

Oui, décida-t-elle en examinant sa cellule, depuis la porte métallique jusqu'à la minuscule fenêtre à barreaux. *C'était parfait. Voilà ce qu'elle allait leur dire.*

Mais une semaine entière s'écoula sans que personne ne vienne l'interroger. Les journées commencèrent à s'éterniser, mornes, de plus en plus froides, de plus en plus longues. En proie à une apathie croissante, Libertas regardait son vernis s'écailler, sa peau se couvrir de crasse, ses cheveux devenir gras. À la fin de la deuxième semaine, sa propre odeur corporelle l'incommodait et elle n'était plus que l'ombre d'elle-même, résignée et exténuée.

C'est dans cet état de crasse qu'ils la convoquèrent un matin.

L'interrogateur, au visage incroyablement jeune et angélique, siffla entre ses dents une fois qu'il eut terminé de lire la liste des accusations qui visaient Libertas Viktoria Schulze-Boysen, née Haas-Heye.

— Rédaction et distribution de textes subversifs, soutien criminel aux juifs, diffusion de propagande anti-gouvernementale – orale et écrite –, recrutement de personnes dans le but de former des groupes de militants à Berlin, espionnage – intérieur et international... Je dois avouer que je suis impressionné, Frau Schulze-Boysen !

Libertas se contenta de fixer le document qu'il avait à la main.

— Où est mon mari ? demanda-t-elle d'une voix qu'elle ne reconnut pas.

— Dans sa cellule, répondit aimablement l'officier. Il nous a fait peur, je dois dire ! Il a affirmé qu'il avait des copies de documents top secret de la Luftwaffe dans une cachette à l'étranger, en lieu sûr, et que s'il vous arrivait quelque chose à vous, à lui ou à ses amis (nous vous avons tous arrêtés, au fait, au cas où vous vous poseriez la question), un collaborateur les transmettrait aussitôt à la presse internationale. La situation était très délicate et *Herr Leutnant* voulait que nous lui promettions qu'il ne vous arriverait rien à vous ni à ses amis, et que lui n'écoperait que d'une peine de prison s'il nous révélait l'emplacement des documents.

Un sourire d'espoir flotta sur les lèvres gercées de Libertas. *Harro, son brillantissime Harro !*

Mais l'interrogateur le fit disparaître d'un revers de main.

— Une tentative très intelligente de sa part, je dois bien l'avouer. J'en aurais fait autant à sa place. Mais vous devez comprendre qu'on ne peut pas négocier avec des terroristes, continua-t-il avec un sourire de prédateur féroce. Et c'est exactement ce que vous êtes : des terroristes. La bonne nouvelle, c'est que vous allez tous aller à la potence ensemble. À présent, si vous voulez bien signer ici...

— Je veux voir mon mari, dit-elle tandis qu'il faisait glisser une déclaration officielle vers elle sur le bureau.

— Et moi, je voulais fêter Noël au Kremlin, mais ça me semble mal engagé, alors...

Il décapuchonna un stylo à plume qu'il posa sur la feuille.

— Votre signature, en bas à droite.

En dépit de son état de crasse, en dépit du fait qu'elle était entièrement à sa merci, Libertas étira lentement les lèvres dans un sourire vicieux.

— Eh bien, *mein Herr*, j'ai le regret de vous informer que ma signature est aussi mal engagée que votre voyage au Kremlin. Ce n'est pas votre année, j'en ai bien peur, ajouta-t-elle avec un haussement d'épaules faussement enjoué.

Le visage de l'agent se transforma en pierre. Il pâlit visiblement et serra les dents.

— Bien. Comme vous voudrez, siffla-t-il en reprenant le document. Je n'ai pas besoin que vous signiez quoi que ce soit, vous serez tous pendus de toute façon. Nous tenons votre opérateur radio Coppi. Ce porc bolchevique vous a tous dénoncés en échange de la vie de sa femme enceinte.

— Hans n'est pas un porc, contra tranquillement Libertas. C'est *vous* qui en êtes un, pour avoir menacé un homme de tuer sa femme innocente et son enfant à naître.

Pendant une seconde, il sembla être sur le point de la gifler. Cependant, il ne tarda pas à reprendre une contenance et appela le surveillant, à qui il demanda de raccompagner « cette salope terroriste » en cellule.

— Et pas de promenade jusqu'au passage en cour martiale !

*

Quelques semaines plus tard, un officier de la Gestapo ouvrit en grand la porte de sa cellule.

— Libertas Schulze-Boysen, commença-t-il d'une voix monocorde sans un regard pour la femme assise sur le matelas crasseux. Pour les faits qui vous sont reprochés, vous comparaîtrez demain matin devant la cour martiale du Reich, où vous serez jugée et condamnée ainsi que vos conjurés. Les charges retenues contre vous sont les suivantes : rédaction et distribution de textes subversifs, soutien criminel aux juifs, diffusion de propagande anti-gouvernementale – orale et écrite –, recrutement de personnes dans le but de former des groupes de militants à Berlin, espionnage – intérieur et international, énuméra-t-il dans un mélange d'ennui mortel et de fatigue. Vous bénéficierez également d'un avocat commis d'office nommé par l'État.

Libertas s'attendit à ce qu'il lui demande si elle avait bien tout compris, mais apparemment, les geôliers de la Gestapo ne faisaient pas preuve de ce genre de courtoisie envers les ennemis d'état coupables d'encourager les braves Allemands à la révolte.

— Signez là, ordonna-t-il en étouffant un bâillement.

Pauvre diable, songea Libertas tandis qu'elle apposait sa signature sur la page. *Il a dû veiller toute la nuit pour arracher des aveux à ses camarades « terroristes » en dépit de la fatigue. Un véritable serviteur du Reich.*

— Votre mère doit être très fière de vous, lança Libertas avec un sourire charmeur.

L'officier la fusilla du regard, mais il ne répondit pas. Le noble aryen qu'il était n'allait pas s'abaisser à argumenter avec une « salope terroriste ».

Quand l'écho de ses pas mourut dans le couloir, Libertas sourit de soulagement. La cour martiale et les accusations ne l'inquiétaient pas. Elle allait revoir Harro et tous ses amis, et c'était tout ce qui importait.

Chapitre 34

Décembre 1942

Quand les portes du grand tribunal de la cour martiale du Reich s'ouvrirent, ce ne furent pas sur les sièges vides du jury que tomba le regard de Libertas. Ce ne fut pas non plus sur le buste surdimensionné de Hitler qui éclipsait une petite statue de la Justice aux yeux bandés. Non, ce fut Harro qu'elle chercha au milieu de la foule d'uniformes. Son Harro, pâle et émacié, mais qui affichait une confiance calme. La confiance dans leur cause, dans l'exemple qu'ils donnaient aux générations à venir, dans le message qu'ils avaient placardé partout dans la capitale et qui faisait déjà des vagues dans tout le pays.

Il croisa son regard, hocha la tête à son attention avec ce sourire qu'elle aimait plus que tout et tout à coup, Libertas se sentit apaisée tandis qu'un sourire naissait sur ses lèvres livides.

— En tant qu'accusée, vous n'avez pas le droit d'effectuer le salut hitlérien quand les juges entreront, indiqua un fonctionnaire du tribunal à Libertas d'un air supérieur.

— Je n'en avais pas l'intention, rétorqua-t-elle avec un rictus de défi.

Les juges entrèrent, ridicules avec leurs perruques et leurs robes. Libertas regardait Harro.

Son interrogateur (dont le nom était Roeder) se lança dans un long plaidoyer accusatoire décrivant le mode de vie de Libertas et Harro comme une existence à la fois amorale et bolchevique. Libertas regardait Harro.

L'avocat commis d'office de Libertas, qu'elle avait vu pour la première fois ce matin-là, se bagarrait avec son monocle qui n'arrêtait pas de tomber de son œil. Sans doute parce qu'il ne cessait d'écarquiller les yeux tandis qu'il écoutait les accusations portées contre sa cliente.

Libertas regardait Harro.

— Ne vous méprenez pas, continua Roeder, dont la voix crissait telle une craie sur un tableau noir. Libertas Schulze-Boysen n'est pas innocente dans cette affaire. Elle était la plus zélée des conjurés de son mari, avec lequel elle se livrait à des actes criminels et recrutait de nouveaux membres pour leur cellule terroriste.

Par-dessus les têtes de tous ces pantins inutiles et effrayés, Libertas regardait Harro, et Harro la regardait. Sa conjurée la plus zélée, sa sœur d'armes, sa compagne de martyre.

— C'est avec son aide que Harro Schulze-Boysen a réussi à communiquer à Arvid Harnack des informations militaires top secret destinées à l'ennemi, aussi bien américain que soviétique, poursuivit Roeder.

— Je t'aime, articula Libertas à l'attention de Harro.

Dans son esprit, ils étaient seuls, à bord du bateau de Ricci, là où ils s'étaient rencontrés, là où ils étaient tombés amoureux, là où ils avaient à jamais cessé d'être seuls pour faire partie de quelque chose de plus grand, qu'aucun mortel ne pouvait défaire.

— Elle a également fourni une aide technique pour la réalisation des pamphlets insurrectionnels illégaux de Harro Schulze-Boysen… enchaîna Roeder avec haine.

— Moi aussi, je t'aime, articula Harro. Pour toujours…

— … Et jusqu'à ce que la mort nous sépare, finit-elle à l'unisson avec lui.

Le plus joyeux des sourires naquit sur son visage. Assise sur le banc des accusés, elle songea soudain qu'elle était la plus chanceuse des femmes.

Ce sentiment ne fit que grandir et s'intensifier quand Roeder appela les accusés et que, un par un, ils entreprirent d'admettre leur culpabilité tout en faisant tout leur possible pour protéger les autres.

— Oui, c'était bien moi l'opérateur radio, et c'était moi également qui encryptais les messages et les transmettais aux agents secrets soviétiques, déclara Hans Coppi avec noblesse et témérité. J'avais déjà été condamné pour mes convictions politiques et j'avais purgé une peine dans un camp de concentration. C'était donc tout naturel que je reprenne mes activités dès que la possibilité s'en présenterait. J'ai agi seul ;

les Schulze-Boysen ne sont pas des communistes ni des sympathisants du régime.

— J'ai tiré avantage de la générosité de mon époux et transmis des informations diplomatiques sensibles à mes amis de l'ambassade américaine lorsqu'elle était encore opérationnelle, déclara Mildred avec un accent américain plus prononcé que d'habitude, le dos bien droit et la tête haute. Mon époux est un honnête Allemand et il est innocent dans toute cette affaire.

— J'ai volontairement imprimé les tracts déposés par des inconnus au studio de mon mari et je les ai distribués au sein de la population, annonça Lisl Schumacher, d'un calme fascinant en comparaison avec son avocat, qui transpirait à grosses gouttes. Mon mari a courageusement combattu sur le front et il n'avait pas la moindre idée de ce qui se passait quand ces gens (elle pointa un doigt accusateur sur Roeder et ses sbires) lui ont arraché son insigne devant ses camarades, l'ont traîné jusqu'ici comme un vulgaire criminel et l'ont torturé…

Des coups de marteau frénétiques et des rappels à l'ordre étouffèrent la fin de sa phrase.

Quand vint le tour de Libertas de prendre la parole, elle se contenta d'éclater de rire, follement amusée par le visage de plus en plus empourpré de Roeder.

— Vous osez vous moquer du tribunal populaire ?! cria-t-il d'une voix qui frisait l'hystérie.

— Herr Roeder, tout ce cirque est aux antipodes d'un tribunal populaire. Alors oui, je me moque de lui, car vous êtes tous ridicules, à essayer de faire passer pour de la justice une décision déjà signée par votre Führer adoré.

— Vous n'aurez bientôt plus envie de rire ! explosa Roeder face à son impudence.

— Tant que je verrai votre sale tête, je crois bien que si !

Au grand dam de Roeder, le reste des accusés, mais aussi quelques observateurs indépendants triés sur le volet, ainsi que des huissiers de justice, se mirent à tousser et à ricaner dans leur poing fermé, bientôt écarlates à force de se retenir pour ne pas rire.

Libertas n'en crut pas ses yeux lorsque tous les accusés furent escortés dans la même salle pendant la suspension d'audience. Son étonnement grandit quand l'un des surveillants, après avoir jeté un regard en direction de la porte, s'approcha d'eux un par un et leur retira leurs menottes. Il ne prononça pas un mot, mais son geste parlait pour lui.

— Sommes-nous autorisés à nous toucher ? s'enquit prudemment Harro.

Le second surveillant afficha un sourire complice.

— Officiellement ou officieusement ?

L'instant suivant, il tourna le dos au groupe. *Faites ce que vous voulez tant que nous ne voyons rien*, semblait-il dire.

Infiniment reconnaissants de trouver un semblant d'humanité là où ils croyaient qu'elle n'existait plus, les couples se jetèrent dans les bras, les amis s'étreignirent après une longue séparation, les frères et sœurs d'armes se serrèrent la main et se remercièrent pour l'honneur de s'être battus ensemble contre un ennemi commun.

Au milieu de tout cela, Libertas et Harro étaient blottis l'un contre l'autre, les yeux clos, de nouveau réunis contre toute attente et follement heureux, en dépit de la Grande Faucheuse dont l'ombre planait au-dessus d'eux.

— Tu m'as terriblement manqué, confessa Libertas, le visage enfoui dans les plis de la veste de Harro.

— Tu m'as manqué encore plus, murmura-t-il en l'embrassant dans les cheveux et en inhalant son odeur familière.

— Est-ce qu'ils t'ont fait du mal ?

Harro secoua la tête. Elle lut dans ses yeux qu'il mentait, mais elle n'insista pas. Ça n'avait plus d'importance.

Assise à une table en bois, Hans Coppi sanglotait, le visage dans les mains tandis qu'il les suppliait de lui accorder leur pardon, même s'il s'en sentait indigne. Il avait tenu bon sous la torture : ils avaient tenté de le faire craquer, mais ils avaient échoué, il le jurait. Mais ensuite, quand ils avaient amené sa femme dans sa cellule, sa femme enceinte qui n'était pas le moins du monde au courant de toute cette affaire…

— Hans, boucle-la, veux-tu ?

Un bras toujours autour de Libertas, Harro tapa dans le dos de Coppi avec une telle émotion que Hans éclata de nouveau en sanglots. Des larmes de gratitude cette fois, d'être compris et pardonné.

— Il n'y a pas de traîtres ici, uniquement des héros. Et tu es l'un des plus courageux d'entre nous.

Dans un accès d'émotion, Coppi prit la main de Harro et l'embrassa avant de la serrer dans les siennes.

— Je me souviendrai de votre gentillesse jusqu'à la fin de mes jours.

— Tu veux dire dans vingt-quatre heures ? demanda Libertas d'un air pince-sans-rire.

Coppi resta immobile un instant, avant d'éclater de rire avec les autres.

— Libs, tu es horrible, commenta Mildred en essuyant des larmes de rire, de vie abrégée bien trop tôt, de risques pris, de départ pour l'échafaud sans regret.

— Est-ce que vous pensez qu'ils vont nous pendre ou nous fusiller ? demanda Kurt Schumacher, un bras autour des épaules de Lisl.

— J'imagine que ce sera le peloton d'exécution pour Harro et toi ? offrit Libertas en regardant Harro.

Ce dernier grimaça, comme s'il réfléchissait à la question.

— Je parierais sur la pendaison. Hitler ne nous fera pas l'honneur d'être fusillés par des militaires. Lui et Goebbels vont vouloir nous faire passer pour de simples criminels. Et les criminels civils sont pendus.

— Pour être tout à fait honnête, je préfèrerais de loin la corde à la guillotine, intervint Mildred avec un frémissement théâtral. Il paraît qu'on est encore conscient après que le bourreau nous a coupé la tête. Je n'ai pas envie que mon dernier souvenir soit l'intérieur d'un panier en osier !

— Tu aurais pu t'abstenir de dire ça ! feignit d'accuser Libertas en fixant l'Américaine.

— Quoi ? C'est la vérité ?

— Certes, mais tu aurais pu la garder pour toi !

— Non, c'était trop bon pour ne pas partager avec toi, répliqua Mildred en lui envoyant un baiser.

Lisl, dont le visage pâle semblait irradier d'une lumière intérieure, s'esclaffa à son tour.

— Je n'en reviens pas. Nous avons ri pendant toute cette histoire de résistance et nous rions encore.

Libertas reprit son sérieux.

— Parce que rire, c'est aussi résister, en particulier dans notre situation. Ils veulent nous voir supplier et pleurer. À la place, nous allons leur rire au nez. Nous rirons jusqu'à notre dernier souffle. Nous mourrons comme nous avons vécu : fiers et la tête haute.

Harro l'embrassa sur la tempe, les yeux brillants d'orgueil.

Un surveillant s'éclaircit la gorge. Libertas avait totalement oublié qu'ils n'étaient pas seuls. Avec un étonnement croissant, elle observa les employés du tribunal apporter des plateaux qui semblaient provenir d'un restaurant, et non pas du réfectoire de la prison.

Hans Coppi battit des paupières.

— Est-ce que c'est... de la bière ? demanda-t-il en examinant la jarre qui trônait au milieu de ce festin inattendu.

Les surveillants échangèrent un regard entendu.

— Officiellement, c'est de l'eau. Officieusement...

Il ne finit pas sa phrase, et fit simplement signe aux accusés de se dépêcher passer à table avant que la Gestapo les rappelle dans la salle d'audience.

Ils mangèrent au milieu des bavardages, comme s'ils étaient de nouveau dans le salon de Harro et Libertas et pas dans une salle de la cour martiale du Reich. Jamais un repas ne leur avait paru aussi délicieux, assaisonné d'une humanité et d'une bienveillance inattendues qui faisaient germer dans leurs cœurs l'espoir que leur exemple ne serait peut-être pas oublié. Peut-être qu'il inciterait le peuple allemand à agir et à se débarrasser d'une dictature qui n'avait aucun droit d'exister.

Chapitre 35

Décembre 1942

Les rayons du soleil illuminaient l'intérieur de la salle d'audience. Après une brève délibération entre les juges, le verdict fut prononcé.

— Pour les crimes commis conjointement de conspiration dans le but de commettre une haute trahison, de subversion de la Wehrmacht et d'aide à l'ennemi, en accord avec les dispositions légales énoncées dans la Section 83 Paragraphe 1.3 du Code pénal du Reich ; dans la Section 57 du Code pénal militaire ; et dans la Section 5 Paragraphe 1 du Code pénal spécial en temps de guerre, aucune forme de punition autre que l'exécution ne peut être envisagée.

Harro se tourna vers Libertas et, à la grande surprise de Roeder, adressa un clin d'œil malicieux à sa femme. *Je te l'avais bien dit*, semblait affirmer son air nonchalant. Depuis leur poste, les surveillants de la salle d'audience l'observaient avec une quasi-admiration.

Ensuite, le verdict de Hitler fut lu à voix haute, tout juste télégraphié depuis son quartier général dans l'Est, d'où il suivait apparemment le procès de près : « Je maintiens le verdict de la cour martiale du Reich et refuse d'accorder ma grâce. Signé Adolf Hitler ».

Cette fois, Libertas s'esclaffa d'un rire dédaigneux.

— Vous auriez au moins pu essayer de feindre que vous êtes une cour indépendante de justice, lança-t-elle aux juges, nullement impressionnée par leurs rappels à l'ordre. Vous me demandez de respecter ce tribunal ? Ce n'est pas un tribunal, c'est un cirque. Le cirque attitré du Führer, scénarisé et mis en scène. Inutile de pointer votre marteau vers moi ! Qu'allez-vous faire si je désobéis ? Me décapiter deux fois ?

Elle rit plus fort. Elle rit avec un dédain assassin au visage de ces pathétiques esclaves du régime. Elle mourrait en femme libre, avec sa conscience pour elle. Eux devraient vivre avec eux-mêmes et avec leur honte à jamais, et du point de vue de Libertas, c'était un châtiment bien pire que toutes les condamnations à mort.

Prison de Kaiserdamm. Décembre 1942

C'était étrange d'être heureuse, seule dans sa cellule, avec seulement quelques heures à vivre, et pourtant… Cette nuit-là, en proie à une exaltation inexplicable, elle écrivait à ses parents à propos de la vie qu'elle avait vécue sans regret et de la façon honorable dont elle allait mourir.

Ne me pleurez pas, s'il vous plaît. Je meurs pour mon peuple, avec Harro, et sincèrement, je n'imagine pas une plus belle manière de quitter cette vie. J'ai réalisé tous mes rêves. J'ai fait tout ce qui était en mon pouvoir et je nourris le profond espoir que nos actions inspireront d'autres personnes, pour vivre librement et mourir sans peur…

Il n'y eut pas de larmes ce soir-là, uniquement un feu qui coulait dans ses veines et son cœur qui jouait une musique d'un défilé d'adieux. Il n'y eut pas de chagrin non plus, rien qu'un amour infini qui jaillissait de son stylo et se déversait sur le papier en formant presque des vers. Pour Harro, mes derniers mots.

Je t'ai toujours aimé plus que tout
Et à présent je peux enfin le prouver.
J'ai toujours été à tes côtés
Et je le resterai même dans la mort.
C'est mon destin, je le choisis.
Nous ne serons plus jamais séparés ;
C'est ma plus grande joie
À l'aube, nous partons vers la liberté
Notre souvenir vivra
Ça, personne ne le détruira.

Libertas embrassa tendrement le papier. Un baiser d'adieu pour son bien-aimé.

— Pouvez-vous vous assurer que cela arrive jusqu'à lui ? demanda-t-elle au surveillant qui gardait sa cellule.

Ce n'était pas l'un de ceux du tribunal, mais le même éclat de sympathie brillait dans ses yeux.

— J'y veillerai personnellement, promit-il d'un ton solennel en cachant le mot dans la poche intérieure de son uniforme.

Presque avec honte, il lut tout haut le décret qui ordonnait à tout condamné à mort d'ôter ses vêtements et de les laisser sur le tabouret à côté de la porte de sa cellule. Il détourna le regard le plus respectueusement possible tandis qu'il passait les menottes aux poignets de Libertas, avant de s'excuser une nouvelle fois. *Des ordres d'enfoiré, il le savait bien, mais le Führer ne voulait pas prendre le risque qu'ils se suicident, Frau Schulze-Boysen comprenait sûrement...*

La pointe de dégoût dans la voix du surveillant quand il prononça le mot Führer n'échappa pas à Libertas. Avec un faible sourire, elle marcha pieds nus jusqu'à son matelas. Eux aussi en avaient marre de lui. Elle irait à l'échafaud avec de l'espoir dans le cœur.

Le matin, aux premiers rayons rosés de soleil, Libertas s'habilla cérémonieusement, reconnaissante que le surveillant lui permette de prendre son temps. Elle refusa la visite de l'aumônier. Elle n'avait rien à confesser et aucun péché à se faire pardonner. Elle se pinça les joues et se mordit les lèvres pour se donner un peu de couleur. Pour se faire belle pour Harro.

— De quoi j'ai l'air ? demanda-t-elle.

— Vous êtes superbe.

De l'âge de son père, son geôlier semblait être sur le point de pleurer.

Tandis qu'il la menottait, Libertas lui attrapa les doigts pendant un bref instant.

— Merci pour votre gentillesse.

Il se contenta de secouer la tête. *Ce n'était rien. Il aurait aimé en faire plus.*

Dehors, dans la cour couverte de givre, la fourgonnette de police attendait déjà, crachant des gaz d'échappement dans l'air froid du matin.

Libertas marqua une pause pour regarder le ciel bleu au-dessus de sa tête et prit une profonde inspiration.

Assis en face de Kurt, Hans et Arvid, Harro l'attendait. Menottes aux poignets, il la contemplait d'un regard débordant d'admiration.

— Je t'ai gardé une place, dit-il en tapotant la banquette à côté de lui.

— Comment savais-tu que je viendrais ? demanda malicieusement Libertas avant de se blottir contre lui et de se perdre sur ses lèvres.

— J'ai eu ton mot hier soir.

— C'est vrai ?

— Oui. Je t'en ai écrit un aussi, mais ensuite, j'ai décidé que je préférerais te dire tout en face, pendant que je tiens tes mains dans les miennes et que je me perds dans tes beaux yeux. Ma Libertas.

À travers la petite fenêtre à l'arrière du fourgon, un paysage familier défilait lentement. Libertas eut le sentiment que le conducteur faisait exprès de prendre son temps, comme s'il offrait aux condamnés une dernière promenade dans Berlin. Un défilé de la victoire, comme ils ne tardèrent pas à le découvrir.

Grâce aux surveillants, Libertas savait que Hitler et Goebbels s'étaient donné toutes les peines du monde à étouffer l'affaire afin d'effacer les noms des martyrs des mémoires. Et pourtant, au niveau de la porte de Brandebourg, deux officiers en uniforme de la Wehrmacht s'arrêtèrent pour saluer le passage du fourgon. Le porteur à l'entrée de l'hôtel Adlon leva le poing en l'air. Une postière à vélo suivit le fourgon pendant un moment, le regard rivé sur la petite fenêtre, une main sur le cœur comme si elle écoutait les notes solennelles d'un hymne national inaudible. Pas celui du Reich, mais celui de l'ancienne Allemagne, quand tous étaient encore libres.

Arvid formula tout haut la question que tous se posaient tout bas :

— Qui les a avertis de notre trajectoire ?

— Les informations circulent, répondit Harro avec un sourire rêveur.

Il contemplait d'un air joyeux la ville qu'il laissait entre de bonnes mains.

— Les surveillants en ont peut-être parlé à leurs amis, qui en ont parlé à leurs amis. Ou les officiers de la

Wehrmacht de la cour martiale en ont discuté au club des officiers.

— De quoi discutent-ils d'autre, à ton avis ? demanda Libertas.

Le regard de Harro s'embrasa.

— De quelque chose d'encore plus audacieux que tout ce que nous avons entrepris, j'espère. Et j'espère qu'ils auront plus de chance que nous.

Près de l'ambassade soviétique barricadée, Lisl monta dans le fourgon et tomba dans les bras de Kurt.

— Les fourgonnettes de police ne sont-elles pas censées ne pas avoir de fenêtre ? s'enquit-elle une fois installée. Ils n'ont pas peur que les gens nous voient et que nous les voyions ?

— Officiellement, le véhicule devrait être entièrement condamné, dit Harro comme s'il citait un surveillant. Officieusement… Je suis convaincu que nous avons davantage de gens de notre côté que ce que nous imaginons dans nos rêves les plus fous.

Il ouvrit les bras, limité par ses menottes, et Libertas s'y blottit avec un grand sourire.

— Tu te souviens que tu m'as promis le monde quand nous nous sommes mariés ? demanda-t-elle en pressant sa joue contre la sienne.

— Oui.

— Eh bien tu m'as offert encore mieux, Harro.

Le regard de Libertas était rivé sur un officier de la Luftwaffe qui se tenait près d'une colonne Morris, son épée de service brandie dans un salut silencieux.

— Tu m'as offert un avenir. L'Allemagne sera à nous.

Il l'embrassa sur le front et, avec des larmes d'espoir dans les yeux, il murmura :

— Elle l'est déjà.

Une note concernant l'histoire

Merci beaucoup d'avoir lu *Le couple qui défia les nazis*. Même s'il s'agit d'une œuvre de fiction, elle s'inspire en grande partie d'une histoire vraie. Pendant son écriture, je me suis majoritairement appuyée sur la biographie incroyablement détaillée de Libertas et de Harro écrite par Norman Ohler, *Les infiltrés* (Payot Histoire, 2023), ainsi que sur plusieurs autres sources qui m'ont aidée à construire une narration fictive de cette histoire vraie follement inspirante.

L'histoire de la famille de Libertas, son éducation, les descriptions du domaine familial et ses relations avec ses parents se basent toutes sur des faits, y compris le lien fort avec son ancienne gouvernante Valerie, qui a dû influencer, en tout cas en partie, son attitude face à la persécution des juifs en Allemagne. Libertas a bel et bien entamé une carrière à la MGM, mais déçue par l'absence de toute perspective d'avenir, elle a fini par quitter la filiale berlinoise du studio cinématographique américain pour devenir rédactrice indépendante. Comme décrit dans le livre, elle fut plus tard employée d'abord en tant que critique de film et ensuite en tant que censeure à la prestigieuse *Kurturfilm-Zentrale*. Là, elle commença effectivement à correspondre avec des SS postés dans l'Est dans le but de rassembler des preuves de crimes contre l'humanité, piégeant les SS qui ne se doutaient de rien afin qu'ils lui envoient des photos de leurs ignobles forfaits, qu'elle compilait dans des albums.

La première rencontre entre Libertas et Harro s'inspire des souvenirs de Libertas elle-même lorsqu'elle raconte l'événement dans son journal intime. L'arrestation, la torture et finalement la libération de Harro par les SS au début de l'année 1933 sont également basées sur des faits réels, tout comme le meurtre de l'ami de Harro, Henry Erlanger, aux mains des mêmes officiers. Tous deux furent accusés de « communisme radical » du fait des idées libérales qu'ils exprimaient dans leur journal, *Gegner*. Traumatisé par son arrestation et la torture (il avait bel et bien des cicatrices de coups de fouet, ainsi que des croix gammées taillées sur les cuisses), Harro fuit vers la côte Baltique et rejoignit ce qui deviendrait par la suite la Luftwaffe (les forces de l'armée de l'air), dans l'espoir de se fondre dans le militarisme dominant de la nouvelle Allemagne nazie et de s'épargner, ainsi qu'à tout son entourage, de futurs ennuis avec les SS et la Gestapo.

Dans mes descriptions du développement et des dynamiques générales de la relation de Libertas et Harro, je m'en suis également tenue aux sources historiques, ne prenant une licence créative que pour boucher les trous là où les informations d'époque manquaient. Les descriptions de leur ami commun Ricci et son amour pour les Harley-Davidson ainsi que pour les tenues rebelles en cuir sont véridiques, elles aussi, de même que celles de la cousine de Libertas, Gisela, et son implication au sein de différentes cellules de résistance, ses arrestations, son courage d'avoir apporté des informations secrètes à l'ambassade soviétique à Paris, l'arrestation qui en a découlé et sa mort, tragique et prématurée.

Tous les personnages secondaires et leur implication dans la cellule de résistance de Harro s'inspirent de personnes ayant vraiment existé et de leurs actes de courage, qui ont pour la plupart entraîné leur emprisonnement et leur exécution, comme décrit dans le roman.

Libertas et Harro ont bel et bien travaillé avec deux agents secrets soviétiques qui les avaient contactés par l'intermédiaire d'Arvid et Mildred Harnack. Ils ont par la suite été accusés d'être les membres d'un réseau d'espionnage en lien avec l'Union soviétique doublé par le service de renseignement militaire allemand, l'*Orchestre rouge*. Leurs réunions avec les espions soviétiques et la transmission de messages à l'Union soviétique avec l'aide de Hans Coppi se basent sur des faits historiques, tout comme le contenu des tracts illégaux que Harro rédigeait, imprimait et distribuait avec l'aide de ses amis, à l'encontre des recommandations des agents soviétiques.

L'arrestation, le procès et l'exécution de Libertas et Harro s'inspirent également de faits réels, y compris le moment où les gardes leur retirent les menottes et leur servent de la bière et un excellent repas pendant la suspension d'audience, ce qui était sans nul doute contraire au protocole et aurait pu mettre les surveillants eux-mêmes en danger.

Ni Libertas ni Harro n'étaient associés à certaines cellules politiques, qu'il s'agisse du mouvement communiste (dont Hans Coppi était membre) ou du mouvement social-démocratique. C'étaient des patriotes allemands qui croyaient en la liberté d'expression, en la liberté d'aimer qui bon leur semblait sans peur d'être persécuté, en la liberté de critiquer le gouvernement qui poussait toute la nation vers l'abîme, et en la liberté de choisir entre obéir et résister ; entre vivre, survivre, fermer plus ou moins volontairement les yeux face aux crimes contre l'humanité perpétrés par leurs compatriotes, ou mourir en martyrs et en encourager d'autres à résister et soutenir leur cause, ce qu'ils ont fait d'une certaine façon.

En juillet 1944, moins de deux ans après leur exécution, la plus grande tentative d'assassinat sur Hitler fut réalisée par des officiers supérieurs de l'armée allemande, dont le colonel Claus von Stauffenberg, qui plaça personnellement la bombe sous la table du quartier général de Hitler. D'innombrables livres et films se sont inspirés de l'opération Valkyrie : avec un peu de chance, désormais, les gens connaîtront l'existence des héros moins connus qui ont donné leur vie au nom de la liberté et en ont incité d'autres à marcher dans leurs traces héroïques : Libertas et Harro Schulze-Boysen.

Merci d'avoir lu leur incroyable histoire vraie !

Une lettre de la part d'Ellie

Cher·ère lecteur·rice,

J'aimerais vous remercier de tout cœur d'avoir choisi de lire *Le couple qui défia les nazis*. Si vous souhaitez être informé·e de mes dernières publications, inscrivez-vous au moyen du lien suivant. Votre adresse e-mail ne sera jamais communiquée à des tiers et vous pouvez vous désabonner à tout moment.

www.bookouture.com/ellie-midwood

Merci d'avoir lu l'histoire de cette femme absolument remarquable. Si elle vous a plu, je vous serais très reconnaissante de bien vouloir rédiger un avis. J'adorerais connaître votre avis, qui permettra également à de nouveaux·elles lecteur·rices de découvrir mon travail.

J'adore que mes lecteurs·rices m'écrivent. Vous pouvez me contacter sur ma page Facebook, via Goodreads ou sur mon site internet.

Avec tous mes remerciements,
Ellie

Remerciements

En tout premier lieu, j'aimerais remercier la merveilleuse famille Bookouture de m'avoir aidé à mettre en lumière l'histoire de Libertas et Harro. Tout cela n'aurait pas été possible sans le concours et la supervision inestimables de mon incroyable éditrice, Christina Demosthenous, dont la perspective a réellement donné vie à mes personnages, et dont le soutien et les encouragements me donnent envie de travailler encore plus dur à mes romans pour devenir une meilleure écrivaine. Kim Nash et Noelle Holten, merci pour votre enthousiasme et merci de soutenir mon travail sur les réseaux sociaux. Un très grand merci à la formidable Eileen Carey, qui a créé une couverture qui m'a laissée béate d'admiration ! Cela a été un véritable plaisir de travailler avec vous et j'ai déjà hâte de donner naissance à d'autres projets sous votre supervision.

Maman, Mamie, merci de toujours me demander comment avance mon roman et de m'encourager à chaque étape. Votre soutien et la foi que vous placez en moi rendent cette aventure beaucoup plus facile, car je sais que vous m'épaulez et que vous serez toujours mes plus grandes fans. Merci pour tout votre amour. Je vous aime plus que tout.

Ronnie, mon amour : rien de tout cela ne serait possible sans toi. Chaque fois que tu rencontres quelqu'un, la première chose que tu dis est : « ma fiancée est une romancière extraordinaire, vous devez absolument lire ses livres ! » Je grommelle toujours que tu me mets mal à l'aise en me plaçant ainsi au centre de l'attention, mais dans mon for intérieur, je te suis extrêmement reconnaissante d'être si fier de moi. Merci de me soutenir et de composer avec mes dates butoirs et toutes les informations et recherches sous lesquelles je te noie. Tu es mon idole.

Je tiens particulièrement à remercier mes deux meilleures amies, Vladlena et Anastasia, pour leur amour et leur soutien ; à tou·te·s mes camarades auteurs·rices que j'ai rencontré·es via Facebook et qui sont devenu·e·s mes ami·e·s très proches : vous êtes tous une intarissable source d'inspiration ! Je vous considère comme ma famille.

Et bien sûr, un immense merci à mes lecteurs·rices d'attendre patiemment les nouvelles publications, de fêter avec moi les parutions de couvertures, de lire les premiers jets et de m'envoyer ces messages absolument fantastiques de « Je suis resté·e debout jusqu'à 3 heures du matin, car votre livre est génial et je devais absolument le terminer ». Merci pour vos critiques qui illuminent toujours ma journée, et merci de tomber amoureux·ses de mes personnages autant que moi. Vous êtes la raison pour laquelle j'écris. Merci infiniment de lire mes histoires.

Et enfin, je dois mes plus grands remerciements à tous les êtres courageux qui continuent à inspirer mes romans. La plupart d'entre eux ont péri aux mains de l'impitoyable Gestapo, mais c'est leur incroyable courage, leur résistance et leur abnégation qui continuent à vivre dans nos cœurs. Leur exemple nous incitera toujours à vouloir devenir meilleur·e·s, à nous battre pour ce qui est juste, à donner une voix à ceux et celles qui ont été réduit·es au silence, à protéger ceux et celles qui ne sont pas en mesure de se protéger eux·elles-mêmes. Ce sont tou·te·s de véritables héro·ïnes. Merci.

Faubourg • Marigny

www.faubourg-marigny.com

Par ce logo, nous témoignons d'une volonté de réduire les impacts environnementaux liés aux activités de l'imprimerie. Nous choisissons un imprimeur impliqué dans la réduction des gaz à effet de serre. Le choix de nos papiers assure que la production a été faite à partir d'un produit à base de bois et a suivi le cahier des charges d'une gestion durable des forêts européennes.

Achevé d'imprimer par CPI Firmin Didot (2079841) en France
en août 2024 pour le titre « Le couple qui défia les nazis ».

Suivi éditorial : Céline Garcia
Directeur artistique : Guillaume Bertineau
Mise en pages : Marie Vardon
Correction: Julie Leboissetier

Éditions La Geste
11, rue Norman-Borlaug
79260 La Crèche
contact@gesteditions.com